Depois da morte

Léon Denis

Depois da morte

EXPOSIÇÃO DA DOUTRINA DOS ESPÍRITOS

Solução científica e racional dos problemas da vida e da morte
Natureza e destino do ser humano
As vidas sucessivas

Semper Ascendens
(Sempre para o alto)

Copyright © 1897 *by*
FEDERAÇÃO ESPÍRITA BRASILEIRA – FEB

28ª edição – 12ª impressão – 700 exemplares – 5/2025

ISBN 978-85-7328-760-8

Título do original francês:
Après la mort

Todos os direitos reservados. Nenhuma parte desta publicação pode ser reproduzida, armazenada ou transmitida, total ou parcialmente, por quaisquer métodos ou processos, sem autorização do detentor do *copyright*.

FEDERAÇÃO ESPÍRITA BRASILEIRA – FEB
SGAN 603 – Conjunto F – Avenida L2 Norte
70830-106 – Brasília (DF) – Brasil
www.febeditora.com.br
editorial@febnet.org.br
+55 61 2101 6161

Pedidos de livros à FEB
Comercial
Tel.: (61) 2101 6161 – comercial@febnet.org.br

Adquirindo esta obra, você está colaborando com as ações de assistência e promoção social da FEB e com o Movimento Espírita na divulgação do Evangelho de Jesus à luz do Espiritismo.

Dados Internacionais de Catalogação na Publicação (CIP)
(Federação Espírita Brasileira – Biblioteca de Obras Raras)

D395d   Dénis, Léon, 1846–1927

Depois da morte: exposição da doutrina dos espíritos: solução científica e racional dos problemas da vida e da morte: natureza e destino do ser humano; as vidas sucessivas. / por Léon Denis. – 28.ed. – 12. imp. – Brasília: FEB, 2025.

360 p.; 23 cm – (Coleção Léon Denis)

Tradução de: *Après la mort*

Inclui índice geral

ISBN 978-85-7328-760-8

1. Espiritismo. 2. Reencarnação. 3. Vida eterna. I. Federação Espírita Brasileira. II. Título. III. Coleção.

CDD 133.9
CDU 133.7
CDE 10.00.00

Sumário

Introdução 11

Parte primeira
CRENÇAS E NEGAÇÕES

I – As religiões. A doutrina secreta 17

II – A Índia 25

III – O Egito 35

IV – A Grécia 41

V – A Gália 49

VI – O Cristianismo 57

VII – O materialismo e o positivismo 73

VIII – A crise moral 83

Parte segunda
OS GRANDES PROBLEMAS

IX – O Universo e Deus 93

X – A vida imortal 107

XI – A pluralidade das existências 111

XII – O alvo da vida 115

XIII – As provas e a morte 119

XIV – Objeções 123

Parte terceira
O MUNDO INVISÍVEL

XV – A natureza e a Ciência 129

XVI – Matéria e força. Princípio único das coisas 131

XVII – Os fluidos. O magnetismo 133

XVIII – Fenômenos espíritas 137

XIX – Testemunhos científicos 139

XX – O Espiritismo na França 147

XXI – O perispírito ou corpo espiritual 153

XXII – Os médiuns 157

XXIII – A evolução perispiritual 161

XXIV – Consequências filosóficas e morais 163

XXV – O Espiritismo e a Ciência 165

XXVI – Perigos do Espiritismo 169

XXVII – Charlatanismo e venalidade 173

XXVIII – Utilidade dos estudos psicológicos 177

Parte quarta
ALÉM-TÚMULO

XXIX – O homem, ser psíquico 183

XXX – A hora final 185

XXXI – O julgamento 189

XXXII – A vontade e os fluidos 193

XXXIII – A vida no espaço 199

XXXIV – A erraticidade 203

XXXV – A vida superior 205

XXXVI – Os Espíritos inferiores 213

XXXVII – O inferno e os demônios 219

XXXVIII – Ação do homem sobre os Espíritos infelizes 221

XXXIX – Justiça, solidariedade, responsabilidade 225

XL – Livre-arbítrio e providência 229

XLI – Reencarnação 233

Parte quinta
O CAMINHO RETO

XLII – A vida moral 239

XLIII – O dever 243

XLIV – Fé, esperança, consolações 247

XLV – Orgulho, riqueza e pobreza 251

XLVI – O egoísmo 257

XLVII – A caridade 261

XLVIII – Doçura, paciência, bondade 267

XLIX – O amor 271

L – Resignação na adversidade 275

LI – A prece 283

LII – Trabalho, sobriedade, continência 289

LIII – O estudo 293

LIV – A educação 297

LV – Questões sociais 301
LVI – A lei moral.. 307

Resumo 309
Conclusão 313
Apêndice 317
Índice geral.. 321

Aos nobres e grandes Espíritos que me revelaram o mistério augusto do destino, a lei do progresso na imortalidade, cujos ensinos consolidaram em mim o sentimento da justiça, o amor da sabedoria, o culto do dever, cujas vozes dissiparam as minhas dúvidas, apaziguaram as minhas inquietações; às almas generosas que me sustentaram na luta, consolaram na prova, e elevaram meu pensamento até às alturas luminosas em que se assenta a verdade, eu dedico estas páginas.

Introdução

Vi, deitadas em suas mortalhas de pedra ou de areia, as cidades famosas da Antiguidade: Cartago, em brancos promontórios, as cidades gregas da Sicília, os arrabaldes de Roma, com os aquedutos partidos e os túmulos abertos, as necrópoles que dormem um sono de vinte séculos, debaixo das cinzas do Vesúvio. Vi os últimos vestígios das cidades longínquas, outrora formigueiros humanos, hoje ruínas desertas, que o sol do Oriente calcina com suas carícias ardentes.

Evoquei as multidões que se agitaram e viveram nesses lugares; vi-as desfilar, diante do meu pensamento, com as paixões que as consumiram, com seus ódios, seus amores e suas ambições desvanecidas, com seus triunfos e reveses — fumaças dissipadas pelo sopro dos tempos. Vi os soberanos, chefes de impérios, tiranos ou heróis, cujos nomes foram celebrados pelos fastos da História, mas que o futuro esquecerá.

Passavam como sombras efêmeras, como espectros truanescos que a glória embriaga uma hora, e que o túmulo chama, recebe e devora. E disse comigo mesmo: eis em que se transformam os grandes povos, as capitais gigantes: algumas pedras amontoadas, colinas silenciosas, sepulturas sombreadas por mirrados vegetais, em cujos ramos o vento da noite murmura suas queixas. A História registrou as vicissitudes de sua existência, suas grandezas passageiras, sua queda final, porém, tudo a terra sepultou. Quantos outros cujos nomes mesmos são desconhecidos; quantas civilizações, raças, cidades grandiosas, jazem para sempre sob o lençol profundo das águas, na superfície dos continentes submersos!

E perguntei a mim mesmo: por que essas gerações a se sucederem como camadas de areia que, acarretadas incessantemente pelas ondas, vão cobrir outras camadas que as precederam? Por que esses trabalhos, essas lutas, esses sofrimentos, se tudo deve terminar no sepulcro? Os séculos, esses minutos da eternidade, viram passar nações e reinos, e nada ficou de pé. A esfinge tudo devorou!

Em sua carreira, para onde vai, pois, o homem? Para o nada ou para uma luz desconhecida? A Natureza risonha, eterna, moldura as tristes ruínas dos impérios, com os seus esplendores. Nela nada morre, senão para renascer. Leis profundas, uma ordem imutável, presidem às suas evoluções. Só o homem, com suas obras, terá por destino o nada, o olvido? A impressão produzida pelo espetáculo das cidades mortas, ainda a encontrei mais pungente diante dos frios despojos dos entes que me são caros, daqueles que partilharam a minha vida.

Um desses a quem amais vai morrer. Inclinado para ele, com o coração opresso, vedes estender-se lentamente, sobre suas feições, a sombra da morte. O foco interior nada mais dá que pálidos e trêmulos lampejos; ei-lo que se enfraquece ainda, depois se extingue. E agora, tudo o que nesse ser atestava a vida, esses olhos que brilhavam, essa boca que proferia sons, esses membros que se agitavam, tudo está velado, silencioso, inerte. Nesse leito fúnebre mais não há que um cadáver! Qual o homem que a si mesmo não pediu a explicação desse mistério e que, durante a vigília lúgubre, nesse silenciar solene com a morte, deixou de refletir no que o espera a si próprio? A todos interessa esse problema, porque todos estamos sujeitos à lei.

Convém saber se tudo acaba nessa hora, se mais não é a morte que triste repouso no aniquilamento, ou, ao contrário, o ingresso em outra esfera de sensações.

Mas, de todos os lados levantam-se problemas. Por toda parte, no vasto teatro do mundo, dizem certos pensadores, reina como soberano o sofrimento; por toda parte, o aguilhão da necessidade e da dor estimula esse galope desenfreado, esse bailado terrível da vida e da morte. De toda parte, levanta-se o grito angustioso do ser que se precipita no caminho do desconhecido. Para esse, a existência só parece um perpétuo combate: a glória, a riqueza, a beleza, o talento — realezas de um dia! A morte passa, ceifando essas flores brilhantes, para só deixar hastes fanadas.

Introdução

A morte é o ponto de interrogação ante nós incessantemente colocado, o primeiro tema a que se ligam questões sem-número, cujo exame faz a preocupação, o desespero dos séculos, a razão de ser de imensa cópia de sistemas filosóficos. Apesar desses esforços do pensamento, a obscuridade tem pesado sobre nós. A nossa época se agita nas trevas e no vácuo e procura, sem achar, um remédio a seus males. Imensos são os progressos materiais, mas, no seio das riquezas acumuladas, pode-se ainda morrer de privações e de miséria. O homem não é mais feliz nem melhor. No meio dos seus rudes labores, nenhum ideal elevado, nenhuma noção clara do destino o sustém; daí seus desfalecimentos morais, excessos de revoltas. Extinguiu-se a fé do passado; o ceticismo, o materialismo substituíram-na, e, ao sopro destes, o fogo das paixões, dos apetites, dos desejos tem-se ateado. Convulsões sociais ameaçam-nos.

Às vezes, atormentado pelo espetáculo do mundo e pelas incertezas do futuro, o homem levanta os olhos para o céu, e pergunta-lhe a verdade. Interroga silenciosamente a Natureza e o seu próprio Espírito. Pede à Ciência os seus segredos, à Religião os seus entusiasmos. Mas, a Natureza parece-lhe muda, e as respostas dos sábios e dos sacerdotes não satisfazem à sua razão nem ao seu coração. Entretanto, existe uma solução para esses problemas, solução melhor, mais racional e mais consoladora que todas as oferecidas pelas doutrinas e filosofias do dia; tal solução repousa sobre as bases mais sólidas que se possa conceber: o testemunho dos sentidos e a experiência da razão.

No momento mesmo em que o materialismo atingia o seu apogeu, e por toda parte espalhava a ideia do nada, surge uma crença nova apoiada em fatos. Ela oferece ao pensamento um refúgio onde se encontra, afinal, o conhecimento das leis eternas de progresso e de justiça. Um florescimento de ideias que se acreditava mortas, mas que dormitavam apenas, produz-se e anuncia uma renovação intelectual e moral. Doutrinas, que foram a alma das civilizações passadas, reaparecem sob mais desenvolvida forma, e numerosos fenômenos, por muito tempo desdenhados, mas cuja importância enfim é pressentida por certos sábios, vêm oferecer-lhe uma base de demonstração e de certeza. As práticas do magnetismo, do hipnotismo, da sugestão; mais ainda, os estudos de Crookes, Russel Wallace, Paul Gibier, entre outros, sobre as forças psíquicas, fornecem novos dados para a solução do grande problema. Abrem-se abismos, formas de existência revelam-se em centros onde não mais se cuidava de observá-los. E, dessas pesquisas, desses estudos, dessas descobertas, nascem uma concepção do mundo e da vida, um conhecimento de leis superiores, uma afirmação da ordem e da justiça universais, apropriados a despertar no coração do homem, com uma fé mais firme e mais esclarecida no futuro, um sentimento profundo dos seus deveres, um afeto real por seus semelhantes, capazes de transformar a face das sociedades.

É essa doutrina que oferecemos aos pesquisadores de todas as ordens e todas as classes. Ela já tem sido divulgada em numerosos volumes. Acreditamos nosso dever resumi-la nestas páginas, sob uma forma diferente, na intenção daqueles que estão cansados de viver como cegos, ignorando-se a si mesmos, daqueles que não se satisfazem mais com as obras de uma civilização material e inteiramente superficial, mas que aspiram a uma ordem de coisas mais elevada. É sobretudo para vós, filhos e filhas do povo, para quem a jornada é áspera, a existência difícil, para quem o céu é mais negro, mais frio o vento da adversidade; é para vós que este livro foi escrito. Não vos trará ele toda a ciência — que o cérebro humano não poderia conter — porém, será mais um degrau para a verdadeira luz. Provando-vos que a vida não é uma ironia da sorte nem o resultado de um acaso estúpido, mas a consequência de uma lei justa e equitativa, abrindo-vos as perspectivas radiosas do futuro, ele fornecerá um alvo mais nobre às vossas ações, fará luzir um raio de esperança na noite de vossas incertezas, aliviará o fardo de vossas provações, e ensinar-vos-á a não mais tremer diante da morte. Abri-o confiantemente; lede-o com atenção, porque emana de um homem que, acima de tudo, quer o vosso bem.

Entre vós, muitos talvez rejeitem nossas conclusões: um pequeno número somente as aceitará. Que importa! Não vamos em busca de êxitos. Um único móbil inspira-nos: o respeito, o amor à verdade. Uma só ambição anima-nos: quereríamos, quando nosso gasto invólucro voltasse à terra, que o Espírito imortal pudesse dizer a si mesmo: minha passagem pelo mundo não terá sido estéril se contribuí para mitigar uma só dor, para esclarecer uma só inteligência em busca da verdade, para reconfortar uma só alma vacilante e contristada.

Parte primeira

Crenças e negações

I – As religiões. A doutrina secreta
II – A Índia
III – O Egito
IV – A Grécia
V – A Gália
VI – O Cristianismo
VII – O materialismo e o positivismo
VIII – A crise moral

I
As religiões.
A doutrina secreta

Quando se lança um golpe de vista sobre o passado, quando se evoca a recordação das religiões desaparecidas, das crenças extintas, apodera-se de nós uma espécie de vertigem ante o aspecto das sinuosidades percorridas pelo pensamento humano. Lenta é sua marcha. Parece, a princípio, comprazer-se nas criptas sombrias da Índia, nos templos subterrâneos do Egito, nas catacumbas de Roma, na meia-luz das catedrais; parece preferir os lugares escuros à atmosfera pesada das escolas, o silêncio dos claustros às claridades do céu, aos livres espaços, em uma palavra, ao estudo da Natureza.

Um primeiro exame, uma comparação superficial das crenças e das superstições do passado conduz inevitavelmente à dúvida. Mas, levantando-se o véu exterior e brilhante que ocultava às massas os grandes mistérios, penetrando-se nos santuários da ideia religiosa, achamo-nos em presença de um fato de alcance considerável. As formas materiais, as cerimônias extravagantes dos cultos tinham por fim chocar a imaginação do povo. Por trás desses véus, as religiões antigas apareciam sob aspecto diverso, revestiam caráter grave e elevado, simultaneamente científico e filosófico. Seu ensino era duplo: exterior e público de um lado, interior e secreto de outro, e, neste último caso, reservado somente aos iniciados. Conseguiu-se, não há muito, reconstituir esse ensino secreto, após pacientes estudos e numerosas descobertas epigráficas.[1] Desde então, dissiparam-se a obscuridade e a confusão que reinavam nas questões religiosas; com a luz, fez-se a harmonia. Adquiriu-se a prova de que todos os ensinos religiosos do passado se ligam, porque, em sua base, se encontra uma só e mesma doutrina, transmitida de idade em idade a uma série ininterrupta de sábios e pensadores.

Todas as grandes religiões tiveram duas faces, uma aparente, outra oculta. Está nesta o Espírito, naquela a forma ou a letra. Debaixo do símbolo material, dissimula-se o sentido profundo. O Bramanismo, na Índia, o Hermetismo, no Egito, o Politeísmo grego, o próprio Cristianismo, em sua origem, apresentam esse duplo aspecto. Julgá-las pela face exterior e vulgar é o mesmo que apreciar o valor moral de um homem pelos trajos. Para conhecê-las, é preciso penetrar o pensamento íntimo que lhes inspira e motiva a existência; cumpre desprender do seio dos mitos e dogmas o princípio gerador que lhes comunica a força e a vida. Descobre-se, então, a doutrina única, superior, imutável, de que as religiões humanas não são mais que adaptações imperfeitas e transitórias, proporcionadas às necessidades dos tempos e dos meios.

Em nossa época, muitos fazem uma concepção do Universo, uma ideia da verdade, absolutamente exterior e material. A ciência moderna, em suas investigações, tem-se limitado a acumular o maior número de fatos, e, depois, a deduzir daí as suas leis. Obteve, assim, maravilhosos resultados, porém, por tal preço, ficar-lhe-á sempre inacessível o conhecimento dos princípios superiores e das causas primitivas. As próprias causas secundárias escapam-lhe. O domínio invisível da vida é mais vasto do que aquele que é atingido pelos nossos sentidos: lá reinam essas causas de que somente vemos os efeitos.

Na Antiguidade tinham outra maneira de ver, e um proceder muito diferente. Os sábios do Oriente e da Grécia não desdenhavam observar a natureza exterior, porém, era sobretudo no estudo da alma, de suas potências íntimas, que descobriam os princípios eternos. Para eles, a alma era como um livro em que se inscrevem, em caracteres misteriosos, todas as realidades e todas as leis. Pela concentração de suas faculdades, pelo estudo profundo e meditativo de si mesmos, elevaram-se até à Causa sem causa,

---

[1] Ver *Essais sur l'Histoire des Religions*, por Max Müller; *La Mission del Juifs*, por St-Yves d'Alveydre; *Les Grands Initiés*, por Ed. Schuré.

até ao Princípio de que derivam os seres e as coisas. As leis inatas da inteligência explicavam-lhes a harmonia e a ordem da Natureza, assim como o estudo da alma lhes dava a chave dos problemas da vida.

A alma, acreditavam, colocada entre dois mundos, o visível e o oculto, o material e o espiritual, observando-os, penetrando em ambos, é o instrumento supremo do conhecimento. Conforme seu grau de adiantamento ou de pureza, reflete, com maior ou menor intensidade, os raios do foco divino. A razão e a consciência não só guiam nossa apreciação e nossos atos, mas também são os mais seguros meios para adquirir-se e possuir-se a verdade.

A tais pesquisas era consagrada a vida inteira dos iniciados. Não se limitavam, como em nossos dias, a preparar a mocidade com estudos prematuros, insuficientes, mal dirigidos, para as lutas e deveres da existência. Os adeptos eram escolhidos, preparados desde a infância para a carreira que deviam preencher, e, depois, levados gradualmente aos píncaros intelectuais, de onde se pode dominar e julgar a vida. Os princípios da ciência secreta eram-lhes comunicados numa proporção relativa ao desenvolvimento das suas inteligências e qualidades morais. A iniciação era uma refundição completa do caráter, um acordar das faculdades latentes da alma. Somente quando tinha sabido extinguir em si o fogo das paixões, comprimir os desejos impuros, orientar os impulsos do seu ser para o Bem e para o Belo, é que o adepto participava dos grandes mistérios. Obtinha, então, certos poderes sobre a Natureza, e comunicava-se com as potências ocultas do Universo.

Não deixam subsistir dúvida alguma sobre tal ponto os testemunhos da História a respeito de Apolônio de Tiana e de Simão, o Mago, bem como os fatos, pretensamente miraculosos, levados a efeito por Moisés e pelo Cristo. Os iniciados conheciam os segredos das forças fluídicas e magnéticas. Este domínio, pouco familiar aos sábios dos nossos dias, a quem se afiguram inexplicáveis os fenômenos do sonambulismo e da sugestão, no meio dos quais se debatem impotentes em conciliá-los com teorias preconcebidas,[2] esse domínio, a ciência oriental dos santuários havia explorado, e estava possuidora de todas as suas chaves. Nele encontrava meios de ação incompreensíveis para o vulgo, mas facilmente explicáveis pelos fenômenos do Espiritismo. Em suas experiências fisiológicas, a ciência contemporânea chegou ao pórtico desse mundo oculto conhecido dos

---

[2] Ver *La Suggestion Mentale*, por Ochorowitz.

antigos e regido por leis exatas. Ainda bem perto está o dia em que a força dos acontecimentos e o exemplo dos audaciosos constrangê-la-ão a tal. Reconhecerá, então, que nada há aí de sobrenatural, mas, ao contrário, uma face ignorada da Natureza, uma manifestação das forças sutis, um aspecto novo da vida que enche o infinito.

Se do domínio dos fatos passarmos ao dos princípios, teremos de esboçar desde logo as grandes linhas da doutrina secreta. Ao ver desta, a vida não é mais que a evolução, no tempo e no espaço, do espírito, única realidade permanente. A matéria é sua expressão inferior, sua forma variável. O Ser por excelência, fonte de todos os seres, é Deus, simultaneamente triplo e uno — essência, substância e vida — em que se resume todo o Universo. Daí o deísmo trinitário que, da Índia e do Egito, passou, desfigurando-se, para a doutrina cristã. Esta, dos três elementos do ser, fez as pessoas. A alma humana, parcela da grande alma, é imortal. Progride e sobe para o seu autor através de existências numerosas, alternativamente terrestres e espirituais, por um aperfeiçoamento contínuo. Em suas encarnações, constitui ela o homem, cuja natureza ternária — o corpo, o perispírito e a alma —, centros correspondentes da sensação, sentimento e conhecimento, torna-se um microcosmo ou pequeno mundo, imagem reduzida do macrocosmo ou grande Todo. Eis por que podemos encontrar Deus no mais profundo do nosso ser, interrogando a nós mesmos na solidão, estudando e desenvolvendo as nossas faculdades latentes, a nossa razão e consciência. Tem duas faces a vida universal: a involução ou descida do Espírito à matéria para a criação individual, e a evolução ou ascensão gradual, na cadeia das existências, para a Unidade divina.

Prendia-se a esta filosofia um feixe inteiro de ciências: a Ciência dos Números ou Matemáticas Sagradas, a Teogonia, a Cosmogonia, a Psicologia e a Física. Nelas, os métodos indutivo e experimental combinavam-se e serviam-se reciprocamente de verificação, formando, assim, um todo imponente, um edifício de proporções harmônicas.

Este ensino abria ao pensamento perspectivas suscetíveis de causarem vertigem aos Espíritos mal preparados, e por isso era somente reservado aos fortes. Se, por verem o infinito, as almas débeis ficam perturbadas e desvairadas, as valentes fortificam-se e medram. É no conhecimento das leis superiores que estas vão beber a fé esclarecida, a confiança no futuro, a consolação na desgraça. Tal conhecimento produz benevolência para com os fracos, para com todos esses que se agitam ainda nos círculos inferiores da existência, vítimas das paixões e da ignorância; inspira tolerância para com todas as crenças. O iniciado sabia unir-se a todos e orar com todos. Honrava Brahma na Índia, Osíris em Mênfis, Júpiter em Olímpia, como pálidas imagens da Potência suprema, diretora das almas e dos mundos. É assim que a verdadeira religião se eleva acima de todas as crenças e a nenhuma maldiz.

O ensino dos santuários produziu homens realmente prodigiosos pela elevação de vistas e pelo valor das obras realizadas, uma elite de pensadores e de homens de ação, cujos nomes se encontram em todas as páginas da História. Daí saíram os grandes reformadores, os fundadores de religiões, os ardentes propagandistas: Krishna, Zoroastro, Hermes, Moisés, Pitágoras, Platão e Jesus; todos os que têm posto ao alcance das multidões as verdades sublimes que fazem sua superioridade. Lançaram aos ventos a semente que fecunda as almas, promulgaram a lei moral, imutável, sempre e em toda parte semelhante a si mesma. Mas, não souberam os discípulos guardar intacta a herança dos mestres. Mortos estes, os seus ensinos ficaram desnaturados e desfigurados por alterações sucessivas. A mediocridade dos homens não era apta a perceber as coisas do Espírito, e bem depressa as religiões perderam a sua simplicidade e pureza primitivas. As verdades que tinham sido ensinadas foram sufocadas sob os pormenores de uma interpretação grosseira e material. Abusou-se dos símbolos para chocar a imaginação dos crentes, e, muito breve, a ideia máter ficou sepultada e esquecida sob eles. A verdade é comparável às gotas de chuva que oscilam na extremidade de um ramo. Enquanto aí ficam suspensas, brilham como puros diamantes aos raios do Sol; desde, porém, que tocam o chão, confundem-se com todas as impurezas. O que nos vem de cima mancha-se ao contato terrestre. Até mesmo ao seio dos templos levou o homem as suas concupiscências e misérias morais. Por isso, em cada religião, o erro, este apanágio da Terra, mistura-se com a verdade, este bem dos céus.

**

Pergunta-se algumas vezes se a religião é necessária. A religião (do latim *religare*, ligar, unir), bem compreendida, deveria ser um laço que prendesse os homens entre si, unindo-os por um mesmo pensamento ao princípio superior das coisas. Há na alma um sentimento natural que a arrasta para um ideal de perfeição em que se identificam o Bem e a Justiça. Este sentimento, o mais nobre que poderemos experimentar, se fosse esclarecido pela Ciência, fortificado pela razão, apoiado na liberdade de consciência, viria a ser o móvel de grandes e generosas ações; mas, manchado, falseado, materializado, tornou-se, muitas vezes, pelas inquietações da teocracia, um instrumento de dominação egoística.

A religião é necessária e indestrutível porque se baseia na própria natureza do ser humano, do qual ela resume e exprime as aspirações elevadas. É, igualmente, a expressão das leis eternas, e, sob este ponto de vista, tende a confundir-se com a filosofia, fazendo com que esta passe do domínio da teoria ao da execução, tornando-se vivaz e ativa.

Mas, para exercer uma influência salutar, para voltar a ser um incitante de progresso e elevação, a religião deve despojar-se dos disfarces com que se revestiu através dos séculos. Não são os seus elementos primordiais que devem desaparecer, mas, sim, as formas exteriores, os mitos obscuros, o culto, as cerimônias. Cumpre evitar confundir coisas tão dessemelhantes. A verdadeira religião é um sentimento; é no coração humano, e não nas formas ou manifestações exteriores, que está o melhor templo do Eterno. A verdadeira religião não poderia ser encerrada dentro de regras e ritos acanhados; não necessita de sacerdotes nem de fórmulas nem de imagens.

Pouco se inquieta com simulacros e modos de adorar; julga os dogmas por sua influência sobre o aperfeiçoamento das sociedades. Abraça todos os cultos, todos os sacerdócios, eleva-se bastante e diz-lhes: A verdade ainda está muito acima!

Entretanto, deve-se compreender que nem todos os homens se acham em vias de atingir esses píncaros intelectuais. Eis por que a tolerância e a benevolência são coisas que se impõem. Se, por um lado, o dever convida-nos a desprender os bons Espíritos dos aspectos vulgares da religião, por outro, é preciso nos abstermos de lançar a pedra às almas sofredoras, lacrimosas, incapazes de assimilar noções abstratas, mas que encontram arrimo e conforto na sua cândida fé.

Verifica-se, porém, que, de dia para dia, diminui o número dos crentes sinceros. A ideia de Deus, outrora simples e grande nas almas, foi desnaturada pelo temor do inferno, e perdeu seu poder. Na impossibilidade de se elevarem até ao absoluto, certos homens acreditaram ser necessário adaptar à sua forma e medida tudo o que queriam conceber. Foi assim que rebaixaram Deus ao nível deles próprios, atribuindo-lhe as suas paixões e fraquezas, amesquinhando a Natureza e o Universo, e, sob o prisma da ignorância, decompondo em cores diversas os argênteos raios da verdade. As claras noções da religião natural foram obscurecidas a bel-prazer. A ficção e a fantasia engendraram o erro, e este, preso ao dogma, ergueu-se como um obstáculo no meio do caminho. A luz ficou velada para aqueles que se acreditavam seus depositários, e as trevas, com que pretendiam envolver os outros, fizeram-se em si próprios e ao seu redor. Os dogmas perverteram o critério religioso, e o interesse de casta falseou o senso moral. Daí um acervo de superstições, de abusos e práticas idólatras, cujo espetáculo lançou tantos homens na negação. A reação, porém, anuncia-se. As religiões, imobilizadas em seus dogmas como as múmias em suas faixas, agora agonizam, abafadas em seus invólucros materiais, enquanto tudo marcha e evolve em torno delas. Perderam quase toda a influência sobre os costumes, sobre a vida social, e estão destinadas a perecer. Mas, como todas as coisas, as religiões só morrem para renascer. A ideia que os homens fazem da Verdade modifica-se e dilata com o decorrer dos tempos. Eis por que as religiões, manifestações temporárias, vistas parciais da eterna Verdade, tendem a transformar-se desde que já tenham cumprido a sua tarefa, e não mais correspondam aos progressos e às necessidades da Humanidade. À medida que esta caminha, são precisas novas concepções, um ideal mais elevado, e isso só poderá ser encontrado nas descobertas da Ciência, nas intuições crescentes do pensamento. Chegamos a uma época da História em que as religiões encanecidas aluem-se por suas bases, época em que se prepara uma renovação filosófica e social. O progresso material e intelectual desafia o progresso moral. Nas profundezas das almas agita-se um mundo de aspirações, que faz esforços por tomar forma e aparecer à vida. O sentimento e a razão, essas duas grandes forças imperecíveis como o Espírito humano, de que são atributos, forças hostis até hoje e que perturbavam a sociedade com os seus conflitos, semeando por toda parte a discórdia, a confusão e o ódio, tendem, finalmente, a se conciliarem. A religião deve perder seu caráter dogmático e sacerdotal para tornar-se científica; a ciência libertar-se-á dos baixios materialistas para esclarecer-se com um raio divino. Surgirá uma doutrina, idealista em suas tendências, positiva e experimental em seu método, apoiada sobre fatos inegáveis. Sistemas opostos na aparência, filosofias contraditórias e inimigas, o Espiritualismo e o Naturalismo, entre outras, acharão, afinal, um terreno de reconciliação. Síntese poderosa, ela abraçará e ligará todas as concepções variadas do mundo e da vida, raios dispersos, faces variadas da verdade.

Será a ressurreição, sob forma mais ampla e a todos acessível, dessa doutrina que o passado conheceu, será o aparecimento da religião natural que renascerá simples, sem cultos nem altares. Cada pai será sacerdote em sua família, ensinará e dará o exemplo. A religião passará para os atos, para o desejo ardente do bem; o holocausto será o sacrifício de nossas paixões, o aperfeiçoamento do espírito humano. Tal é a doutrina superior, definitiva, universal, no seio da qual serão absorvidas, como os rios pelo oceano, todas as religiões passageiras, contraditórias, causas frequentes de dissidência e dilaceração para a Humanidade.

II
A Índia

Dissemos que a doutrina secreta achava-se no fundo de todas as religiões e nos livros sagrados de todos os povos. De onde veio ela? Qual a sua origem? Quais os homens que a conceberam e fizeram depois a sua descrição? As mais antigas escrituras são as que resplandecem nos céus.[3]

Esses mundos estelares que, através das noites calmas, deixam cair serenas claridades, constituem as escrituras eternas e divinas de que fala Dupuis. Os homens têm-nas, sem dúvida, consultado antes de escrever; mas os primeiros livros em que se encontra exposta a grande doutrina são os *Vedas*. É o molde em que se formou a religião primitiva da Índia, religião inteiramente patriarcal, simples e pura, como uma existência desprovida de paixões, passando vida tranquila e forte ao contato da natureza esplêndida do Oriente.[4]

Os hinos védicos igualam em grandeza e elevação moral a tudo o que, no decorrer dos tempos, o sentimento poético engendrou de mais belo. Celebram Agni, o fogo, símbolo do eterno Masculino ou Espírito criador; Soma, o licor do sacrifício, símbolo do eterno Feminino, Alma do Mundo, substância etérea. Em sua união perfeita, esses dois princípios essenciais do Universo constituem o Ser supremo, Zians ou Deus.

---

[3] Os signos do zodíaco.
[4] A idade dos *Vedas* ainda não pôde ser fixada. Souryo-Shiddanto, astrônomo hindu, cujas observações sobre a posição e percurso das estrelas remonta a 58 mil anos, fala dos *Vedas* como obras já veneráveis pela sua antiguidade. (De *O espiritismo ou faquirismo ocidental*, pelo Dr. Paul Gibier, cap. V.)

O Ser supremo imola-se a si próprio e divide-se para produzir a vida universal. Assim, o mundo e os seres saídos de Deus voltam a Deus por uma evolução constante. Daí a teoria da queda e da reascensão das almas que se encontra no Oriente. Ao sacrifício do fogo resume-se todo o culto védico. Ao levantar do dia, o chefe de família, pai e sacerdote ao mesmo tempo, acendia a chama sagrada no altar de terra, e, assim, para o céu azul, subia alegre a prece, a invocação de todos à força única e viva, que está coberta pelo véu transparente da Natureza.

Enquanto se cumpre o sacrifício, dizem os *Vedas*, os Assouras ou Espíritos superiores e os Pitris ou almas dos antepassados cercam os assistentes e se associam às suas preces. Portanto, a crença nos Espíritos remonta às primeiras idades do mundo.

Os *Vedas* afirmam a imortalidade da alma e a reencarnação:

> Há uma parte imortal do homem que é aquela, ó Agni, que cumpre aquecer com teus raios, inflamar com teus fogos. De onde nasceu a alma? Umas vêm para nós e daqui partem, outras partem e tornam a voltar.

Os *Vedas* são monoteístas; as alegorias que se encontram em cada página apenas dissimulam a imagem da grande causa primária, cujo nome, cercado de santo respeito, não podia, sob pena de morte, ser pronunciado. As divindades secundárias ou *devas* personificam os auxiliares inferiores do Ser supremo, as forças vivas da Natureza e as qualidades morais.

Do ensino dos *Vedas* decorria toda a organização da sociedade primitiva, o respeito à mulher, o culto dos antepassados, o poder eletivo e patriarcal. Os homens viviam felizes, livres e em paz.

Durante a época védica, na vasta solidão dos bosques, às margens dos rios e lagos, anacoretas ou *rishis* passavam os dias no retiro. Intérpretes da ciência oculta, da doutrina secreta dos *Vedas*, eles possuíam já esses misteriosos poderes, transmitidos de século em século, de que gozam ainda os *faquires* e os *iogues*. Dessa confraria de solitários saiu o pensamento inovador, o primeiro impulso que fez do Bramanismo a mais colossal das teocracias.

Krishna, educado pelos ascetas no seio das florestas de cedros que coroam os pincaros nevoentos do Himalaia, foi o inspirador das crenças dos hindus. Essa grande figura aparece na História como o primeiro dos reformadores religiosos, dos missionários divinos. Renovou as doutrinas védicas, apoiando-se sobre as ideias da Trindade, da imortalidade da alma e de seus renascimentos sucessivos. Selada a obra com o seu próprio sangue, deixou a Terra, legando à Índia essa concepção do Universo e da vida, esse ideal superior em que ela tem vivido durante milhares de anos.

Sob nomes diversos, pelo mundo espalhou-se essa doutrina com todas as migrações de homens, de que foi origem a região da Índia. Essa terra sagrada não é somente a mãe dos povos e das civilizações, é também o foco das maiores inspirações religiosas.

Krishna,[5] rodeado por certo número de discípulos, ia de cidade em cidade espalhar os seus ensinos, dizia ele:

> O corpo, envoltório da alma que aí faz sua morada, é uma coisa finita; porém, a alma que o habita é invisível, imponderável e eterna.
> O destino da alma depois da morte constitui o mistério dos renascimentos. Assim como as profundezas do céu se abrem aos raios dos astros, assim também os recônditos da vida se esclarecem à luz desta verdade.
> Quando o corpo entra em dissolução, se a pureza é que o domina, a alma voa para as regiões desses seres puros que têm o conhecimento do Altíssimo. Mas, se é dominado pela paixão, a alma vem de novo habitar entre aqueles que estão presos às coisas da Terra. Assim, a alma, obscurecida pela matéria e pela ignorância, é novamente atraída para o corpo de seres irracionais.
> Todo renascimento, feliz ou desgraçado, é consequência das obras praticadas nas vidas anteriores.
> Há, porém, um mistério maior ainda. Para atingir a perfeição, cumpre conquistar a ciência da Unidade, que está acima de todos os conhecimentos; é preciso elevar-se ao Ser divino, que está acima da alma e da inteligência.
> Esse Ser divino está também em cada um de nós:
> Trazes em ti próprio um amigo sublime que não conheces, pois Deus reside no interior de todo homem, porém poucos sabem achá-lo. Aquele que faz o sacrifício de seus desejos e de suas obras ao Ser de que procedem os princípios de todas as coisas, obtém por tal sacrifício a perfeição, porque, quem acha em si mesmo sua felicidade, sua alegria, e também sua luz, é um com Deus. Ora, fica sabendo, a alma que encontrou Deus

---

[5] *Bhagavad Gita.*

está livre do renascimento e da morte, da velhice e da dor, e bebe a água da imortalidade.

Krishna falava na sua missão e da sua própria natureza em termos sobre os quais convém meditar. Dirigindo-se aos seus discípulos, dizia:

> Tanto eu como vós temos tido vários nascimentos. Os meus só de mim são conhecidos, porém, vós nem mesmo os vossos conheceis. Posto que, por minha natureza, eu não esteja sujeito a nascer e a morrer, todas as vezes que no mundo declina a virtude, e que o vício e a injustiça a superam, torno-me então visível; assim me mostro, de idade em idade, para salvação do justo, para castigo do mau, e para restabelecimento da verdade. Revelei-vos os grandes segredos. Não os digais senão àqueles que os podem compreender. Sois os meus eleitos: vedes o alvo, a multidão só descortina uma ponta do caminho.[6]

Por essas palavras a doutrina secreta estava fundada. Apesar das alterações sucessivas que teve de suportar, ela ficará sendo a fonte da vida em que, na sombra e no silêncio, se inspiram todos os grandes pensadores da Antiguidade.

A moral de Krishna também era muito pura:

> Os males com que afligimos o próximo perseguem-nos, assim como a sombra segue o corpo. As obras inspiradas pelo amor dos nossos semelhantes são as que mais pesarão na balança celeste. Se convives com os bons, teus exemplos serão inúteis; não receeis habitar entre os maus para os reconduzir ao bem. O homem virtuoso é semelhante a uma árvore gigantesca, cuja sombra benéfica permite frescura e vida às plantas que a cercam.

Sua linguagem elevava-se ao sublime quando falava da abnegação e do sacrifício:

"O homem de bem deve cair aos golpes dos maus como o sândalo que, ao ser abatido, perfuma o machado que o fere".

Quando os sofistas pediam que explicasse a natureza de Deus, respondia-lhes:

---

[6] *Bhagavad Gita, passim.*

"Só o infinito e o espaço podem compreender o infinito. Somente Deus pode compreender a Deus".

Dizia ainda:

> Nada do que existe pode perecer, porque tudo está contido em Deus. Visto isso, não é alvitre sábio chorarem-se os vivos ou os mortos, pois nunca todos nós cessaremos de subsistir além da vida presente.[7]

Sobre a comunicação dos Espíritos:

> Muito tempo antes de se despojarem de seu envoltório mortal, as almas que só praticaram o bem adquirem a faculdade de conversar com as almas que as precederam na vida espiritual.

É isto o que, ainda em nossos dias, afirmam os brâmanes pela doutrina dos Pitris, mesmo porque, em todos os tempos, a evocação dos mortos tem sido uma das formas da sua liturgia.

Tais são os principais pontos dos ensinos de Krishna, que se encontram nos livros sagrados conservados ainda nos santuários do sul do Hindustão.

A princípio, a organização social da Índia foi calcada pelos brâmanes sobre suas concepções religiosas. Dividiram a sociedade em três classes, segundo o sistema ternário; mas, pouco a pouco, tal organização degenerou em privilégios sacerdotais e aristocráticos. A hereditariedade impôs os seus limites estreitos e rígidos às aspirações de todos. A mulher, livre e honrada nos tempos védicos, tornou-se escrava, e dos filhos só soube fazer escravos, igualmente. A sociedade condensou-se num molde implacável, a decadência da Índia foi a sua consequência inevitável. Petrificado em suas castas e seus dogmas, esse país teve um sono letárgico, imagem da morte, que nem mesmo foi perturbado pelo tumulto das invasões estrangeiras! Acordará ainda? Só o futuro poderá dizê-lo.

Os brâmanes, depois de terem estabelecido a ordem e constituído a sociedade, perderam a Índia por excesso de compressão. Assim também, despiram toda a autoridade moral da doutrina de Krishna, envolvendo-a em formas grosseiras e materiais.

Se considerarmos o Bramanismo somente pelo lado exterior e vulgar, por suas prescrições pueris, cerimonial pomposo, ritos complicados,

---

[7] *Mahabharata*, trad. de H. Fauche.

fábulas e imagens de que é tão pródigo, seremos levados a nele não ver mais que um acervo de superstições. Seria, porém, erro julgá-lo unicamente pelas suas aparências exteriores. No Bramanismo, como em todas as religiões antigas, cumpre distinguir duas coisas. Uma é o culto e o ensino vulgar, repletos de ficções que cativam o povo, auxiliando a conduzi-lo pelas vias da submissão. A esta ordem de ideias liga-se o dogma da metempsicose ou renascimento das almas culpadas em corpos de animais, insetos ou plantas, espantalho destinado a atemorizar os fracos, sistema hábil imitado pelo Catolicismo, quando concebeu os mitos de satanás, do inferno e dos suplícios eternos. A outra é o ensino secreto, a grande tradição esotérica que fornece sobre a alma e seus destinos, e sobre a causa universal, as mais puras e elevadas reflexões. Para conseguir isso, é necessário penetrar-se nos mistérios dos pagodes, folhear os manuscritos que estes encerram e interrogar os brâmanes sábios.

* * *

Cerca de seiscentos anos antes da Era Cristã, um filho de rei, Sakya-Muni ou o Buda, foi acometido de profunda tristeza e imensa piedade pelos sofrimentos dos homens. A corrupção invadira a Índia, logo depois de alteradas as tradições religiosas, e, em seguida, vieram os abusos da teocracia ávida do poder. Renunciando às grandezas, à vida faustosa, o Buda deixa o seu palácio e embrenha-se na floresta silenciosa. Após longos anos de meditação, reaparece para levar ao mundo asiático senão uma crença nova, ao menos uma outra expressão da Lei.

Segundo o Budismo,[8] está no desejo a causa do mal, da dor, da morte e do renascimento. É o desejo, é a paixão que nos prende às formas materiais, e que desperta em nós mil necessidades sem cessar reverdecentes e nunca saciadas, tornando-se, assim, outros tantos tiranos. O fim elevado da vida é arrancar a alma aos turbilhões do desejo. Consegue-se isso pela reflexão, austeridade, pelo desprendimento de todas as coisas terrenas, pelo sacrifício do *eu*, pela isenção do cativeiro egoísta da personalidade. A ignorância é o mal soberano de que decorrem o sofrimento e a miséria; o principal meio para se melhorar a vida no presente e no futuro é adquirir-se o conhecimento.

---

[8] *Le Bouddhisme*, por Léon de Rosny; *La Science des Religions*, por Burnouf.

O conhecimento compreende a ciência da natureza visível e invisível, o estudo do homem e dos princípios das coisas. Estes são absolutos e eternos. O mundo, saído por sua própria atividade de um estado uniforme, está numa evolução contínua. Os seres, descidos do grande Todo a fim de operarem o problema da perfeição, inseparável do estado de liberdade e, por conseguinte, do movimento e do progresso, tendem sempre a voltar ao bem perfeito. Não penetram no mundo da forma senão para trabalharem no complemento da sua obra de aperfeiçoamento e elevação. Podem realizar isso pela Ciência, ou *Upanishad*, e completá-lo pelo amor, ou *Purana*.

A ciência e o amor são dois fatores essenciais do Universo. Enquanto não adquire o amor, o ser está condenado a prosseguir na série das reencarnações terrestres.

Sob a influência de tal doutrina, o instinto egoísta vê estreitar-se pouco a pouco o seu círculo de ação. O ser aprende a abraçar num mesmo amor tudo o que vive e respira; e isto nada mais é que um dos degraus da sua evolução, pois esta deve conduzi-lo a só amar o eterno princípio de que emana todo o amor, e para onde todo ele deve necessariamente voltar. Esse estado é o do nirvana.

Essa expressão, diversamente comentada, tem causado muitos equívocos. Em conformidade com a doutrina secreta do Budismo,[9] o nirvana não é, como ensina a Igreja do Sul e o grão-sacerdote do Ceilão, a perda da individualidade e o esvaecimento do ser no nada, mas sim a conquista, pela alma, da perfeição, e a libertação definitiva das transmigrações e dos renascimentos no seio das humanidades. Cada qual executa o seu próprio destino. A vida presente, com suas alegrias e dores, não é senão a consequência das boas ou más ações operadas livremente pelo ser nas existências anteriores.

O presente explica-se pelo passado, não só para o mundo tomado em seu conjunto, como também para cada um dos seres que o compõem. Designa-se por carma toda a soma de méritos ou de deméritos adquiridos pelo ser. O carma é para este, em todos os instantes da sua evolução, o ponto de partida do futuro, o motor de toda a justiça distributiva:

> Em Buda[10] uno-me à dor de todos os meus irmãos, e entretanto, sorrio e sinto-me contente porque vejo que a liberdade existe. Sabei, ó vós que sofreis; mostro-vos a verdade; tudo o que somos é resultante do que fomos

---

[9] *Le Bouddhisme Ésotérique*, por Sinnet.
[10] *Dhammapada*.

no passado. Tudo é fundado sobre nossos pensamentos; tudo é obra dos próprios pensamentos. Se as palavras e ações de um homem obedecem a um pensamento puro, a liberdade segue-o como uma sombra. O ódio jamais foi apaziguado pelo ódio, pois não é vencido senão pelo amor. Assim como a chuva passa através de uma casa mal coberta, assim a paixão atravessa um Espírito pouco refletido. Pela reflexão, moderação e domínio de si próprio, o homem transforma-se numa rocha que nenhuma tempestade pode abalar. O homem colhe aquilo que semeou. Eis a doutrina do carma.

A maior parte das religiões recomenda-nos fazer o bem em vista de uma recompensa de além-túmulo. Está aí um móbil egoísta e mercenário que não se encontra do mesmo modo no Budismo. É necessário praticar o bem, diz Léon de Rosny,[11] porque o bem é o fim supremo da Natureza. É conformando-se às exigências dessa lei que se adquire a única satisfação verdadeira, a mais bela que pode apreciar o ser desprendido dos entraves da forma e das atrações do desejo, causas contínuas de decepção e de sofrimento.

A compaixão do Budismo, sua caridade, estende-se a todos os seres. Segundo ele, todos são destinados ao nirvana. E, por seres, devem entender-se os animais, os vegetais e mesmo os corpos inorgânicos. Todas as formas da vida se encadeiam, de acordo com a lei grandiosa da evolução e do transformismo. Em parte alguma do Universo deixa de existir vida. A morte não é senão uma ilusão, um dos agentes da vida que exige um renovamento contínuo e transformações incessantes. O inferno, para os iniciados na doutrina, não é outra coisa senão o remorso e a ausência do amor. O purgatório está em toda parte onde se encontra a forma e onde evoluciona a matéria. Está em nosso globo, ao mesmo tempo que nas profundezas do firmamento estrelado.

O Buda e seus discípulos praticavam o Diana, ou a contemplação, o êxtase. Durante esse estado, o Espírito destaca-se e comunica-se com as almas que deixaram a Terra.[12]

O Budismo esotérico ou vulgar, repelido de todos os lados da Índia no século VI, após lutas sangrentas provocadas pelos brâmanes, sofreu

---

[11] *La Morale du Bouddhisme.*
[12] *L'Âme et ses Manifestations à travers l'Histoire*, por Eug. Bonnemère.

vicissitudes diversas e numerosas transformações. Um dos seus ramos ou Igreja, a do Sul, em algumas das suas interpretações, parece inclinar-se para o ateísmo e materialismo. A do Tibete conservou-se deísta e espiritualista. O Budismo também se tornou a religião do império mais vasto do mundo: a China. Seus fiéis adeptos compõem, hoje, a terça parte da população do globo; mas, em todos os meios onde ele se espalhou, do Ural ao Japão, foram veladas e alteradas as tradições primitivas. Nele, como em qualquer outra doutrina, as formas materiais do culto abafaram as altas aspirações do pensamento. Os ritos, as cerimônias supersticiosas, as fórmulas vãs, as oferendas, as preces sonoras, substituíram o ensino moral e a prática das virtudes.[13] Entretanto, os principais ensinamentos do Buda foram conservados nos *Sutras*.[14] Sábios, herdeiros da ciência e dos poderes dos antigos ascetas, possuem também, dizem,[15] a doutrina secreta na sua integridade. Esses estabeleceram suas moradas longe das multidões humanas, sobre os planaltos das montanhas, de onde os campos da Índia apenas se divisam vagos e longínquos como num sonho. É na atmosfera pura e calma das solidões que habitam os *mahatmas*. Possuindo segredos que lhes permitem desafiar a dor e a morte, passam os dias na meditação, esperando a hora problemática em que o estado moral da Humanidade torne possível a divulgação dos seus poderes extraordinários. Como, porém, nenhum fato bastante autêntico tem vindo até hoje confirmar essas citações, ainda fica por provar a existência dos *mahatmas*.

Há vinte anos que grandes esforços foram empregados para espalhar a doutrina búdica no Ocidente. A raça latina, porém, ávida de movimento, de luz e liberdade, parece pouco disposta a assimilar-se a essa religião de renunciamento, de que os povos orientais fizeram uma doutrina de aniquilamento voluntário e de prostração intelectual. O Budismo, na Europa, apenas tem permanecido no domínio de alguns homens de letras, que honram o esoterismo tibetano. Este, em certos pontos, abre ao espírito humano perspectivas estranhas. A teoria dos dias e das noites de Brahma — *Manvantara e Pralaya* — que é uma renovação das antigas religiões da Índia, parece que está em muita contradição com a ideia do nirvana. De qualquer modo, esses períodos imensos de difusão e concentração, durante os quais a grande causa primordial absorve todos os seres, permanece só, imóvel, adormecida sobre

---
[13] *Revue des Deux-mondes*, 15 de *março* de 1876, artigo de G. Bousquet.
[14] *Le Lalita Vistara*, trad. de Foucaux: *Le Lotus de la Bonne Loi*, trad. de Burnouf.
[15] *Le Bouddhisme Ésotérique*, por Sinnet.

os mundos dissolvidos, atraem o pensamento numa espécie de vertigem. A teoria dos sete princípios constitutivos do homem e dos sete planetas,[16] sobre os quais corre a roda da vida num movimento ascensional, também constitui pontos originais e sujeitos a exame.

Uma coisa domina este ensino: é a lei de caridade proclamada pelo Buda — um dos mais poderosos apelos ao bem que tem ecoado neste mundo —; mas, segundo a expressão de Léon de Rosny,[17] "essa lei calma e pura, porque nada traz em seu apoio, ficou ininteligível para a maioria dos homens, visto lhes revoltar os apetites e não prometer a espécie de salário que querem ganhar".

O Budismo, apesar das suas manchas e sombras, nem por isso deixa de ser uma das maiores concepções religiosas das que têm aparecido neste mundo, uma doutrina toda de amor e igualdade, uma reação poderosa contra a distinção de castas que foi estabelecida pelos brâmanes, doutrina que, em certos pontos, oferece analogias importantes com o Evangelho de Jesus de Nazaré.

---

[16] Em vez de sete, como conheciam os antigos, só em nosso sistema solar contam-se oito planetas principais, e as perturbações observadas em Netuno fazem supor que existe ainda um outro para além daquele.
[17] *La Morale du Bouddhisme.*

III
O Egito

Às portas do deserto erguem-se os templos, os pilonos e as pirâmides, florestas de pedra debaixo de um céu de fogo. As esfinges, retraídas e sonhadoras, contemplam a planície, e as necrópoles, talhadas na rocha, abrem seus sólios profundos à margem do rio silencioso. É o Egito, terra estranha, livro venerável, no qual o homem moderno apenas começa a soletrar o mistério das idades, dos povos e das religiões.[18]

A Índia, diz a maior parte dos orientalistas, comunicou ao Egito a sua civilização e a sua fé; outros, não menos eruditos, afirmam que, em época remota, já a terra de Ísis possuía suas próprias tradições.[19] Estas são a herança de uma raça extinta, a vermelha, que ocupava todo o continente austral, e que foi aniquilada por lutas formidáveis contra os brancos e por cataclismos geológicos. A esfinge de Gizé, anterior em vários milhares de anos à grande pirâmide,[20] e levantada pelos vermelhos no ponto em que o Nilo se juntava então ao mar,[21] é um dos raros monumentos que esses tempos remotos nos legaram.

A leitura das estelas,[22] a dos papiros encontrados nos túmulos, permite reconstituir a história do Egito, ao mesmo tempo que essa antiga

---

[18] Ver as obras de François Lenormant e Maspéro.
[19] Maneton atribui aos templos egípcios uma tradição de trinta mil anos.
[20] Um manuscrito da quarta dinastia (4.000 a.C.) refere que a esfinge, enterrada nas areias e olvidada desde séculos, foi encontrada fortuitamente nessa época. (*Histoire d'Orient*, por Lenormant.)
[21] O delta atual foi formado pelas aluviões sucessivas depositadas pelo Nilo.
[22] Colunas herméticas.

doutrina do Verbo-Luz, divindade de tríplice natureza, simultaneamente inteligência, força e matéria: Espírito, alma e corpo, que oferece uma analogia perfeita com a filosofia da Índia. Aqui, como lá, encontra-se, debaixo da grosseira forma cultual, o mesmo pensamento oculto. A alma do Egito, o segredo da sua vitalidade, o do seu papel histórico, é a doutrina oculta dos seus sacerdotes, cuidadosamente velada sob os mistérios de Ísis e Osíris, e experimentalmente analisada, no fundo dos templos, por iniciados de todas as classes e de todos os países.

Sob formas austeras, os princípios dessa doutrina eram expressos pelos livros sagrados de Hermes, que constituíam uma vasta enciclopédia. Ali se encontravam classificados os conhecimentos humanos, mas nem todos os livros chegaram até nós. A ciência religiosa do Egito foi-nos restituída sobretudo pela leitura dos hieróglifos. Os templos são igualmente livros, e pode dizer-se que na terra dos faraós as pedras têm voz.

Um dos grandes sábios modernos, Champollion, descobriu três espécies de escrita nos manuscritos e sobre os templos egípcios.[23] Por aí ficou confirmada a opinião dos antigos, isto é, que os sacerdotes empregavam três classes de caracteres: os primeiros, *demóticos*, eram simples e claros; os segundos, *hieráticos*, tinham um sentido simbólico e figurado; os outros eram *hieróglifos*. É o que Heráclito exprimia pelos termos de *falante*, *significante* e *ocultante*.

Os hieróglifos tinham um triplo sentido e não podiam ser decifrados sem chave. A esses sinais aplicava-se a lei da analogia que rege os mundos: natural, humano e divino, e que permite exprimir os três aspectos de todas as coisas por combinações de números e figuras, que reproduzem a simetria harmoniosa e a unidade do Universo. É assim que, num mesmo sinal, o adepto lia, ao mesmo tempo, os princípios, as causas e os efeitos, e essa linguagem tinha para ele extraordinário valor. Saído de todas as classes da sociedade, mesmo das mais ínfimas, o sacerdote era o verdadeiro senhor do Egito; os reis, por ele escolhidos e iniciados, só governavam a nação a título de mandatários. Altas concepções, uma profunda sabedoria, presidiam aos destinos desse país. No meio do mundo bárbaro, entre a Assíria feroz, apaixonada, e a África selvagem, a terra dos faraós era como uma ilha açoitada pelas ondas em que se conservavam as puras doutrinas, a ciência secreta do mundo antigo.

Os sábios, os pensadores, os diretores de povos, gregos, hebreus, fenícios, etruscos, iam beber nessa fonte. Por intermédio deles, o pensa-

---

[23] *L'Egypte sous le Pharaons*, por Champollion.

mento religioso derramava-se dos santuários de Ísis sobre todas as praias do Mediterrâneo, fazendo despontar civilizações diversas, dessemelhantes mesmo, conforme o caráter dos povos que as recebiam, tornando-se monoteísta, na Judeia, com Moisés, politeísta, na Grécia, com Orfeu, porém uniforme em seu princípio oculto, em sua essência misteriosa.

O culto popular de Ísis e de Osíris não era senão uma brilhante miragem oferecida à multidão. Debaixo da pompa dos espetáculos e das cerimônias públicas, ocultava-se o verdadeiro ensino dos pequenos e grandes mistérios. A iniciação era cercada de numerosos obstáculos e de reais perigos. As provas físicas e morais eram longas e múltiplas. Exigia-se o juramento de sigilo, e a menor indiscrição era punida com a morte. Essa temível disciplina dava forma e autoridade incomparáveis à religião secreta e à iniciação. À medida que o adepto avançava em seu curso, descortinavam-se-lhe os véus, fazia-se mais brilhante a luz, tornavam-se vivos e animados os símbolos.

A esfinge, cabeça de mulher em corpo de touro, com garras de leão e asas de águia, era a imagem do ser humano emergindo das profundezas da animalidade para atingir a sua nova condição. O grande enigma era o homem, trazendo em si os traços sensíveis da sua origem, resumindo todos os elementos e todas as forças da natureza inferior.

Deuses extravagantes, com cabeça de pássaros, de mamíferos, de serpentes, eram outros símbolos da vida, em suas múltiplas manifestações. Osíris, o deus solar, e Ísis, a grande Natureza, eram celebrados por toda parte; mas, acima deles, havia um Deus inominado, de que só se falava em voz baixa e com timidez.

Antes de tudo, o neófito aprendia a conhecer-se. O hierofante falava-lhe assim:

> Oh! alma cega, arma-te com o facho dos mistérios, e, na noite terrestre, descobrirás teu dúplice luminoso, tua alma celeste. Segue esse gênio divino e que ele seja teu guia, porque tem a chave das tuas existências passadas e futuras.

No fim de suas provas, fatigado pelas emoções, tendo dez vezes encarado a morte, o iniciado via aproximar-se dele uma imagem de mulher, trazendo um rolo de papiros.

Sou tua irmã invisível — dizia ela —, sou tua alma divina, e isto é o livro da tua vida. Ele encerra as páginas cheias das tuas existências passadas e as páginas brancas das tuas vidas futuras. Um dia as desenrolarei todas diante de ti. Agora me conheces. Chama-me e eu virei.

Enfim, na varanda do templo, debaixo do céu estrelado, diante de Mênfis ou Tebas adormecidas, o sacerdote contava ao adepto a visão de Hermes, transmitida vocalmente de pontífice a pontífice e gravada em sinais hieroglíficos nas abóbadas das criptas subterrâneas.

Um dia, Hermes viu o espaço, os mundos e a vida, que em todos os lugares se expandia. A voz da luz que enchia o infinito revelou-lhe o divino mistério:

A luz que viste é a Inteligência divina que contém todas as coisas sob seu poder e encerra os moldes de todos os seres.
As trevas são o mundo material em que vivem os homens da Terra.
O fogo que brota das profundezas é o Verbo divino: Deus é o Pai, o Verbo é o Filho, sua união faz a vida.
O destino do espírito humano tem duas fases: cativeiro na matéria, ascensão na luz. As almas são filhas do céu, e a viagem que fazem é uma prova. Na encarnação perdem a reminiscência de sua origem celeste. Cativas pela matéria, embriagadas pela vida, elas se precipitam como uma chuva de fogo com estremecimentos de volúpia, através da região do sofrimento, do amor e da morte, até à prisão terrestre em que tu mesmo gemes, e em que a vida divina parece-te um sonho vão.
As almas inferiores e más ficam presas à Terra por múltiplos renascimentos, porém, as almas virtuosas sobem voando para as esferas superiores, onde recobram a vista das coisas divinas. Impregnam-se com a lucidez da consciência esclarecida pela dor, com a energia da vontade adquirida pela luta. Tornam-se luminosas, porque possuem o divino em si próprias e irradiam-no em seus atos. Reanima pois, teu coração, ó Hermes, e tranquiliza teu Espírito obscurecido pela contemplação desses voos de almas subindo a escala das esferas que conduz ao Pai, onde tudo se acaba, onde tudo começa eternamente.
E as sete esferas disseram juntas: Sabedoria! Amor! Justiça! Beleza! Esplendor! Ciência! Imortalidade![24]

---
[24] Ver *Pimander*, o mais autêntico dos livros de Hermes Trimegisto.

O pontífice acrescentava:

> Medita sobre esta visão. Ela encerra o segredo de todas as coisas. Quanto mais souberes compreendê-la, tanto mais verás se alargarem os seus limites, porque governa a mesma lei orgânica os mundos todos. Entretanto, o véu do mistério cobre a grande verdade, pois o conhecimento total desta só pode ser revelado àqueles que atravessarem as mesmas provas que nós. É preciso medir a verdade segundo as inteligências, velá-la aos fracos porque os tornaria loucos, ocultá-la aos maus que dela fariam arma de destruição. A ciência será tua força, a fé tua espada, o silêncio teu escudo.

A ciência dos sacerdotes do Egito ultrapassava em bastantes pontos a Ciência atual. Conheciam o magnetismo, o sonambulismo, curavam pelo sono provocado e praticavam largamente a sugestão. É o que eles chamavam — magia.[25]

O alvo mais elevado a que um iniciado podia aspirar era a conquista desses poderes, cujo emblema era a coroa dos magos.

> Sabei, diziam-lhe, o que significa esta coroa. Tua vontade, que se une a Deus para manifestar a verdade e operar a justiça, participa, já nesta vida, da potência divina sobre os seres e sobre as coisas, recompensa eterna dos Espíritos livres.

O gênio do Egito foi prostrado pela onda das invasões. A escola de Alexandria colheu algumas das suas parcelas, que transmitiu ao Cristianismo nascente. Antes disto, porém, os iniciados gregos tinham feito penetrar as doutrinas herméticas na Hélade. É aí que vamos encontrá-las.

---

[25] Diodoro da Sicília e Estrabão referem que os sacerdotes do Antigo Egito sabiam provocar a clarividência com um fim terapêutico. Galenus menciona um templo perto de Mênfis, célebre por curas hipnóticas.

IV
A Grécia

Entre os povos de iniciativa, nenhum há cuja missão se manifeste com maior brilho do que o da Hélade. A Grécia iniciou a Europa em todos os esplendores do belo. De sua mão aberta saiu a civilização ocidental, e o seu gênio de vinte séculos ainda hoje se irradia sobre as nações. Por isso é que, apesar de seus desmembramentos, de suas lutas intestinas, de sua queda final, ela tem sido admirada em todas as épocas.

A Grécia soube traduzir, em linguagem clara, as belezas obscuras da sabedoria oriental. Exprimiu-as a princípio com o adjutório dessas duas harmonias celestes que tornou humanas: a música e a poesia. Orfeu e Homero foram os primeiros que fizeram ouvir seus acordes à terra embevecida. Mais tarde, esse ritmo, essa harmonia que o gênio nascente da Grécia havia introduzido na palavra e no canto, Pitágoras, o iniciado dos templos egípcios, observou-os por toda parte do Universo, na marcha dos astros que se movem, futuras moradas da Humanidade, no seio dos espaços, na concordância dos três mundos, natural, humano e divino, que se sustentam, se equilibram, se completam, para produzirem a vida em sua corrente ascensional e em sua espiral infinita. Dessa visão estupenda decorria para ele a ideia de uma tríplice iniciação, pela qual o homem, conhecedor dos princípios eternos, aprendia, depurando-se, a libertar-se dos males terrestres e a elevar-se para a perfeição. Daí, um sistema de educação e de reforma a que Pitágoras deixou o seu nome, e que tantos sábios e heróis produziu.

Enfim, Sócrates e Platão, popularizando os mesmos princípios, derramando-os em círculo mais lato, inauguraram o reinado da ciência franca, que veio substituir o ensino secreto.

Tal foi o papel representado pela Grécia na história da evolução do pensamento. Em todos os tempos, a iniciação exerceu uma influência capital sobre os destinos desse país. Não é nas flutuações políticas, agitadas nessa raça inconstante e impressionável, que se devem procurar as mais altas manifestações do gênio helênico. A iniciação não tinha seu foco na sombria e brutal Esparta, nem na brilhante e frívola Atenas, mas, sim, em Delfos, em Olímpia, em Elêusis, refúgios sagrados da pura doutrina. Era ali que, pela celebração dos Mistérios, ela se revelava em toda a sua pujança. Ali, pensadores, poetas e artistas iam colher o ensino oculto, que depois traduziam à multidão em imagens vivas e em versos inflamados. Acima das cidades turbulentas, sempre prontos a se dilacerarem, acima das oscilações políticas, passando alternativamente da aristocracia à democracia e ao reinado dos tiranos, um poder supremo dominava a Grécia: o tribunal dos Anfictiões, que tinha Delfos por sede, e que se compunha de iniciados de grau superior. Por si só, ele salvara a Hélade nas horas de perigo, impondo silêncio às rivalidades de Esparta e de Atenas.

Já no tempo de Orfeu os templos possuíam a ciência secreta.

> Escuta, dizia o mestre ao neófito,[26] escuta as verdades que convém ocultar à multidão, e que fazem a força dos santuários. Deus é um, e sempre semelhante a si mesmo; porém, os deuses são inumeráveis e diversos, porque a divindade é eterna e infinita. Os maiores são as almas dos astros, etc. Entraste com o coração puro no seio dos mistérios. Chegou a hora suprema em que te vou fazer penetrar até às fontes da vida e da luz. Os que não levantam o véu espesso que esconde aos olhos dos homens as maravilhas invisíveis não se tornarão filhos dos deuses.

Aos místicos[27] e aos iniciados:

> Vinde gozar, vós que tendes sofrido; vinde repousar, vós que tendes lutado. Pelos sofrimentos passados, pelo esforço que vos conduz, vencereis, e, se acreditais nas palavras divinas, já vencestes, porque, depois do longo

---

[26] *Hinos Órficos.*
[27] Os que começavam a iniciação.

circuito das existências tenebrosas, saireis, enfim, do círculo doloroso das gerações, e, como uma só alma, vos encontrareis na luz de Dioniso.[28] Amai, porque tudo ama; amai, porém, a luz e não as trevas. Durante a vossa viagem tende sempre em mira esse alvo. Quando as almas voltam ao espaço, trazem, como hediondas manchas, todas as faltas da sua vida estampadas no corpo etéreo... E, para apagá-las, cumpre que expiem e voltem à Terra. Entretanto, os puros, os fortes, vão para o sol de Dioniso.

* * *

Domina o grupo dos filósofos gregos uma imponente figura. É Pitágoras, esse filho de Iônia que melhor soube coordenar e pôr em evidência as doutrinas secretas do Oriente, e melhor soube fazer delas uma vasta síntese, que ao mesmo tempo abraçasse a moral, a ciência e a religião. A sua academia de Crotona foi uma escola admirável de iniciação laica, e sua obra, o prelúdio desse grande movimento de ideias que, com Platão e Jesus, iam agitar as camadas profundas da sociedade antiga, impelindo suas torrentes até às extremidades do continente.

Pitágoras havia estudado durante trinta anos no Egito. Aos seus vastos conhecimentos juntava uma intuição maravilhosa, sem a qual nem sempre bastam a observação e o raciocínio para descobrir a verdade. Graças a tais qualidades, pôde levantar o magnífico monumento da ciência esotérica, cujas linhas essenciais não podemos deixar de aqui traçar:

> A essência em si escapa ao homem, dizia a doutrina pitagórica,[29] pois ele só pode conhecer as coisas deste mundo, em que o finito se combina com o infinito. Como conhecê-las? Há entre ele e as coisas uma harmonia, uma relação, um princípio comum, e esse princípio é dado a tudo pelo Uno que, com a essência, fornece também a sua medida e inteligibilidade. Vosso ser, vossa alma é um pequeno universo, mas está cheio de tempestades e de discórdias. Trata-se de realizar aí a unidade na harmonia. Somente então descerá Deus até vossa consciência, participareis assim do seu poder, e da vossa vontade fareis a pedra da ladeira, o altar de Héstia, o trono de Júpiter.

---

[28] Segundo a expressão de Pitágoras, Apolo e Dioniso são duas revelações do Verbo de Deus, que se manifesta eternamente no mundo.
[29] Ed. Schuré, *Les Grands Initiés*, Pitágoras, p. 329.

Os pitagóricos chamavam espírito ou inteligência à parte ativa e imortal do ser humano. A alma era para eles o Espírito envolvido em seu corpo fluídico e etéreo. O destino da psique, a alma humana, sua queda e cativeiro na carne, seus sofrimentos e lutas, sua reascensão gradual, seu triunfo sobre as paixões e sua volta final à luz, tudo isto constituía o drama da vida, representado nos Mistérios de Elêusis como sendo o ensino por excelência.

Segundo Pitágoras,[30] a evolução material dos mundos e a evolução espiritual das almas são paralelas, concordantes, e explicam-se uma pela outra. A grande alma, espalhada na Natureza, anima a substância que vibra sob seu impulso, e produz todas as formas e todos os seres. Os seres conscientes, por seus longos esforços, desprendem-se da matéria, que dominam e governam a seu turno, libertam-se e aperfeiçoam-se através de existências inumeráveis. Assim, o invisível explica o visível, e o desenvolvimento das criações materiais é a manifestação do Espírito divino.

Procurando-se nos tratados de Física dos antigos a opinião deles sobre a estrutura do Universo, enfrentam-se dados grosseiros e atrasados; esses não são, porém, mais que alegorias. O ensino secreto dava, sobre as leis do Universo, noções muito mais elevadas. Diz-nos Aristóteles que os pitagóricos conheciam o movimento da Terra em torno do Sol. A ideia da rotação terrestre veio a Copérnico pela leitura de uma passagem de Cícero, que lhe ensinou ter Hicetas, discípulo de Pitágoras, falado do movimento diurno do globo. No terceiro grau de iniciação aprendia-se o duplo movimento da Terra.

Como os sacerdotes do Egito, seus mestres, Pitágoras sabia que os planetas nasceram do Sol, em torno do qual giram, e que cada estrela é um sol iluminando outros mundos, e que compõe, com seu cortejo de esferas, outros tantos sistemas siderais, outros tantos universos regidos pelas mesmas leis que o nosso. Essas noções, porém, jamais eram confiadas ao papel; constituíam o ensino oral comunicado sob sigilo. O vulgo não as compreenderia; considerá-las-ia como contrárias à mitologia, e, por conseguinte, sacrílegas.[31]

A ciência secreta também ensinava que um fluido imponderável se estende por toda parte, e tudo penetra. Agente sutil, sob a ação da vontade ele se modifica, se transforma, se rarefaz e se condensa segundo a potência e elevação das almas que o empregam, tecendo com essa substância o

---
[30] Ver *Vers Dorés*, Pitágoras, tradução de Olivet; *Pythagore et la Philosophie Pythagoricienne*, por Chaignet.
[31] *Les Grands Initiés*, Pitágoras, Ed. Schuré.

seu vestuário astral. É o traço de união entre o Espírito e a matéria, tudo gravando-se nele, refletindo-se como imagens em um espelho, sejam pensamentos ou acontecimentos. Pelas propriedades deste fluido, pela ação que a vontade sobre ele exerce, explicam-se os fenômenos da sugestão e da transmissão do pensamento. Os antigos chamavam-lhe, por alegoria, véu misterioso de Ísis ou manto de Cibele, que envolve tudo o que existe. Esse mesmo fluido serve de veículo de comunicação entre o visível e o invisível, entre os homens e as almas desencarnadas.

A ciência do mundo invisível constituía um dos ramos mais importantes do ensino reservado. Por ela se havia sabido deduzir, do conjunto dos fenômenos, a lei das relações que unem o mundo terrestre ao mundo dos Espíritos; desenvolviam-se com método as faculdades transcendentais da alma humana, tornando possível a leitura do pensamento e a vista a distância. Os fatos de clarividência e de adivinhação, produzidos pelas sibilas e pitonisas, oráculos dos templos gregos, são atestados pela História. Muitos Espíritos fortes os consideram apócrifos. Sem dúvida, cumpre levar em conta a exageração e a lenda; mas, as recentes descobertas da psicologia experimental têm-nos demonstrado que nesse domínio havia alguma coisa mais do que vã superstição, e convidam-nos a estudar mais atentamente um conjunto de fatos que, na Antiguidade, repousava sobre princípios fixos e fazia parte de uma ciência profunda e grandiosa.

Em geral, não se encontram essas faculdades senão em seres de pureza e elevação de sentimento extraordinária; exigem preparo longo e minucioso. Os oráculos referidos por Heródoto, a propósito de Creso e da batalha de Salamina, provam que Delfos possuiu pessoas assim dotadas. Mais tarde, imiscuíram-se abusos nessa prática. A raridade das pessoas assim felizmente dotadas tornou os sacerdotes menos escrupulosos na sua escolha. Corrompeu-se e caiu em desuso a ciência adivinhatória. Segundo Plutarco, a desaparição dessa ciência foi considerada por toda a sociedade antiga como uma grande desgraça.

Toda a Grécia acreditava na intervenção dos Espíritos em coisas humanas. Sócrates tinha o seu *daïmon* ou gênio familiar. Exaltados pela convicção de que potências invisíveis animavam seus esforços, os gregos, em Maratona e Salamina, repeliram pelas armas a terrível invasão dos persas. Em Maratona, os atenienses acreditaram ver dois guerreiros, brilhantes de luz, combaterem em suas fileiras. Dez anos mais tarde, Pítia, sacerdotisa de Apolo, sob a inspiração dum Espírito, indicou a Temístocles, do alto da sua trípode, os meios de salvar a Grécia. Se Xerxes saísse vencedor, os asiáticos bárbaros apoderar-se-iam de toda a Hélade, abafando o seu gênio criador, fazendo recuar, dois mil anos talvez, o desabrochar da ideal beleza do pensamento.

Os gregos, com um punhado de homens, derrotaram o imenso exército asiático, e, conscientes do socorro oculto que os assistia, rendiam suas homenagens a Palas-Ateneu, divindade tutelar, símbolo da potência espiritual, nessa sublime rocha da Acrópole, moldurada pelo mar brilhante e pelas linhas grandiosas do Pentélico e do Himeto.

Para a difusão dessas ideias muito havia contribuído a participação nos mistérios, pois desenvolvia nos iniciados o sentimento do invisível, que, então, sob formas diversas, se espalhava entre o povo. Na Grécia, no Egito e na Índia, consistiam os mistérios em uma mesma coisa: o conhecimento do segredo da morte, a revelação das vidas sucessivas e a comunicação com o mundo oculto. Esse ensino, essas práticas, produziam nas almas impressões profundas; infundiam-lhes uma paz, uma serenidade, uma força moral incomparáveis.

Sófocles chama aos mistérios "esperança da morte", e Aristófanes diz que passavam uma vida mais santa e pura os que neles tomavam parte. Recusava-se a admitir os conspiradores, os perjuros e os debochados.

Porfiro escreveu: "Nossa alma, no momento da morte, deve achar-se como durante os mistérios, isto é, isenta de paixão, de cólera e de ódio".

Pelos seguintes termos, Plutarco afirma que, nesse mesmo estado, conversava-se com as almas dos defuntos: "Na maior parte das vezes, intervinham nos mistérios excelentes Espíritos, embora, em algumas outras, procurassem os perversos ali se introduzirem".

Proclo também acrescenta:[32] "Em todos os mistérios, os deuses (aqui, significa esta palavra todas as ordens de Espíritos) mostram-se de muitas maneiras, aparecem sob grande variedade de figuras e revestem a forma humana".

A doutrina esotérica era um laço de união entre o filósofo e o padre. Eis o que explica a sua harmonia em comum e a ação medíocre que o sacerdócio teve na civilização helênica. Essa doutrina ensinava os homens a dominarem as suas paixões, e desenvolvia neles a vontade e a intuição. Por

---

[32] Comentários de *A república de Platão*.

um exercício progressivo, os adeptos de grau superior conseguiam penetrar todos os segredos da Natureza, dirigir à vontade as forças em ação no mundo, produzir fenômenos de aparição sobrenatural, mas que, entretanto, eram simplesmente a manifestação natural das leis desconhecidas pelo vulgo.

Sócrates e, mais tarde, Platão continuaram na Ática a obra de Pitágoras. Sócrates não quis jamais fazer-se iniciar, porque preferia a liberdade de ensinar a toda gente as verdades que a sua razão lhe havia feito descobrir. Depois da morte deste, Platão transportou-se ao Egito e ali foi admitido nos mistérios. Voltando a conferenciar com os pitagóricos, fundou, então, a sua academia. Mas, a sua qualidade de iniciado não mais lhe permitia falar livremente, e, nas suas obras, a grande doutrina aparece um tanto velada. Não obstante isso, encontra-se no *Fédon* e no *Banquete* a teoria das emigrações da alma e suas reencarnações, assim como a das relações entre os vivos e os mortos. Conhece-se, igualmente, a cena alegórica que Platão colocou no fim da sua *A República*. Um gênio tira, de sobre os joelhos das Parcas, os destinos, as diversas condições humanas, e exclama:

> Almas divinas! entrai em corpos mortais; ide começar uma nova carreira. Eis aqui todos os destinos da vida. Escolhei livremente; a escolha é irrevogável. Se for má, não acuseis por isso a Deus.

Essas crenças tinham penetrado no mundo romano, pois Cícero a elas se refere, no *Sonho de Cipião* (capítulo III), bem como Ovídio, nas suas *Metamorfoses* (capítulo XV). No sexto livro da *Eneida*, de Virgílio, vê-se que Eneias encontra nos Campos Elíseos seu pai Anquises, e aprende deste a lei dos renascimentos. Todos os grandes autores latinos dizem que gênios familiares assistem e inspiram os homens de talento.[33] Lucano, Tácito, Apuleio, e bem assim Filóstrato, o grego, em suas obras falam frequentemente de sonhos, aparições e evocações de mortos.

* * *

Em resumo, a doutrina secreta, mãe das religiões e das filosofias, reveste aparências diversas no correr das idades, mas sua base permanece imutável em toda parte. Nascida simultaneamente na Índia e no Egito, passa daí para o Ocidente com a onda das migrações. Encontramo-la em

---

[33] *De Univers*, 2, Maury 87, por Cícero; *De Gen. Socrat.*, por Apuleio; *Hist.*, I, 20, cap. 6, p. 287, por A. Marcellin.

todos os países ocupados pelos celtas. Oculta na Grécia pelos mistérios, ela se revela no ensino de mestres tais como Pitágoras e Platão, debaixo de formas cheias de sedução e poesia. Os mitos pagãos são como um véu de ouro que esconde em suas dobras as linhas puras da sabedoria délfica. A escola de Alexandria recolhe os seus princípios e infunde-os no sangue jovem e impetuoso do Cristianismo. Já o Evangelho, como a abóbada das florestas sob um sol brilhante, era iluminado pela ciência esotérica dos essênios, outro ramo dos iniciados. A palavra do Cristo havia bebido nessa fonte de água viva e inesgotável as suas imagens variadas e os seus encantos poderosos.[34] Assim é que, por toda parte, através da sucessão dos tempos e do rasto dos povos, se afirmam a existência e a perpetuidade de um ensino secreto que se encontra idêntico no fundo de todas as grandes concepções religiosas ou filosóficas. Os sábios, os pensadores, os profetas dos templos e dos países mais diversos, nele acharam a inspiração e a energia que fazem empreender grandes coisas e transformar almas e sociedades, impelindo-as para a frente na estrada evolutiva do progresso.

Há aí como que uma grande corrente espiritual que se desenrola misteriosamente nas profundezas da História, e parece sair desse mundo invisível que nos domina, nos envolve, e onde vivem e atuam ainda os grandes Espíritos que têm servido de guias à Humanidade, e que jamais cessaram de com ela comunicar-se.

---

[34] N.E.: Ver "Notas Especiais" à 10· ed., de 1977, no fim do volume.

V
A Gália

A Gália conheceu a grande doutrina; possuiu-a sob uma forma poderosa e original; soube dela tirar consequências que escaparam aos outros países. "Há três unidades primitivas", diziam os druidas: "Deus, a luz, e a liberdade". Quando a Índia já andava dividida em castas estacionárias, em limites infranqueáveis, as instituições gaulesas tinham por base a igualdade de todos, a comunidade de bens e o direito eleitoral. Nenhum dos outros povos da Europa teve, no mesmo grau, o sentimento profundo da imortalidade, da justiça e da liberdade.

É com veneração que devemos estudar as tendências filosóficas da Gália, porque aí encontraremos, fortemente denunciadas, todas as qualidades e também todos os defeitos de uma grande raça. Nada é mais digno de atenção e de respeito do que a doutrina dos druidas, os quais não eram bárbaros como se acreditou erradamente durante séculos.

Por muito tempo, só conhecemos os gauleses pelos autores latinos e pelos escritores católicos. Mas, essas fontes devem, a justo título, ser suspeitas, pois esses autores tinham interesse direto em desacreditá-los e em desfigurar suas crenças. César escreveu os *Comentários* com evidente intenção de se exaltar aos olhos da posteridade. Polião e Suetônio confessam que nessa obra abundam inexatidões e erros voluntários. Os cristãos só veem nos druidas homens sanguinários e supersticiosos; em seu culto somente encontram práticas grosseiras. Entretanto, certos padres da Igreja — Cirilo, Clemente de Alexandria e Orígenes distinguem com cuidado os druidas da multidão dos idólatras, e conferem-lhes o título de filósofos. Entre os autores antigos, Lucano, Horácio e Florus consideravam a raça gaulesa como depositária dos mistérios do nascimento e da morte.

Os progressos dos estudos célticos,[35] a publicação das Tríades e dos cânticos bárdicos[36] permitem-nos encontrar, em fontes seguras, uma justa apreciação de tais crenças. A filosofia dos druidas, reconstituída em toda a sua amplidão, conforma-se com a doutrina secreta do Oriente e com as aspirações dos espiritualistas modernos, pois, como estes, também afirma as existências progressivas da alma na escala dos mundos. Essa doutrina viril inspirava aos gauleses uma coragem indomável, uma intrepidez tal que eles caminhavam para a morte como para uma festa. Enquanto os romanos se cobriam de bronze e ferro, os gauleses despiam as vestes e combatiam a peito nu. Orgulhavam-se das suas feridas, e consideravam covardia usar--se de astúcia na guerra. Daí os seus repetidos reveses e a sua queda final. Tão grande era a certeza das vidas futuras que emprestavam dinheiro na expectativa de que seriam reembolsados em outros mundos. Os despojos dos guerreiros mortos, diziam, não são mais que invólucros gastos. Como indignos de atenção, eles os abandonavam no campo da batalha, o que era uma grande surpresa para os seus inimigos.

Os gauleses não conheciam o inferno, e, por isso, Lucano, no canto primeiro da Farsália, os louva com os seguintes termos:

> Para nós, as almas não se sepultam nos sombrios reinos do Érebo, mas sim voam a animar outros corpos em novos mundos. A morte não é senão o termo de uma vida. Felizes esses povos que não se arreceiam no momento supremo da vida; daí o seu heroísmo no meio de sangrentos combates, e o seu desprezo pela morte.

Os gauleses eram castos, hospitaleiros e fiéis à fé jurada.

Na instituição dos druidas encontraremos a mais alta expressão do gênio da Gália. Os druidas não constituíam um corpo sacerdotal, pois seus títulos equivaliam ao sábio, sapiente. Aqueles que os possuíam tinham a liberdade de escolher a sua tarefa. Alguns, sob o nome de *eubages*, presidiam

---

[35] *Philosophie Gauloise*, por Gatien Arnoult; *L'Histoire de France*, por Henri Martin; *Bibliothèque de Genève*, por Adolphe Pictet; *Immortalité*, por Alfred Dumesnil; *L'Esprit de la Gaule*, por Jean Reynaud.
[36] *Cyfrinach Beirdd Inys Prydain: Mystères des bardes de l'île de Bretagne*, trad. de Edward Williams, 1794.

às cerimônias do culto, porém, o maior número consagrava-se à educação da mocidade, ao exercício da justiça, ao estudo das ciências e da poesia. A influência política dos druidas era grande e tendia a realizar a unidade da Gália. No país dos Carnutos haviam instituído uma assembleia anual, em que se reuniam os deputados das repúblicas gaulesas, e em que se discutiam as questões importantes, os graves interesses da pátria. Os druidas eram escolhidos por eleição e tinham de passar por um preparo de iniciação que exigia vinte anos de estudos.

Praticava-se o culto debaixo da copa dos bosques. Os símbolos eram todos tomados da Natureza. O templo era a floresta secular de colunas inumeráveis, e sob zimbórios de verdura, onde os raios de sol penetravam com suas flechas de ouro, para irem derramar-se sobre a relva em mil tons de sombra e luz. Os murmúrios do vento, o frêmito das folhas, produziam em tudo acentos misteriosos, que impressionavam a alma e a levavam à meditação. A árvore sagrada, o carvalho, era o emblema do poder divino; o visco, sempre verde, era o da imortalidade. Por altar, tinham montões de pedra bruta. "Toda pedra lavrada é pedra profanada", diziam esses austeros pensadores. Em seus santuários jamais se encontrava objeto algum saído da mão dos homens. Tinham horror aos ídolos e às formas pueris do culto romano.

A fim de que os seus princípios não fossem desnaturados ou materializados por imagens, os druidas proibiam as artes plásticas e mesmo o ensino escrito. Confiavam somente à memória dos bardos e dos iniciados o segredo da sua doutrina. Daí resultou a penúria de documentos relativos a tal época.

Os sacrifícios humanos, tão reprovados aos gauleses, mais não eram, na maior parte, do que execução da justiça. Os druidas, simultaneamente magistrados e executores, ofereciam os criminosos em holocausto à potência suprema. Cinco anos distanciavam a sentença da execução; nos tempos de calamidade, vítimas voluntárias também se entregavam em expiação. Impacientes de reunirem-se com os seus antepassados nos mundos felizes, de se elevarem para os círculos superiores, os gauleses subiam prazenteiramente para a pedra do sacrifício, e recebiam a morte no meio de um cântico de alegria. Mas no tempo de César já haviam caído em desuso essas imolações.

Teutates, Esus, Gwyon eram, no panteão gaulês, a personificação da força, da luz e do Espírito, mas, acima de todas as coisas, pairava a potência infinita, que os gauleses adoravam junto das pedras sagradas, no majestoso silêncio das florestas. Os druidas ensinavam a unidade de Deus.

Segundo as Tríades, a alma gera-se no seio do abismo – *anoufn*; aí reveste as formas rudimentares da vida; só adquire a consciência e a liberdade depois de ter estado por muito tempo imersa nos baixos instintos. Eis o que a tal respeito diz o cântico do bardo Taliésin, célebre em toda a Gália:

> Existindo, desde toda a Antiguidade, no meio dos vastos oceanos, não nasci de um pai e de uma mãe, mas das formas elementares da Natureza, dos ramos da bétula, do fruto das florestas, das flores das montanhas. Brinquei à noite, dormi pela aurora: fui víbora no lago, águia nas nuvens, lince nas selvas. Depois, eleito por Gwyon (Espírito divino), pelo sábio dos sábios, adquiri a imortalidade. Bastante tempo decorreu, e depois fui pastor. Vaguei longamente pela Terra antes de me tornar hábil na ciência. Enfim, brilhei entre os chefes superiores. Revestido dos hábitos sagrados, empunhei a taça dos sacrifícios. Vivi em cem mundos; agitei-me em cem círculos.[37]

A alma, em sua peregrinação imensa, diziam os druidas, percorre três círculos, aos quais correspondem três estados sucessivos. No *anoufn* sofre o jugo da matéria; é o período animal. Penetra depois no *abred*, círculo das migrações que povoam os mundos de expiação e de provas; a Terra é um desses mundos, e a alma se encarna bastantes vezes em sua superfície. À custa de uma luta incessante, desprende-se das influências corpóreas e deixa o círculo das encarnações para atingir *gwynfid*, círculo dos mundos venturosos ou da felicidade. Aí se abrem os horizontes encantadores da Espiritualidade. Ainda mais acima se desenrolam as profundezas do *ceugant*, círculo do infinito que encerra todos os outros e que só pertence a Deus. Longe de se aproximar do panteísmo, como a maior parte das doutrinas orientais, o druidismo afasta-se dele por uma concepção inteiramente diferente sobre a Divindade. A sua concepção sobre a vida também não é menos notável.

Segundo as Tríades, nenhum ser é joguete da fatalidade, nem favorito de uma graça caprichosa, visto preparar e edificar por si próprio os seus destinos. O seu alvo não é a pesquisa de satisfações efêmeras, mas sim a elevação pelo sacrifício e pelo dever cumprido. A existência é um campo de batalha onde o braço conquista seus postos. Tal doutrina exaltava as qualidades heroicas e depurava os costumes. Estava tão longe das puerilidades místicas quanto da avidez ilusória da teoria do nada. Entretanto, parece ter-se afasta-

---

[37] *Barddas*, cad. *Goddeu*.

do da verdade em certo ponto: foi quando estabeleceu[38] que a alma culpada, perseverando no mal, pode perder o fruto de seus trabalhos e recair nos graus inferiores da vida, donde lhe será necessário recomeçar sua longa e dolorosa ascensão. Mas, ajuntam as Tríades, a perda da memória lhe permite recomeçar a luta, sem ter, por obstáculos, o remorso e as irritações do passado. No *gwynfid*, recupera, com todas as recordações, a unidade da sua vida; reata os fragmentos esparsos pela sucessão dos tempos.

Os druidas possuíam conhecimentos cosmológicos muito extensos. Sabiam que o nosso planeta rola no espaço, levado em seu curso ao redor do Sol. É o que ressalta deste outro canto de Taliésin, chamado *O cântico do mundo*:[39]

> Perguntarei aos bardos, e por que os bardos não responderão? Perguntarei o que sustenta o mundo; porque, privado de apoio, este globo não se desloca. Que lhe poderia servir de apoio?
> Grande viajor é o mundo! Correndo sempre e sem repouso, nunca se desvia da sua linha, e quão admirável é a forma dessa órbita para que jamais se escape dela.

O próprio César, tão pouco versado nessas matérias, diz-nos que os druidas ensinavam muitas coisas sobre a forma e a dimensão da Terra, sobre o movimento dos astros, sobre as montanhas e os vales da Lua. Dizem que o Universo, eterno e imutável em seu conjunto, se transforma incessantemente em suas partes; que a vida o anima por uma circulação infinita, e espalha-se por todos os pontos. Desprovidos dos meios de observação de que dispõe a ciência moderna, pergunta-se: onde foram os gauleses aprender tais noções?

Os druidas comunicavam-se com o mundo invisível; mil testemunhas o atestam. Nos recintos de pedra evocavam os mortos. As druidesas e os bardos proferiam oráculos. Vários autores referem que Vercingétorix entretinha-se, debaixo das ramagens sombrias dos bosques, com as almas dos heróis mortos em serviço da pátria. Antes de sublevar a Gália contra César, foi para a ilha de Sein, antiga residência das druidesas, e aí, ao esfuziar dos raios,[40] apareceu-lhe um gênio que predisse sua derrota e seu martírio.

A comemoração dos mortos é de iniciativa gaulesa. No dia 1º de novembro celebrava-se a festa dos Espíritos, não nos cemitérios — os gauleses

---

[38] *Tríades Bardiques*, nº 26, publicadas pela Escola Céltica de Glamorgan.
[39] *Barddas*, cad. *Goddeu*.
[40] *Histoire Nationale des Gaulois*, por Bosc e Bonnemère.

não honravam os cadáveres —, mas sim em cada habitação, onde os bardos e os videntes evocavam as almas dos defuntos. No entender deles, os bosques e as charnecas eram povoados por Espíritos errantes. Os Duz e os Korrigans eram almas à procura de novas encarnações.

O ensino dos druidas adaptava-se, na ordem política e social, a instituições conforme a justiça. Os gauleses, sabendo que eram animados por um mesmo princípio, chamados todos aos mesmos destinos, sentiam-se iguais e livres. Em cada república gaulesa, os chefes eram oportunamente eleitos pelo povo reunido. A lei céltica punia, com o suplício do fogo, os ambiciosos e os pretendentes à coroa. As mulheres tomavam parte nos conselhos, exerciam funções sacerdotais, eram videntes e profetisas. Dispunham de si mesmas e escolhiam seus esposos. A propriedade era coletiva, pertencendo todo o território à república. Por forma alguma era entre eles reconhecido o direito hereditário: a eleição decidia tudo.

A longa ocupação romana, depois a invasão dos francos e a introdução do feudalismo, fizeram esquecer essas verdadeiras tradições nacionais. Mas, também veio o dia em que o velho sangue gaulês se agitou nas veias do povo; em seu torvelinho a Revolução derrocou estas duas importações estrangeiras: a teocracia de Roma e a monarquia implantada pelos francos. A velha Gália encontrou-se inteira na França de 1789.

Uma coisa capital faltava-lhe entretanto: a ideia da solidariedade. O druidismo fortificava nas almas o sentimento do direito e da liberdade; mas, se os gauleses se sabiam iguais, nem por isso se sentiam bastante irmãos. Daí, essa falta de unidade que perdeu a Gália. Curvada sob uma opressão de vinte séculos, purificada pela desgraça, esclarecida por luzes novas, tornou-se por excelência a nação una, indivisível. A lei da caridade e do amor, a melhor que o Cristianismo lhe fez conhecer, veio completar o ensino dos druidas e formar uma síntese filosófica e moral cheia de grandeza.

* * *

Do seio da Idade Média, como uma ressurreição do espírito da Gália, ergue-se uma figura brilhante. Desde os primeiros séculos da nossa era, Joana d'Arc fora anunciada por uma profecia do bardo Myrdwyn ou Merlin. É debaixo do carvalho das fadas, perto da mesa de pedra, que ela ouve muitas vezes "suas vozes". É cristã piedosa, mas acima da igreja terrestre coloca a igreja eterna, "a do alto", a única a que se submete em todas as coisas.[41]

Nenhum testemunho da intervenção dos Espíritos na vida dos povos é comparável à história tocante da virgem de Domrémy. Em fins do século XV, agonizava a França sob o jugo férreo dos ingleses. Com o auxílio de uma jovem, uma criança de 18 anos, as potências invisíveis reanimam um povo desmoralizado, despertam o patriotismo extinto, inflamam a resistência e salvam a França da morte.

Joana jamais procedeu sem consultar "suas vozes", e, quer nos campos de batalha, quer perante os juízes, elas sempre lhe inspiraram palavras e atos sublimes. Um só momento, na prisão em Rouen, essas vozes parecem abandoná-la. Foi então que, acabrunhada pelo sofrimento, consentiu em abjurar. Desde que os Espíritos se afastam, torna-se mulher; fraquejada, submete-se. Depois, as vozes fazem-se ouvir de novo, e então ela levanta logo a cabeça diante dos juízes:

"A voz me disse que era traição abjurar. A verdade é que Deus ma enviou; o que fiz está bem feito".

Sagrada pelos seus martírios dolorosos, Joana tornou-se um exemplo sublime de sacrifício, um objeto de admiração, um profundo ensino para todos os homens.

---

[41] *Procès de réhabilitation de la Pucelle* (segundo os documentos da Escola de Chartres).

VI
O Cristianismo

Conforme a História, é no deserto que ostensivamente aparece a crença no Deus único, a ideia-mãe de onde devia sair o Cristianismo. Através das solidões pedregosas do Sinai, Moisés, o iniciado do Egito, guiava para a terra prometida o povo por cujo intermédio o pensamento monoteísta, até então confinado nos mistérios, ia entrar no grande movimento religioso e espalhar-se pelo mundo.

Ao povo de Israel coube um papel considerável. Sua história é como um traço de união que liga o Oriente ao Ocidente, a ciência secreta dos templos à religião vulgarizada. Apesar das suas desordens e das suas máculas, a despeito desse sombrio exclusivismo que é uma das faces do seu caráter, ele tem o mérito de haver adotado, até enraizar-se em si, esse dogma da unidade de Deus, cujas consequências ultrapassaram as suas vistas, preparando a fusão dos povos em uma família universal, debaixo de um mesmo Pai e sob uma só Lei.

Essa perspectiva, grandiosa e extensa, somente foi reconhecida ou pressentida pelos profetas que precederam a vinda do Cristo. Mas esse ideal oculto, prosseguindo, transformado pelo filho de Maria, dele recebeu radiante esplendor, também comunicado às nações pagãs pelos seus discípulos. A dispersão dos judeus ainda mais auxiliou a sua difusão. Segundo sua marcha através das civilizações decaídas e das vicissitudes dos tempos, ele ficará gravado em traços indeléveis na consciência da Humanidade.

Um pouco antes da era atual, à proporção que o poder romano cresce e se estende, vê-se a doutrina secreta recuar, perder a sua autoridade. São raros os verdadeiros iniciados. O pensamento se materializa, os Espíritos se corrompem. A Índia fica como adormecida num sonho: extingue-se a lâmpada dos santuários egípcios, e a Grécia, assenhoreada pelos retóricos e pelos sofistas, insulta os sábios, proscreve os filósofos, profana os Mistérios. Os oráculos ficam mudos. A superstição e a idolatria invadem os templos. E a orgia romana se desencadeia pelo mundo, com suas saturnais, sua luxúria desenfreada, seus inebriamentos bestiais. Do alto do Capitólio, a prostituta saciada domina povos e reis. César, imperador e deus, se entroniza numa apoteose ensanguentada!

Entretanto, nas margens do Mar Morto, alguns homens conservam no recesso a tradição dos profetas e o segredo da pura doutrina. Os essênios, grupo de iniciados cujas colônias se estendem até ao vale do Nilo, abertamente se entregam ao exercício da Medicina, porém, o seu fim real é mais elevado: consiste em ensinar, a um pequeno número de adeptos, as leis superiores do Universo e da vida. Sua doutrina é quase idêntica à de Pitágoras. Admitem a preexistência e as vidas sucessivas da alma; prestam a Deus o culto do espírito.

Nos essênios, como entre os sacerdotes de Mênfis, a iniciação é graduada e requer vários anos de preparo. Seus costumes são irrepreensíveis; passam a vida no estudo e na contemplação, longe das agitações políticas, longe dos enredos do sacerdócio ávido e invejoso.[42]

Foi evidentemente entre eles que Jesus passou os anos que precederam o seu apostolado, anos sobre os quais os Evangelhos guardam um silêncio absoluto. Tudo o indica: a identidade dos seus intuitos com os dos essênios, o auxílio que estes lhe prestaram em várias circunstâncias, a hospitalidade gratuita que, a título de adepto, Ele recebia, e a fusão final da ordem com os primeiros cristãos, fusão de que saiu o Cristianismo esotérico.[43]

Mas, na falta de iniciação superior, o Cristo possuía uma alma bastante vasta, bem superabundante de luz e de amor, para nela sorver os elementos da sua missão. Jamais a Terra viu passar maior Espírito. Uma serenidade celeste envolvia-lhe a fronte. Nele se uniam todas as perfeições para formarem um tipo de pureza ideal, de inefável bondade.[44]

---

[42] *Guerres des Juifs*, II, por Josèphe; *De la Vie Contemplative*, por Philon.
[43] N.E.: Ver "Notas Especiais" à 10ª ed., de 1977, no fim do volume.
[44] Idem, ibidem.

Há em seu coração imensa piedade pelos humildes, pelos deserdados. Todas as dores humanas, todos os gemidos, todas as misérias encontram nele um eco. Para acalmar esses males, para secar essas lágrimas, para consolar, para curar, para salvar, Ele irá ao sacrifício de a própria vida oferecer em holocausto a fim de reerguer a Humanidade. Quando, pálido, se dirige para o Calvário, e é pregado ao madeiro infamante, encontra ainda em sua agonia a força de orar por seus carrascos, e pronunciar estas palavras que nenhum impulso de ternura ultrapassará jamais: "Pai, perdoai-lhes, porque não sabem o que fazem!".

Entre os grandes missionários, o Cristo, o primeiro de todos, comunicou às multidões as verdades que até então tinham sido o privilégio de pequeno número. Para Ele, o ensino oculto tornava-se acessível aos mais humildes, senão pela inteligência ao menos pelo coração e lhes oferecia esse ensino sob formas que o mundo não tinha conhecido, com uma potência de amor, uma doçura penetrante, uma fé comunicativa, que faziam fundir os gelos do ceticismo, eletrizar os ouvintes e arrastá-lo após si.

O que Ele chamava "pregar o Evangelho do reino dos céus aos simples" era pôr ao alcance de todos o conhecimento da imortalidade e o do Pai comum. Os tesouros intelectuais, que os adeptos avaros só distribuíam com prudência, o Cristo os espalhava pela grande família humana, por esses milhões de seres, curvados sobre a Terra que nada sabiam do destino e que esperavam, na incerteza e no sofrimento, a palavra nova que os devia consolar e reanimar. Essa palavra, esse ensino, Ele distribuiu sem contar, e lhes deu a consagração do seu suplício e da sua morte. A cruz, esse símbolo antigo dos iniciados que se encontra em todos os templos do Egito e da Índia, tornou-se, pelo sacrifício de Jesus, o sinal da elevação da Humanidade, tirada do abismo das trevas e das paixões inferiores, para ter enfim acesso à vida eterna, à vida das almas regeneradas.

O Sermão da Montanha condensa e resume o ensino popular de Jesus. Aí se mostra a lei moral com todas as suas consequências; nele os homens aprendem que as qualidades brilhantes não fazem sua elevação nem sua felicidade, mas que só poderão conseguir isto pelas virtudes modestas e ocultas — a humildade, a bondade e a caridade:

> Bem-aventurados os pobres de Espírito, porque é para eles o reino dos céus.[45] Bem-aventurados os que choram, porque serão consolados.

---

[45] Deve-se entender por esta expressão os espíritos simples e retos.

Bem-aventurados os que têm fome de justiça, porque serão saciados.
Bem-aventurados os misericordiosos, porque alcançarão misericórdia.
Bem-aventurados os que têm o coração puro, porque verão a Deus.[46]

Assim se exprime Jesus. Suas palavras patenteiam ao homem perspectivas inesperadas. É no mais recôndito da alma que está a origem das alegrias futuras: "O reino dos céus está dentro de vós!". E cada um consegue realizá-lo pela subjugação dos sentidos, pelo perdão das injúrias e pelo amor ao próximo.

Para Jesus, no amor encerra-se toda a religião e toda a filosofia:

> Amai vossos inimigos; fazei bem àqueles que vos perseguem e caluniam, a fim de que sejais filhos do vosso Pai que está nos céus, que faz com que o Sol tanto se levante para os bons como para os maus; que faz chover sobre os justos e injustos. Por que, se só amardes aqueles que vos amam, que recompensa tereis vós?[47]

Esse amor é Deus mesmo quem no-lo exemplifica, pois os seus braços estão sempre abertos ao arrependido. É o que se depreende das parábolas do filho pródigo e da ovelha desgarrada: "Assim vosso Pai que está nos céus não quer que pereça um só de seus filhos".

Não será isto a negação do inferno, cuja ideia se atribuiu a Jesus?

Se o Cristo mostra algum rigor e fala com veemência, é a esses fariseus hipócritas que torcem a lei moral, entregando-se às práticas minuciosas de devoção.

A seus olhos é mais louvável o samaritano cismático do que o sacerdote e o levita que desdenham socorrer um ferido. Ele desaprova as manifestações do culto exterior, e levanta-se contra esses sacerdotes: "Cegos condutores de cegos, homens de rapina e de corrupção que, a pretexto de longas preces, devoram os bens das viúvas e dos órfãos".

Aos devotos que acreditam salvar-se pelo jejum e abstinência, diz: "Não é o que entra pela boca que mancha o homem, mas o que dela sai".

Aos partidários de longas orações, responde: "Vosso Pai sabe aquilo de que tendes necessidade, antes que lho peçais".

---

[46] Mateus, 5:3, 4, 6 a 8; Lucas, 6:20 a 26.
[47] Mateus, 5:44 a 46.

Jesus condenava o sacerdócio, recomendando aos seus discípulos não escolherem nenhum chefe, nenhum mestre. Seu culto era íntimo, o único digno de Espíritos elevados, e a respeito do qual assim se exprime: "Vai chegar o tempo em que os verdadeiros crentes adorarão o Pai em Espírito e em Verdade, porque são estes os adoradores que o Pai procura. Deus é espírito, e cumpre que os seus filhos o adorem em Espírito e em Verdade".

O Cristo só impõe a prática do bem e da fraternidade: "Amai vosso próximo como a vós mesmos, e sede perfeitos assim como vosso Pai celeste é perfeito. Eis toda a lei e os profetas".

Em sua simplicidade eloquente, este preceito revela o fim mais elevado da iniciação — a pesquisa da perfeição, que é, ao mesmo tempo, a do conhecimento e da felicidade. Ao lado desses ensinos que se dirigem aos simples, Jesus também deixou outros, onde a doutrina oculta dos Espíritos é reproduzida em traços de luz.[48] Nem todos podiam subir a tais alturas, eis por que os tradutores e intérpretes do Evangelho alteraram, através dos séculos, a sua forma e corromperam-lhe o sentido. Apesar das alterações, é fácil reconstituir esse ensino a quem se liberta da superstição da letra para ver as coisas pela razão e pelo Espírito. É principalmente no evangelho de S. João que encontraremos feição ainda mais acentuada:

> Há diversas moradas na casa de meu Pai. Vou preparar o vosso lugar, e, depois que eu for e tudo houver arranjado, voltarei e vos chamarei a mim, para que onde eu estiver também vos encontreis.[49]

A casa do Pai é o céu infinito com os mundos que o povoam e a vida imensa, prodigiosa, que se espalha na sua superfície. São as inumeráveis estações na nossa jornada, e que somos chamados a conhecer se seguirmos os preceitos de Jesus. Ele descerá até nós para induzir-nos, por exemplo, à conquista dos mundos superiores à Terra.

No Evangelho também se nos depara a afirmação das vidas sucessivas da alma:

> Em verdade, se o homem não renascer de novo não poderá entrar no reino de Deus. O que nasce da carne é carne, o que nasce do Espírito, é

---

[48] Lê-se no Evangelho de Mateus, 13:11 a 13, e no de Marcos, 4:10 a 13: "É a vós que foi dado conhecer os mistérios do reino de Deus, mas aos que são de fora tudo se exprime por parábolas".
[49] João, 14:2 e 3.

Espírito. Não vos admireis do que vos digo, pois é necessário nascerdes de novo. O Espírito sopra onde quer e entendeis a sua voz, mas não sabeis donde ela vem, nem para onde vai; também sucede o mesmo com todo homem que nasce do Espírito.[50]

Quando os seus discípulos lhe interrogam: "Por que dizem os escribas que é preciso primeiro que Elias volte?" Ele responde: "Elias já voltou, porém não o reconheceram". E os discípulos compreendem então que Jesus se referia a João Batista. Ainda em outra ocasião diz o seguinte:

> Em verdade, entre todos os filhos de mulher nenhum há maior que João Batista. E se quiserdes entender, é ele mesmo Elias que deve vir. Que ouça aquele que tem ouvidos para ouvir.

O alvo a que tende cada um de nós e a sociedade inteira está claramente indicado. É o reinado do "Filho do Homem", do Cristo social, ou, em outros termos, o reinado da verdade, da justiça e do amor. As vistas de Jesus dirigem-se para o futuro, para esses tempos que nos são anunciados.

> Enviar-vos-ei o Consolador. Tinha ainda muitas coisas a dizer-vos, porém ainda não poderíeis compreendê-las. Quando vier esse Espírito de Verdade, ele vô-las ensinará e restabelecerá tudo no seu sentido verdadeiro.[51]

Algumas vezes, o Cristo resumia as verdades eternas em imagens grandiosas, em traços brilhantes. Nem sempre os Apóstolos o compreendiam, mas Ele deixava aos séculos e aos acontecimentos o cuidado de fazer frutificar esses princípios na consciência da Humanidade, como a chuva e o Sol fazem germinar a semente confiada à terra. É nesse sentido que assim se exprimiu: "O céu e a Terra passarão, porém não as minhas palavras".

Jesus dirigia-se, pois, simultaneamente ao Espírito e ao coração. Aqueles que não tivessem podido compreender Pitágoras e Platão, sentiam suas almas comoverem-se aos eloquentes apelos do Nazareno. É por aí que a doutrina cristã domina todas as outras. Para atingir a sabedoria, era preci-

---

[50] João, 3:3 e 6 a 8.
[51] João, 16:12 e 13. A Igreja só vê nestas palavras o anúncio do Espírito Santo, descido, algum tempo depois, sobre os apóstolos; mas, se a Humanidade (porque é a ela que se dirige esta profecia) não era então capaz de compreender a verdade, como o poderia ser em poucos meses mais tarde?

so, nos santuários do Egito e da Grécia, franquear os degraus de uma longa e penosa iniciação, ao passo que pela caridade todos podiam tornar-se bons cristãos e irmãos em Jesus.

Mas, com o tempo, as verdades transcendentais se velaram. Aqueles que as possuíam foram suplantados pelos que acreditavam saber, e o dogma material substituiu a pura doutrina. Dilatando-se, o Cristianismo perdeu em valor o que ganhava em extensão.

A ciência profunda de Jesus vinha juntar-se à potência fluídica do iniciado superior, da alma livre do jugo das paixões, cuja vontade domina a matéria e impera sobre as forças sutis da Natureza. O Cristo possuía a dupla vista; seu olhar sondava os pensamentos e as consciências; curava com uma palavra, com um sinal, ou mesmo somente bastando a sua presença. Eflúvios benéficos se lhe escapavam do ser, e à sua ordem os maus Espíritos se afastavam. Comunicava-se facilmente com as potências celestes, e, nas horas de provação, alentava desse modo a força moral que lhe era necessária em sua viagem dolorosa. No Tabor, seus discípulos, deslumbrados, o veem conversar com Moisés e Elias. É assim mesmo que mais tarde, depois de crucificado, Jesus lhes aparece na irradiação do seu corpo fluídico,[52] etéreo, desse corpo a que S. Paulo se refere nos seguintes termos: "Há em cada homem um corpo animal e um corpo espiritual".[53] A existência desse corpo espiritual está demonstrada pelas experiências da psicologia moderna.

Não podem ser postas em dúvida tais aparições, pois explicam por si sós a persistência da ideia cristã. Depois do suplício do Mestre e da dispersão dos discípulos, o Cristianismo estava moralmente morto. Foram, porém, as aparições e as conversas de Jesus que restituíram aos apóstolos sua energia e sua fé.

* * *

Negaram certos autores a existência do Cristo, e atribuíram a tradições anteriores ou à imaginação oriental tudo o que a respeito foi escrito. Nesse sentido, produziu-se um movimento de opinião, tendente a reduzir às proporções de lenda as origens do Cristianismo.

---

[52] N.E.: Ver "Notas Especiais" à 10 ed., de 1977, no fim do volume.
[53] I Coríntios, 15:5 a 8. Nesta epístola, Paulo enumera as aparições do Cristo depois da sua morte. Conta seis, uma dessas aos **Quinhentos** "dos quais alguns ainda estão vivos". A última é no caminho de Damasco, fazendo com que Paulo, inimigo encarniçado dos cristãos, se tornasse o mais ardente dos apóstolos.

É verdade que o Novo Testamento contém muitos erros.[54] Vários acontecimentos por ele relatados encontram-se na história de outros povos mais antigos, e certos fatos atribuídos ao Cristo figuram igualmente na vida de Krishna e na de Hórus. Mas, também existem outras e numerosas provas da existência de Jesus de Nazaré, provas tanto mais peremptórias quanto foram fornecidas pelos próprios adversários do Cristianismo. Todos os rabinos israelitas reconheciam essa existência, e dela fala o *Talmude* nos seguintes termos: "Na véspera da páscoa foi Jesus crucificado, por se ter entregue à magia e aos sortilégios".

Tácito e Suetônio mencionam também o suplício de Jesus e o rápido desenvolvimento das ideias cristãs. Plínio, o moço, governador da Bitínia, cinquenta anos mais tarde, explica esse movimento a Trajano, num relatório que foi conservado.

Como admitir, outrossim, que a crença em um mito houvesse bastado para inspirar aos primeiros cristãos tanto entusiasmo, coragem e firmeza em face da morte; que lhes tivesse dado os meios de derribarem o paganismo, de se apossarem do Império Romano, e, de século em século, invadirem todas as nações civilizadas? Não é sobre uma ficção que se funda solidamente uma religião que dura vinte séculos, e revoluciona metade do mundo. E, se nos remontarmos da grandeza dos efeitos à força das causas que os produziram, pode-se com certeza dizer que há sempre uma personalidade eminente na origem de uma grande ideia.

Quanto às teorias que de Jesus fazem uma das três pessoas da Trindade, ou um ser puramente fluídico, uma e outra parecem igualmente pouco fundadas. Pronunciando estas palavras: "De mim se afaste este cálice", Jesus revelou-se homem, sujeito ao temor e aos desfalecimentos. Como nós, sofreu, chorou, e esta fraqueza inteiramente humana, aproximando-nos dele, o faz ainda mais nosso irmão, tornando seus exemplos e suas virtudes mais admiráveis ainda.[55]

O advento do Cristianismo teve resultados incalculáveis. Trouxe ao mundo a ideia humanitária que os antigos não conheceram em toda a sua plenitude. Tal ideia, encarnada na pessoa de Jesus,[56] penetrou pouco a pouco os Espíritos, e hoje se manifesta no Ocidente com todas as consequências sociais que se lhe prendem. A esta ideia, Ele acrescentava as da lei moral e da vida eterna, que até aí tinham sido somente do domínio dos

---

[54] N.E.: Ver "Notas Especiais" à 10. ed., de 1977, no fim do volume.
[55] N.E.: Ver "Notas Especiais" à 10. ed., de 1977, no fim do volume.
[56] Jesus nomeia-se a si mesmo, por muitas vezes, "Filho do Homem".

sábios e dos pensadores. Desde então, o dever do homem seria preparar por todas as suas obras, por todos os seus atos da vida social e individual, o reinado de Deus, isto é, o do bem, da verdade e da justiça. "Venha a nós o vosso reino, assim na Terra como no céu."

Mas, esse reinado só se pode realizar pelo aperfeiçoamento de todos, pela melhoria constante das almas e das instituições. Essas noções encerram, pois, em si, uma potência ilimitada de desenvolvimento. E não nos devemos admirar que depois de vinte séculos de incubação, de trabalho obscuro, elas comecem apenas a produzir os seus efeitos na ordem social. O Cristianismo continha, no estado virtual, todos os elementos do socialismo, mas desviou-se deles desde os primeiros séculos, e os princípios verdadeiros, tornando-se desconhecidos pelos seus representantes oficiais, passaram para a consciência dos povos, para a alma desses mesmos que, não se acreditando ou não se dizendo cristãos, trazem inconscientemente em si o ideal sonhado por Jesus.

Não é, pois, na Igreja nem nas instituições do pretenso direito divino, o qual outra coisa não é que o reinado da força, onde se deve procurar a herança do Cristo. Essas, em realidade, não passam de instituições pagãs ou bárbaras. O pensamento de Jesus, agora, só vive na alma do povo. É por seus esforços para elevar-se, é por suas aspirações para um estado social mais conforme à justiça e à solidariedade, que se revela essa grande corrente humanitária, cuja nascente está no alto do Calvário, e cujas ondas nos arrastam para um futuro que jamais conhecerá as vergonhas do pauperismo, da ignorância ou da guerra.

O Catolicismo desnaturou as belas e puras doutrinas do Evangelho com falsas concepções de salvação pelas indulgências ou graças, de pecado original, de inferno e de redenção. Porém, o Catolicismo, na obra do Cristianismo, não passa em realidade de um elemento parasita, que parece ter tomado à Índia sua organização hierárquica, seus sacramentos e símbolos.

Numerosos concílios têm, em todos os séculos, discutido a *Bíblia*, modificado os textos, proclamado novos dogmas, afastando-se cada vez mais dos preceitos do Cristo. O fausto e a simonia invadiram o culto. A Igreja dominou o mundo pelo terror, pela ameaça com os suplícios e, no entanto, Jesus queria reinar pelo amor e pela caridade. Armou uns povos contra outros, animou e tornou sistemática a perseguição, fez correr rios de sangue.

Em vão a Ciência, em sua marcha progressiva, assinalou as contradições que existem entre o ensino católico e a ordem real das coisas; a Igreja não trepidou em mal dizê-la como invenção de satanás. Um abismo agora separa as doutrinas romanas da antiga sabedoria dos iniciados, que foi a mãe do Cristianismo. O materialismo aproveitou-se deste estado de coisas e implantou em toda parte as suas raízes vivazes.

Por outro lado, sensivelmente se enfraqueceu o sentimento religioso. O dogma não exerce atualmente influência alguma sobre a vida das sociedades. Fatigada dos embaraços em que a tinham envolvido, a alma humana atirou-se para a luz; despedaçou esses frouxos laços para unir-se aos grandes Espíritos, que não pertencem a uma seita nem a uma raça determinada, mas cujo pensamento alumia e aquece a Humanidade inteira. Livre de qualquer tutela sacerdotal, ela quer, para o futuro, pensar, proceder e viver por si mesma.

Só queremos falar do Catolicismo com moderação. Essa religião, não o esqueçamos, foi a de nossos pais; embalou inumeráveis gerações. A moderação, porém, não exclui o exame. Ora, duma análise séria resulta isto: a Igreja infalível enganou-se, tanto na sua concepção física do Universo, como na sua ideia moral da vida humana. A Terra não é o corpo central mais importante do Universo, nem a vida presente é o único teatro das nossas lutas e do nosso progresso. O trabalho não é um castigo, mas sim um meio regenerador pelo qual se fortifica e eleva a Humanidade. O Catolicismo, pela sua falsa ideia da vida, foi conduzido ao ódio do progresso e da civilização, e este sentimento está, sem nenhuma reserva, expresso no último artigo do *Syllabus*: "Anátema sobre esses que pretendem que o pontífice romano deve reconciliar-se com o progresso, o liberalismo e a civilização moderna".

O Catolicismo atribui ao Ser supremo fraquezas iguais às nossas. Faz dele uma espécie de carrasco que vota aos últimos suplícios os seres débeis, obra das suas mãos. Os homens, criados para a felicidade, sucumbem em multidão às tentações do mal e vão povoar os infernos. Assim, sua impotência iguala sua imprevidência, e satanás é mais hábil que Deus.

Será esse o Pai que Jesus nos faz conhecer, quando nos recomenda, em seu nome, o esquecimento das ofensas; quando nos aconselha dar o bem pelo mal, e nos prega a piedade, o amor, o perdão? O homem compassivo e bom será, portanto, superior a Deus?

É verdade que, para intentar a salvação do mundo, Deus sacrifica o seu próprio filho, membro da Trindade e parte de si mesmo, o que é cair ainda num erro monstruoso e justificar a alusão de Diderot: "Deus matou Deus para apaziguar Deus".

O Catolicismo, nos tempos de perseguição, escavou bastantes cárceres, ateou muitas fogueiras, inventou torturas inauditas. Porém, tudo isso é pouco ao lado da influência perniciosa que derramou sobre as almas. Não só torturou os corpos, mas também obscureceu as consciências pela superstição, turvou as inteligências pela ideia terrível e sombria de um Deus vingador. Ensinou a abafar as dúvidas, a aniquilar a razão e as mais belas faculdades, a fugir, como de animais ferozes, de todos os que livre e sinceramente procuravam a verdade e a estimular somente aqueles que suportavam o mesmo jugo. As cruzadas do Oriente e do Ocidente, os autos de fé e a Inquisição são males menores do que essa tirania secular e do que esse espírito de seita, carolice e intolerância, em cujo meio se velou a inteligência e se falseou o discernimento de centenas de milhões de homens.

Depois, ao lado do ensino errôneo, os abusos sem-número, as preces e as cerimônias tarifadas, a tabela dos pecados, a confissão, as relíquias, o purgatório, o resgate das almas, enfim, os dogmas da infalibilidade do papa e da Imaculada Conceição, o poder temporal, violação flagrante deste preceito do *Deuteronômio* (18:1 e 2): que proíbe aos sacerdotes "possuírem bens da Terra e coparticiparem de qualquer herança, porque o Senhor é que é a sua herança"; tudo isto mostra a distância que separa as concepções católicas dos verdadeiros ensinos do Evangelho.

Contudo, a Igreja fez obra útil. Teve suas épocas de grandeza. Opôs diques à barbaria, cobriu o mundo com instituições de beneficência. Mas, como que petrificada em seus dogmas, ela se imobiliza, enquanto em torno de si tudo caminha e avança; de dia em dia, a Ciência avulta e a razão humana se enriquece.

Nada escapa à lei do progresso, e as religiões são como tudo o mais. Puderam corresponder às necessidades de uma época e de um estado social atrasados, porém, chega o tempo em que, encerradas nas suas fórmulas como num círculo de ferro, devem resignar-se a morrer. É a situação do Catolicismo. Tendo dado à História tudo o que lhe podia oferecer, e tornando-se impotente para fecundar o espírito humano, este o abandona, e, em sua marcha incessante, adianta-se para concepções mais vastas e elevadas. Mas, nem por isso perecerá a ideia cristã; esta somente se transformará para reaparecer sob forma nova e mais depurada. Chegará a ocasião em que o Catolicismo, seus dogmas e práticas mais não serão que vagas reminiscências quase apagadas da memória dos homens, como o são para nós os paganismos romano e escandinavo. A grande figura do Crucificado dominará os séculos, e três coisas subsistirão do seu ensino, por serem a expressão da verdade eterna: a unidade de Deus, a imortalidade da alma e a fraternidade humana.

* * *

Apesar das perseguições religiosas, a doutrina secreta perpetuou-se através dos séculos, e o seu vestígio é encontrado em toda a Idade Média.

Já os iniciados judaicos, em época remota, a tinham registrado em duas obras célebres: o *Zohar* e o *Sepher-Jésirah*. O seu conjunto forma a *Cabala*, uma das obras capitais da ciência esotérica.[57]

No Cristianismo primitivo sente-se perfeitamente acentuado o seu cunho. Os primeiros cristãos acreditavam, com efeito, na preexistência e na sobrevivência da alma em outros corpos, como já vimos a propósito das perguntas feitas a Jesus sobre João Batista e Elias, e também da que os Apóstolos fizeram relativamente ao cego de nascença, que parecia "ter atraído esta punição por pecados cometidos antes de nascer".[58] A ideia da reencarnação estava espalhada de tal forma entre o povo judeu, que o historiador Josefo censurou os fariseus do seu tempo, por não admitirem a transmigração das almas senão entre as pessoas de bem.[59] Os cristãos entregavam-se às evocações e comunicavam-se com os Espíritos dos mortos. Encontram-se nos *Atos dos apóstolos* numerosas indicações sobre este ponto;[60] S. Paulo, em sua primeira epístola aos coríntios, descreve, sob o nome de dons espirituais, todas as espécies de mediunidade.[61] Ele se declara instruído diretamente pelo Espírito de Jesus na verdade evangélica.

Atribuíam-se algumas vezes essas inspirações aos maus Espíritos, aos quais certas pessoas chamavam — Espírito de Píton: "Meus bem-amados,

---

[57] Ver a importante obra de Ad. Frank, membro do Instituto de França, sobre a *Cabala*.
[58] João, 9:2.
[59] *Guerres des Juifs*, por Josèphe, liv. VIII, cap. VII.
[60] Atos, 8:26; 11:27 e 28; 16:6 e 7; 21:4.
[61] Os médiuns eram, então, chamados profetas. No texto grego dos Evangelhos, encontra-se quase sempre isolada a palavra "Espírito". S. Jerônimo foi o primeiro que a ela acrescentou "santo".

dizia João Evangelista, não acrediteis em qualquer Espírito, mas vede se os Espíritos são de Deus".[62]

Durante vários séculos, estiveram em uso as práticas espíritas.

Quase todos os filósofos de Alexandria, Fílon, Amônio Sakas, Plotino, Porfírio, Arnóbio, se dizem inspirados por gênios superiores; São Gregório, taumaturgo, recebe os símbolos da fé do Espírito S. João.

A escola de Alexandria resplandecia então com a mais viva claridade, pois todas as grandes correntes do pensamento pareciam aí convergir e se confundir. Essa célebre escola havia produzido uma plêiade de Espíritos brilhantes que se esforçavam por fundir a filosofia de Pitágoras e de Platão com as tradições da *Cabala* judaica, e com os princípios do Cristianismo. Esperavam assim formar uma doutrina definitiva de largas e poderosas perspectivas, uma religião universal e imorredoura. Era esse o sonho de Fílon. Como Sócrates, este grande pensador teve um Espírito familiar que o assistia, inspirava e fazia escrever durante o sono.[63] Também sucedia o mesmo com Amônio e Plotino, os quais, diz Porfírio, eram inspirados por gênios, "não os que são chamados demônios, mas sim os que são designados como deuses."[64] Plotino escreveu um livro sobre os Espíritos familiares.

Como esses filósofos, Jâmblico também era versado na teurgia e comunicava-se com o mundo invisível. De todos os campeões do Cristianismo esotérico, Orígenes é o mais conhecido. Esse homem de gênio, que se tornou um grande filósofo e um santo, estabeleceu nas suas obras[65] que a desigualdade dos seres é consequência dos seus méritos diversos. As únicas penas, conforme a bondade e a Justiça divinas, são, diz ele, as penas *medicinais,* as que têm por efeito a purificação progressiva das almas nas séries das existências, antes de merecerem admissão no céu. Entre os padres da Igreja, muitos participavam dessas opiniões[66] e apoiavam-se nas revelações dos Espíritos aos profetas ou médiuns.[67]

Tertuliano assim se exprime num trecho da sua *Apologética*:

> Se é permitido aos mágicos fazer aparecer fantasmas, evocar as almas dos mortos, obrigar os lábios duma criança a proferir oráculos...; se eles têm às suas ordens Espíritos mensageiros, pela virtude dos quais as

---
[62] I João, 4:1.
[63] *De Migrat Abraham*, por Fílon, p. 393.
[64] *Diction. phil. et hist.*, por Bayle, art. Plotino.
[65] *De Principiis*.
[66] *Histoire du Manichéisme*, por Beausobre, cap. II, p. 595.
[67] *Contrà Celse*, por Orígenes, p. 199 e 562.

mesas profetizam, quanto maior zelo e solicitude não empregarão esses Espíritos poderosos para operarem por conta própria o que executam com auxílio de outrem.

Santo Agostinho, o grande bispo da Hipona, no seu tratado *De Cura pro Mortuis,* fala das manifestações ocultas e ajunta:

> Por que não atribuir esses fatos aos Espíritos dos finados, e deixar de acreditar que a divina Providência faz de tudo um uso acertado, para instruir os homens, consolá-los e induzi-los ao bem?

Na sua obra *Cidade de Deus*,[68] tratando do corpo fluídico, etéreo, suave, que é o invólucro da alma e que conserva a imagem do corpo material, esse padre da Igreja fala das operações teúrgicas, conhecidas sob o nome de *Télètes,* que o punham em condições de se comunicar com os Espíritos e os anjos, e de ter visões admiráveis.

Quanto à pluralidade das vidas, afirmada por Orígenes, e que Santo Agostinho parece em certos casos combater, pode-se até dizer que ela está estabelecida no seguinte trecho da obra deste:

> Estou convencido de que se acharão no platonismo muitas coisas que não repugnam aos nossos dogmas... A voz de Platão, a mais pura e brilhante que tem havido na Filosofia, está inteiramente reproduzida em Plotino, e lhe é tão semelhante que parecem contemporâneos; entretanto, há um intervalo de tempo tão grande entre os dois, que o primeiro parece até estar ressuscitado no segundo.[69]

S. Clemente de Alexandria[70] e S. Gregório de Nice exprimem-se no mesmo sentido. Este último expõe que "a alma imortal deve ser melhorada e purificada; se ela não o foi na existência terrestre, o aperfeiçoamento se opera nas vidas futuras e subsequentes".[71]

Tais revelações tinham-se tornado outros tantos embaraços à Igreja oficial. Nelas iam os heréticos basear seus argumentos e sua força; abalada

---

[68] *De Civit. Dei*, livro X, caps. IX e XI.
[69] *Augustini opera*, cap. I, p. 294.
[70] *Stromat*, livro VIII, Oxford, 1715.
[71] *Grand Discours Catéchétique*, tomo III, cap. VIII, Edição Morel.

se achava a autoridade do sacerdócio. Com a reencarnação, com o resgate das faltas cometidas, pela prova e pelo trabalho na sucessão das vidas, a morte deixava de ser um motivo de terror; cada qual a si mesmo se libertava do purgatório terrestre por seus esforços e progressos, e o sacerdote perdia a razão de ser. Já não podendo a Igreja abrir à vontade as portas do paraíso e do inferno, via diminuir o seu poder e prestígio.

Julgou, portanto, necessário impor silêncio aos partidários da doutrina secreta, renunciar a toda comunicação com os Espíritos e condenar os ensinos destes como inspirados pelo demônio.

Desde esse dia Satanás foi ganhando cada vez mais importância na religião católica. Tudo o que a esta embaraçava foi-lhe atribuído. A Igreja declarou-se a única profecia viva e permanente, a única intérprete de Deus. Orígenes e os gnósticos foram condenados pelo Concílio de Constantinopla (553); a doutrina secreta desapareceu com os profetas, e a Igreja pôde executar à vontade a sua obra de absolutismo e de imobilização.

Viu-se então os sacerdotes romanos perderem de vista a luz que Jesus tinha trazido a este mundo, e recaírem na obscuridade. A noite que quiseram para os outros fez-se neles mesmos. O templo deixou de ser, como nos tempos antigos, o asilo da verdade. E esta abandonou os altares para buscar um refúgio oculto. Desceu às classes pobres; foi inspirar humildes missionários, apóstolos obscuros que sob o nome do Evangelho de São João procuravam restabelecer, em diferentes pontos da Europa, a simples e pura religião de Jesus, a religião da igualdade e do amor. Porém, estas doutrinas foram asfixiadas pela fumaça das fogueiras, ou afogadas em lagos de sangue.

Toda a história da Idade Média está cheia dessas tentativas do pensamento, desse despertar imponente, vindo depois as reações do despotismo religioso e monárquico, e períodos de triste silêncio.

A ciência sagrada, porém, estava guardada sob diferentes aspectos por diversas ordens secretas. Os alquimistas, templários, rosa-cruzes e outros lhe conservavam os princípios. Os templários foram encarniçadamente perseguidos pela Igreja oficial. Esta temia extraordinariamente as escolas secretas e o império que elas exerciam sobre as inteligências. Sob o pretexto de feitiçaria e de pactos com o diabo, as destruía quase todas a ferro e fogo.

O Protestantismo é superior ao Catolicismo porque repousa sobre o princípio do livre-exame. Sua moral é mais perfeita, e tem o mérito de se aproximar bastante da simplicidade evangélica. Mas a ortodoxia protestante não pode ser considerada como a última palavra da renovação religiosa, pois se apega exclusivamente à "letra que mata", e à bagagem dogmática que em parte conservou.

Apesar dos esforços da teocracia, não se perdeu a doutrina secreta. Por muito tempo ficou velada a todos. Os concílios e os esbirros do Santo Ofício acreditaram tê-las sepultado para sempre, mas, debaixo da pedra que lhe haviam colocado em cima, ela vivia ainda, semelhante à lâmpada sepulcral que arde, solitária, durante a noite.

Mesmo no seio do clero, sempre houve partidários dessas magníficas ideias de reabilitação pelas provas, da sucessão das vidas e da comunicação com o mundo invisível. Alguns têm até ousado elevar as suas vozes. Há meio século (1843), o Sr. De Montal, arcebispo de Chartres, falava nestes termos sobre a preexistência da alma e sobre as reencarnações: "Visto não ser proibido acreditar na preexistência das almas, quem saberá o que em épocas vindouras virá a suceder entre as inteligências?".

O cardeal Bona (o Fénelon da Itália), na sua obra sobre o discernimento dos Espíritos, assim se exprime:

> É muito para estranhar que se encontrem homens de bom senso, que tenham ousado negar as aparições e as comunicações das almas com os vivos, ou atribuí-las à imaginação transviada, ou ainda às artes do diabo.

VII
O materialismo e o positivismo

Como o oceano, o pensamento tem seu fluxo e refluxo. Quando a Humanidade entra, sob qualquer ponto de vista, no domínio das exagerações, produz-se, cedo ou tarde, uma reação vigorosa. Os excessos provocam excessos contrários. Depois dos séculos de submissão e de fé cega, a Humanidade, cansada do sombrio ideal de Roma, atirou-se às teorias do nada. As afirmações temerárias trouxeram negações furiosas. Empenhou-se o combate, e o alvião do materialismo fez brecha no edifício católico.

As ideias materialistas ganham terreno. Repelindo os dogmas da Igreja como inacessíveis, grande número de Espíritos cultivados desertaram da crença espiritualista e, ao mesmo tempo, da crença em Deus. Afastando as concepções metafísicas, procuraram a verdade na observação direta dos fenômenos, no que se convencionou chamar o método experimental.

Podem-se resumir assim as doutrinas materialistas: tudo é matéria. Cada molécula tem suas propriedades inerentes em virtude das quais se formou o Universo com os seres que em si contém. É uma hipótese a ideia de um princípio espiritual governando a matéria, pois esta se governa a si própria por leis fatais, mecânicas. A matéria é eterna, e só ela é eterna. Saídos do pó, voltaremos ao pó. O que chamamos alma, o conjunto das nossas faculdades intelectuais, a consciência, mais não é que uma função do organismo, e esvai-se com a morte. "O pensamento é uma secreção do cérebro", disse Carl Vogt, e o mesmo autor acrescenta: "As Leis da Natureza são inflexíveis; não conhecem moral nem benevolência".

Se a matéria é tudo, que é pois a matéria? Os próprios materialistas não poderiam dizê-lo porque a matéria, desde que é analisada em sua essência íntima, subtrai-se, escapa e foge como enganadora miragem.

Os sólidos transformam-se em líquidos, os líquidos em gases; após o estado gasoso vem o estado radiante; depois, por depurações inumeráveis, cada vez mais sutis, a matéria passa ao estado imponderável. Torna-se então essa substância etérea que enche o espaço, e de tal sorte tênue que se tomaria pelo vácuo absoluto, se a luz, atravessando-a, não a fizesse vibrar. Os mundos banham-se em suas ondas, como nas de um mar fluídico.

Assim, de grau em grau, a matéria se dissipa em poeira invisível. Tudo se resume em força e movimento.

Os corpos orgânicos ou inorgânicos — diz-nos a Ciência — minerais, vegetais, animais, homens, mundos, astros, mais não são que agregações de moléculas, as quais são a seu turno compostas de átomos, separados uns dos outros, em estado de movimento constante e de renovamento perpétuo.

O átomo é invisível, mesmo com o auxílio dos mais poderosos microscópios. Apenas pode ser concebido pelo pensamento, de tal sorte extrema é sua pequenez.[72] E essas moléculas, esses átomos, agitam-se, movem-se, circulam, evolucionam em turbilhões incessantes, no meio dos quais a forma dos corpos só se mantém em virtude da lei de atração.

Pode-se, pois, dizer que o mundo é composto de átomos invisíveis, regidos por forças imateriais. A matéria, examinada de perto, esvai-se como fumaça; não tem mais que uma realidade aparente, e base alguma de certeza nos pode oferecer. Realidade permanente, certeza, só há no Espírito. Unicamente a este é que o mundo se revela em sua unidade viva, em seu eterno esplendor. Somente este é que pode apreciar e compreender a sua harmonia. É no Espírito que o Universo se conhece, se reflete, se possui.

O Espírito é mais ainda. É a força oculta, a vontade que governa e dirige a matéria — *Mens agitat molem* — e lhe dá a vida. Todas as moléculas, todos os átomos, dissemos, agitam-se, renovam-se incessantemente. No corpo humano há uma torrente vital comparável ao curso das águas. Cada partícula retirada da circulação é substituída por outras partículas. O

---

[72] A Ciência calculou que um milímetro cúbico de ar respirável encerra cinco milhões de átomos.

próprio cérebro está submetido a estas mudanças, e o nosso corpo inteiro renova-se em alguns meses.

É, portanto, inexato dizer que o cérebro produz o pensamento, pois ele não passa de um instrumento deste. Através das modificações perpétuas da carne, mantém-se a nossa personalidade, e com ela a nossa memória e a nossa vontade. Há no ser humano uma força inteligente e consciente que regula o movimento harmônico dos átomos materiais de acordo com as necessidades da existência; há um princípio que domina a matéria e lhe sobrevive.

O mesmo sucede com o conjunto das coisas. O mundo material não é senão o aspecto exterior, a aparência móbil, a manifestação de uma realidade substancial e espiritual que nele existe. Assim como o *eu* humano não está na matéria variável, e sim no Espírito, assim o *eu* do Universo não está no conjunto dos globos e dos astros que o compõem, mas sim na Vontade oculta, na Potência invisível e imaterial que dirige as suas molas secretas e regula a sua evolução.

A ciência materialista só vê um lado das coisas. Em sua impotência para determinar as leis do Universo e da vida, depois de haver proscrito a hipótese, é obrigada, ela também, a sair da sensação, da experiência, e recorrer à hipótese para dar uma explicação das leis naturais. É o que ela faz tomando por base do mundo físico o átomo, que os sentidos não alcançam.

Jules Soury, um dos mais autorizados escritores materialistas, na análise que fez dos trabalhos de Haeckel, não hesita em confessar esta contradição: "Nada podemos conhecer, diz ele, da constituição da matéria".

Se o mundo fosse somente um composto de matéria, governado pela força cega, isto é, pelo acaso, não se veria essa sucessão regular, contínua, dos mesmos fenômenos, produzindo-se segundo uma ordem estabelecida; não se veria essa adaptação inteligente dos meios aos fins, essa harmonia de leis, forças e proporções, que se manifesta em toda a Natureza. A vida seria um acidente, um fato de exceção e não de ordem geral. Não se poderia explicar essa tendência, esse impulso, que, em todas as idades do mundo, desde a aparição dos seres elementares, dirige a corrente vital, em progressos sucessivos, para formas cada vez mais perfeitas. Cega, inconsciente, sem fito, como poderia a matéria se diversificar, se desenvolver sob o plano grandioso, cujas linhas aparecem a qualquer observador atento? Como poderia coordenar seus elementos, suas moléculas, de maneira a formar todas as maravilhas da Natureza, desde as esferas que povoam o espaço infinito até os órgãos do corpo humano; o cérebro, os olhos, o ouvido, até os insetos, até os pássaros, até as flores?

Os progressos da Geologia e da Antropologia pré-histórica lançaram vivas luzes sobre a história do mundo primitivo. Mas foi erradamente que os materialistas acreditaram achar na lei da evolução dos seres um ponto de apoio, um socorro para as suas teorias. Uma coisa essencial se deduz destes estudos. É a certeza de que a força cega em parte nenhuma domina de modo absoluto. Ao contrário, o que triunfa e reina é a inteligência, a vontade, a razão. A força brutal não tem bastado para assegurar a conservação e o desenvolvimento das espécies. Os seres que tomaram posse do globo, e avassalaram a Natureza, não foram os mais fortes, os mais bem armados fisicamente, mas sim os mais bem dotados do ponto de vista intelectual.

Desde a sua origem, o mundo encaminha-se para um estado de coisas cada vez mais elevado. Através dos tempos, afirma-se a lei do progresso nas transformações sucessivas do globo e das quadras da Humanidade. Um alvo se revela no Universo, alvo para o qual tudo tende, tudo evoluciona, seres e coisas; esse alvo é o Bem, é o Melhor. A história da Terra é o mais eloquente testemunho desta verdade.

Sem dúvida nos objetarão que a luta, o sofrimento e a morte estão no fundo de tudo. Mas o esforço e a luta são as próprias condições do progresso, e, quanto à morte, ela não é o nada, como provaremos mais adiante, porém a entrada do ser em uma fase nova de evolução. Do estudo da Natureza, e dos anais da história do mundo, um fato capital se destaca; é que, em tudo quanto existe, há uma causa, e, para conhecer-se essa causa, é preciso avançar além da matéria, até a essa Lei viva e consciente que nos explica a ordem do Universo, assim como as experiências da Psicologia moderna nos demonstram o problema da vida.

* * *

Julga-se principalmente uma doutrina filosófica por suas consequências morais, pelos efeitos que produz sobre a vida social. Consideradas sob este ponto de vista, as teorias materialistas, baseadas sobre o fatalismo, são incapazes de servir de incentivo à vida moral, de sanção às leis da consciência. A ideia, inteiramente mecânica, que dão do mundo e da vida, destrói a noção de liberdade e, por conseguinte, a de responsabilidade.⁷³ Fazem da luta pela vida uma lei inexorável, pela qual os fracos devem sucumbir aos golpes dos fortes, uma lei que bane para sempre da Terra o reinado da paz, da solidariedade e da fraternidade humana. Penetrando os Espíritos, tais teorias só podem acarretar, aos infelizes, a indiferença e o egoísmo; aos deserdados, o desespero e a violência, a todos a desmoralização.

Sem dúvida, há materialistas honestos e ateus virtuosos, mas não se dá isto em virtude da aplicação rigorosa das suas doutrinas. Se são assim é apesar de suas opiniões e não por causa delas; é por um impulso secreto de sua natureza, é porque sua consciência soube resistir a todos os sofismas. Não menos logicamente daí se depreende também que o materialismo, suprimindo o livre-arbítrio, fazendo das faculdades intelectuais e das qualidades morais a resultante de combinações químicas, de secreções da substância parda do cérebro, considerando o gênio como uma nevrose, degrada a dignidade humana, e rouba à existência todo o caráter elevado.

Com a convicção de que nada mais há além da vida presente, e que não existe outra justiça superior à dos homens, cada qual pode dizer: para que lutar e sofrer? Para que a piedade, a coragem, a retidão? Por que nos constrangermos e domarmos nossos apetites e desejos? Se a Humanidade está abandonada a si própria, se em nenhuma parte existe um poder inteligente e equitativo que a julgue, a guie e sustente, que socorro pode ela esperar? Que auxílio lhe tornará mais leve o peso das suas provações?

Se não há no Universo razão, justiça, amor, nem outra coisa além da força cega prendendo os seres e os mundos ao jugo de uma fatalidade, sem pensamento, sem alma, sem consciência, então o ideal, o bem, a beleza moral são outras tantas ilusões e mentiras. Não é mais aí, porém na realidade bruta; não é mais no dever, mas sim no gozo, que o homem precisa ver o alvo da vida, e, para realizá-lo, cumpre passar por cima de toda a sentimentalidade vã.

Se viemos do nada para voltar ao nada, se a mesma sorte, o mesmo olvido, espera o criminoso e o homem dedicado; se, conforme as combinações do acaso, uns devem ser exclusivamente votados aos trabalhos, e outros às honras; então, cumpre ter-se a ousadia de proclamar que a esperança é uma quimera, visto não haver consolação para os aflitos, justiça

---

⁷³ Büchner e a sua escola não hesitam em afirmar: "O homem não é livre, vai para onde seu cérebro o impele". (Ver a sua obra *Força e matéria*.)

para as vítimas da sorte. A Humanidade rola, arrastada pelo movimento do planeta, sem fito, sem luz, sem moral, renovando-se pelo nascimento e pela morte, dois fenômenos entre os quais o ser se agita e passa, sem deixar outro vestígio mais do que uma faísca na noite.

Sob a influência de tais doutrinas, a consciência só tem que emudecer e dar margem ao instinto brutal; o Espírito de cálculo deve suceder ao entusiasmo, e o amor do prazer substituir as generosas aspirações da alma. Então cada um só cuidará de si próprio. O desgosto da vida e o pensamento do suicídio virão perseguir os desgraçados. Os deserdados só terão ódio para os que possuem bens, e, em seu furor, reduzirão a pedaços esta civilização grosseira e material.

Mas não, o pensamento e a razão erguem-se frementes, e protestam contra essas doutrinas de desolação, afirmando que o homem luta, trabalha e sofre, não, porém, para acabar no nada; dizendo que a matéria não é tudo, que há leis superiores a ela, leis de ordem e de harmonia, e que o Universo não é somente um mecanismo inconsciente.

Se tudo é matéria, qual a causa por que, sendo ela cega, mostra obedecer a leis inteligentes e sábias? Como, desprovida de razão, de sentimento, poderia a matéria produzir seres racionais e sensíveis, capazes de discernir o bem do mal, o justo do injusto? Pois quê! o ente humano é suscetível de amar até ao sacrifício, acha-se nele gravado o ideal do bem e do belo, e teria saído de um elemento que não possui estas qualidades em nenhum grau? Sentimos, amamos, sofremos, e emanaríamos de uma causa inconsciente e insensível, de uma causa que é surda, inexorável e muda? Seríamos mais perfeitos ou melhores que ela?

Tal raciocínio é um ultraje à lógica. Não se poderia admitir que a parte seja superior ao todo, que a inteligência derive de uma causa ininteligente, que de uma natureza sem intuitos possam sair seres suscetíveis de almejarem um alvo.

Ao contrário, o senso comum diz-nos que, se a inteligência, se o amor do bem e do belo existem em nós, mister se faz que aí tenham sido colocados por uma causa que os possua em grau superior. E, se em todas as coisas se manifesta a ordem, se um plano se revela no mundo, cumpre também que um pensamento os tenha elaborado, que uma razão os tenha concebido.

Mas não insistamos em problemas sobre os quais precisaremos fazer exame mais demorado, e abordemos uma doutrina que com o materialismo tem numerosos pontos de contato. Queremos falar do Positivismo.

Mais sutil, ou menos franca que o materialismo, essa filosofia nada afirma, nada nega. Afastando qualquer estudo metafísico, qualquer investigação das causas primárias, ela estabelece que o homem nada pode saber do princípio das coisas; que, por conseguinte, é supérfluo o estudo do mundo e da vida. Todo o seu método refere-se à observação dos fatos verificados pelos sentidos, e das leis que o ligam. Só admite a experiência e o cálculo.

Mas o vigor deste método teve de dobrar-se perante as exigências da Ciência, e o positivismo, como o materialismo, apesar do seu horror à hipótese, foi constrangido a admitir teorias não verificáveis pelos sentidos. É assim que raciocina sobre a matéria e a força, cuja natureza íntima lhe é desconhecida; que admite a lei da atração, o sistema astronômico de Laplace, a correlação das forças, coisas estas impossíveis de demonstração experimental. Mais ainda, viu-se o fundador do Positivismo, Auguste Comte, depois de ter eliminado todos os problemas religiosos e metafísicos, voltar às qualidades ocultas e misteriosas das coisas,[74] e terminar sua obra estabelecendo o culto da Terra. Este culto tinha suas cerimônias e seus sacerdotes assalariados. É verdade que os positivistas renegaram essas aberrações.

Não insistiremos sobre este ponto, nem mesmo sobre a particularidade que apresenta a vida de Littré, sábio eminente, chefe venerado do ateísmo moderno, e que é a de se ter feito batizar em seu leito de morte, depois de haver aceitado as visitas frequentes de um sacerdote católico. Tal desmentido, feito por ele aos princípios da sua vida inteira, deve entretanto ser assinalado. Esses dois exemplos, dados pelos mestres do Positivismo, demonstram a impotência das doutrinas que não se interessam pelas aspirações do ser moral e religioso. Provam que a negação e a indiferença nada fundam; que, apesar de todos os sofismas, chega a hora em que, diante dos mais endurecidos céticos, ergue-se o pensamento de além-túmulo.

Todavia, não se pode desconhecer que tenha o Positivismo tido sua razão de ser, e prestado incontestáveis serviços ao Espírito humano, constrangendo-o a fortificar mais seus argumentos, a determinar melhor suas teorias, a fazer maiores concessões à demonstração. Os seus fundadores, fatigados das abstrações metafísicas e das discussões de escola, quiseram firmar a Ciência em terreno sólido.

Era, porém, tão limitada a base por eles escolhida que, ao seu edifício, faltaram simultaneamente amplidão e solidez. Querendo restringir o

---

[74] A tal respeito, veja-se *Ontologie*, por Durand de Gros (1871), obra notável que refuta as doutrinas positivistas.

domínio do pensamento, aniquilaram as mais belas faculdades da alma. Repelindo as ideias sobre o espaço, sobre o infinito, sobre o absoluto, tiraram a certas ciências, às Matemáticas, à Geometria, à Astronomia, toda a possibilidade de se desenvolverem e progredirem. Com referência a isso, há um fato muito significativo: é no campo da Astronomia estelar, ciência proscrita por Auguste Comte como sendo do domínio do *incognoscível*, que as mais belas descobertas têm sido realizadas.

O Positivismo está na impossibilidade de fornecer à consciência uma base moral. Neste mundo, o homem não tem só direitos a exercer, tem também deveres a cumprir; é a condição iniludível de qualquer ordem social.

Mas, para preencher os deveres, cumpre conhecê-los; e, como possuir esses conhecimentos sem indagar-se o alvo da vida, das origens e dos fins do ser? Como conformarmo-nos com a regra das coisas, segundo a própria expressão de Littré, se a nós mesmos nos interdizemos de explorar o domínio do mundo moral e o estudo dos fatos da consciência?

Com louvável intuito, certos pensadores, materialistas e positivistas, quiseram instituir o que chamaram a moral independente, isto é, a moral desprendida de qualquer concepção religiosa. Acreditaram achar assim um terreno neutro em que todos os bons Espíritos poderiam reunir-se. Porém, os materialistas não refletiram que, negando a liberdade, tornavam impotente e vã toda a moral. Teria também sido preciso que, para ser eficaz, a noção do dever fosse aceita por todos, mas poderia essa noção ser apoiada numa teoria mecânica do mundo e da vida?

A moral não pode ser tomada por base, por ponto de partida. Ela é a consequência de princípios, o coroamento de uma concepção filosófica. Eis por que a moral independente ficou sendo uma teoria estéril, uma ilusão generosa, sem influência sobre os costumes.

Com o estudo atento e minucioso da matéria, as escolas positivistas contribuíram para enriquecer certos ramos de conhecimentos humanos, mas perderam de vista o conjunto das coisas e as leis superiores do Universo. Encerrando-se no seu domínio exclusivo, imitaram o mineiro que se aprofunda mais e mais nas entranhas da terra, que aí descobre tesouros ocultos, mas que, ao mesmo tempo, perde de vista o grande espetáculo da Natureza que se mostra imponente sob os raios do Sol.

Essas escolas nem mesmo têm sido fiéis ao seu programa, porque, depois de terem proclamado o método experimental como o único meio de se conhecer a verdade, deram desmentido a si próprias negando *a priori* toda a espécie de fenômenos, de manifestações psíquicas, que vamos examinar. Coisa notável, assim como os mais intolerantes homens da Igreja, elas também mostraram os mesmos preceitos e a mesma desdenhosa incredulidade perante esses fatos que vinham aluir as suas teorias. O Positivismo, portanto, não pode ser considerado como a última fase da ciência, porque esta é essencialmente progressiva e sabe completar-se avançando. O Positivismo não é senão uma das formas temporárias da evolução filosófica, pois os séculos não sucederam aos séculos, não se acumularam as obras dos sábios e dos filósofos para tudo ficar limitado à teoria do *incognoscível*. O pensamento humano avança, desenvolve-se e, dia a dia, penetra mais além. O que hoje é desconhecido não o será amanhã. A carreira do espírito humano não está terminada. Fixar-lhe um limite é desconhecer a lei do progresso, é falsear a verdade.

Tempo chegará em que todos esses vocábulos: materialista, positivista, espiritualista, perderão sua razão de ser, porque o pensamento estará livre das peias e barreiras que lhe impõem escolas e sistemas. Quando perscrutamos o fundo das coisas, reconhecemos que matéria e Espírito não passam de meios variáveis e relativos para expressão do que existe unicamente de positivo no Universo, isto é — a força e a vida, que, achando-se em estado latente no mineral, se vão desenvolvendo progressivamente do vegetal ao ente humano, e, mesmo acima deste, nos degraus inumeráveis da escala superior.

VIII
A crise moral

Do exame precedente resulta que dois sistemas contraditórios e inimigos dividem atualmente o mundo do pensamento. Sob esse ponto de vista, a nossa época é de perturbação e transição. A fé religiosa entibia-se e as grandes linhas da Filosofia do futuro não aparecem senão a uma minoria de pesquisadores.

Certamente, a época em que vivemos é grande pela soma dos progressos realizados. A civilização hodierna, potentemente aparelhada, transformou a face da Terra; aproximou os povos, suprimindo as distâncias. A instrução derramou-se, as instituições aprimoraram-se. O direito substituiu o privilégio; a liberdade triunfa do espírito de rotina e do princípio de autoridade. Uma grande batalha empenha-se entre o passado, que não quer morrer, e o futuro, que faz esforços por vir à vida. Em favor dessa luta, o mundo agita-se e marcha; um impulso irresistível arrasta-o, e o caminho percorrido, os resultados adquiridos fazem-nos pressagiar conquistas mais admiráveis, mais maravilhosas ainda.

Mas, se os progressos, efetuados na ordem física e na ordem intelectual, são notáveis, é, pelo contrário, nulo o adiantamento moral. Neste ponto, o mundo parece antes recuar; as sociedades humanas, febrilmente absorvidas pelas questões políticas, pelas atividades industriais e financeiras, sacrificam os seus interesses morais ao bem-estar material. Se a obra da civilização aparece-nos sob magníficos aspectos, nem por isso, como todas as coisas humanas, deixa de ter sombras por baixo. Sem dúvida, ela conseguiu, até certo ponto, melhorar as condições da existência, mas multiplicou as necessidades à força de satisfazê-las; aguçando os apetites, os desejos, favoreceu igualmente o sensualismo e aumentou a depravação. O amor pelo prazer, pelo luxo, pelas riquezas tornou-se mais e mais ardente. Quer-se adquirir; quer-se possuir a todo custo.

Daí essas especulações deprimentes que se ostentam à luz do dia. Daí esse rebaixamento dos caracteres e das consciências, esse culto fervoroso que se presta à fortuna, verdadeiro ídolo, cujos altares substituíram os das divindades derribadas.

A Ciência e a indústria centuplicaram as riquezas da Humanidade, porém, tais riquezas só aproveitaram a uma insignificante parte de seus membros. A sorte dos pequenos ficou precária e a fraternidade ocupa maior espaço nos discursos do que nos corações. No meio das cidades opulentas ainda se pode morrer de fome. As fábricas, as aglomerações obreiras tornaram-se focos de corrupção física e moral, como se fossem infernos do trabalho.

A embriaguez, a prostituição, o deboche por toda parte derramam seus venenos, esgotam a vida em sua fonte e enervam as gerações, enquanto os jornais à farta semeiam a injúria, a mentira, e, simultaneamente, uma literatura criminosa vai excitando os cérebros e debilitando as almas.

Dia por dia, a desesperança e o suicídio fazem novas devastações. O número de suicídios, que, em 1820, era de 1.500, calculando-se só os da França, excede agora a 8.000. Oito mil seres, todos os anos, por falta de energia e de senso moral, desertam das lutas fecundas da vida, e refugiam-se no que creem ser o nada! O número de crimes e delitos triplicou em relação há cinquenta anos. E, entre os condenados, considerável é a proporção dos adolescentes. Deve-se ver nesse estado de coisas os efeitos do contágio do meio, dos maus exemplos recebidos desde a infância, a falta de firmeza dos pais e a ausência da educação na família? Há tudo isso e mais ainda.

Nossos males provêm de que, apesar do progresso da Ciência e do desenvolvimento da instrução, o homem ignora a si próprio. Sabe pouca coisa das leis do Universo, nada sabe das forças que estão em si. O *conhece-te a ti mesmo*, do filósofo grego, ficou, para a imensa maioria dos homens, um apelo estéril. Tanto como há vinte séculos, o ente humano ignora o que é, donde veio, para onde vai, qual o fim real da sua existência. Nenhum ensino veio dar-lhe a noção exata de seu papel neste mundo, de seus deveres e de seus destinos.

O espírito humano flutua, indeciso, entre as solicitações de duas potências.

De um lado, as religiões, com seu cortejo de erros e superstições, seu Espírito de dominação e intolerância, mas também com as consolações, de que são a origem, e os fracos lampejos que guardam das verdades primordiais.

Do outro, a Ciência, materialista em seus princípios como em seus fins, com frias negações e exagerada inclinação para o individualismo, mas também com o prestígio de seus trabalhos e descobertas.

E esses dois colossos, a Religião sem provas e a Ciência sem ideal, engalfinham-se, combatem-se, sem se poderem vencer, porque cada uma delas corresponde a uma necessidade imperiosa do homem: uma fala ao coração, a outra se dirige ao Espírito e à razão. Em torno de numerosas esperanças e de aspirações derribadas, os sentimentos generosos se enfraquecem, a divisão e o ódio substituem a benevolência e a concórdia.

No meio dessa confusão de ideias, a consciência perdeu sua bússola e sua rota. Ansiosa, caminha ao acaso, e, na incerteza que sobre ela pesa, o bem e o justo se obscurecem. A situação moral dos humildes, de todos esses que se curvam ao fardo da vida, tornou-se intolerável entre duas doutrinas que, como perspectiva às suas dores, como termo aos seus males, somente oferecem, uma o nada, a outra um paraíso inacessível ou uma eternidade de suplícios.

As consequências desse conflito fazem sentir-se por toda parte: na família, no ensino e na sociedade. Tanto a Ciência como a Religião não mais sabem fortalecer as almas nem armá-las para os combates da vida. A própria Filosofia, dirigindo-se somente a algumas inteligências abstratas, abdica a seus direitos sobre a vida social e perde toda a influência.

Como sairá a Humanidade desse estado de crise? Para isso só há um meio: achar um terreno de conciliação onde essas duas forças inimigas, o sentimento e a razão, possam unir-se para o bem e salvação de todos. Todo ser humano tem em si essas duas forças, sob cujo império pensa e procede; e tal acordo traz às faculdades o equilíbrio e a harmonia, centuplica os meios de ação e dá à vida a retidão, a unidade de tendências e de vistas, enquanto as contradições e lutas entre ambos acarretam a desordem. E o que se produz em cada um de nós manifesta-se na sociedade inteira, causa a perturbação moral de que ela sofre. Para terminar esse conflito, é necessário que a luz se faça aos olhos de todos, grandes e pequenos, ricos e pobres, homens, mulheres e crianças; é preciso que um novo ensino popular venha esclarecer as almas quanto à sua origem, aos seus deveres e destinos.

Tudo está nisso. Só essas soluções podem servir de base a uma educação viril, tornar a Humanidade verdadeiramente forte e livre. Sua importância é capital, tanto para o indivíduo a quem dirigem em sua tarefa cotidiana como para a sociedade, cujas instituições e relações elas regulam. A ideia que o homem faz do Universo, das suas leis, o papel que lhe cabe neste vasto teatro, reflete-se sobre toda a sua vida e influi em suas determinações. É segundo essa ideia que traça para si um plano de conduta, fixa um alvo e para ele caminha. Por isso, procuraríamos, em vão, esquivar-nos a tais problemas, pois eles por si sós se impõem ao nosso Espírito, dominam-nos, envolvem-nos em suas profundezas e formam o eixo de toda a civilização.

Toda vez que uma concepção nova do mundo e da vida penetra o espírito humano e, aos poucos, se infiltra em todos os meios, a ordem social, as instituições e os costumes ressentem-se logo.

As concepções católicas criaram a civilização da Idade Média e modelaram a sociedade feudal, monárquica, autoritária. Então, na Terra como no céu dominava o reinado da graça e do favor. Tais concepções já viveram; porém, hoje, não mais encontram lugar no mundo moderno. Abandonando as velhas crenças, a época presente não soube substituí-las. O Positivismo, materialista e ateu, não enxerga na vida mais que passageira combinação da matéria e da força; nas leis do Universo somente vê um mecanismo brutal. Noção alguma de justiça, de solidariedade, de responsabilidade. Daí um afrouxamento geral dos laços sociais. Daí um ceticismo pessimista, um desprezo a qualquer lei e a qualquer autoridade que nos pudesse erguer dos abismos.

As doutrinas materialistas levaram uns ao desânimo, outros à recrudescência da cobiça; por toda parte induziram ao culto do ouro e da carne. Sob sua influência, uma geração nasceu desprovida de ideal, sem fé no futuro, sem energia para a luta, sem perseverança nos atos, duvidando de si mesma e de todos.

As religiões dogmáticas, conduzindo-nos à arbitrariedade e ao despotismo, atiram-nos, lógica e inevitavelmente, à anarquia, ao niilismo. Eis por que devemos considerá-las um perigo, uma causa de decadência e de relaxamento.

Acharão talvez excessivas estas expressões e tentarão tachar-nos de exagerados. Mas, em tal caso, bastará referirmo-nos às obras dos materialistas eminentes e citar as suas próprias conclusões. Eis, por exemplo, entre outros, o que escreve o Sr. Jules Soury:[75]

> Há alguma coisa de vão e inútil no mundo: é o nascimento, a existência e a morte de inumeráveis parasitas, faunas e floras, que medram como o mofo e agitam-se na superfície deste ínfimo planeta. Indiferente em si, necessária em todo o caso, pois existe, a vida desses seres tem por condição a luta encarniçada de uns contra os outros, a violência e a astúcia; *o amor, mais amargo que a morte, parecerá, ao menos a todos os seres conscientes, um sonho sinistro, uma alucinação dolorosa, ao preço da qual o nada seria um bem.*
> Mas, se somos todos filhos da Natureza, se esta nos criou e nos deu a vida, por nossa vez somos nós que a temos dotado com todas as qualidades ideais que a embelezam aos nossos olhos; somos nós que tecemos o véu luminoso sob o qual ela nos aparece. Portanto, é realmente obra nossa a eterna ilusão que encanta ou atormenta o coração do homem.
> No Universo, onde tudo são trevas e silêncio, só ele vela e sofre sobre este planeta, porque talvez somente ele, entre seus irmãos inferiores, medita e pensa. Apenas agora começa a compreender a verdade de tudo que tinha acreditado, de tudo o que amou, o nada da beleza, a impostura da bondade, *a ironia de toda a ciência humana.* Após ter ingenuamente adorado os que julgavam seus deuses e seus heróis, quando não tem mais fé nem esperança, ei-lo sentindo que a própria Natureza lhe falta, pois, como *tudo o mais, ela não passava de uma aparência e de um engano.*

Também uma escritora materialista, poetisa de grande talento, a Sra. Ackermann, não hesitou em usar da seguinte linguagem: "Não direi à Humanidade: Progride! Dir-lhe-ei: Morre! Porque nenhum progresso jamais te arrancará às misérias da condição terrestre".

---

[75] *Philosophie Naturelle*, p. 210.

Tais ideias não são compartilhadas somente por alguns escritores. Graças a uma literatura que desonra o belo nome de naturalismo, por meio de romances, de folhetins sem-número, essas mesmas noções penetram até aos mais obscuros ambientes.

Vista essa opinião de que o nada é preferível à vida, pode alguém se admirar de que o homem se desgoste da existência e do trabalho? Poderá recusar-se a compreender por que o desânimo e a desmoralização se infiltram pouco a pouco nos ânimos? Não, não é com tais doutrinas que se inspirará aos povos a grandeza da alma, a firmeza nos maus dias, a coragem na adversidade!

Uma sociedade sem esperança, sem fé no futuro, é como um homem perdido no deserto, como uma folha seca que vagueia à feição dos ventos. É bom combater a ignorância e a superstição, mas cumpre substituí-las por crenças racionais. Para seguirmos na vida com passo firme, para nos preservarmos dos desfalecimentos e das quedas, é preciso uma convicção robusta, uma fé que nos eleve acima do mundo material: é necessário ver-se o alvo e para ele nos encaminharmos. A mais segura arma no combate terrestre é uma consciência reta e esclarecida.

Mas, se nos domina a ideia do nada, se acreditamos que a vida não tem sequência e que tudo termina com a morte, então, para sermos lógicos, cumpre sobrepor, a qualquer outro sentimento, o cuidado da existência material, o interesse pessoal. Que nos importa um futuro que não devemos conhecer? A que título falar-nos-ão de progresso, de reformas, de sacrifícios? Se há para nós somente uma existência efêmera, nada mais nos resta fazer do que aproveitar a hora atual, gozar-lhe as alegrias e abandonar-lhe os sofrimentos e os deveres! Tais são os raciocínios em que forçosamente terminam as teorias materialistas, raciocínios que ouvimos formular e vemos aplicar todos os dias em nosso círculo.

Que desordens não serão de esperar como consequência dessas doutrinas, no meio de uma civilização rica e já muito desenvolvida no sentido do luxo e dos gozos?

Entretanto, nem todo o ideal está morto. A alma humana tem, ainda, algumas vezes, o sentimento de sua miséria, da insuficiência da existência presente e da necessidade da sobrevivência. No pensamento do povo uma espécie de intuição subsiste. Iludido durante séculos, o povo tornou-se incrédulo a todos os dogmas, mas não é cético. Vaga e confusamente, crê, aspira à justiça. E esse culto da saudade, essas manifestações comoventes do 2 de novembro, que impelem as multidões para junto dos túmulos dos mortos, denotam também um instinto confuso da imortalidade. Não, o povo não é ateu, pois crê na justiça imanente, como crê na liberdade, porque a justiça e a liberdade existem pelas leis eternas e divinas. Esse sentimento, o maior, o mais belo que se pode achar no fundo da alma, esse sentimento salvar-nos-á!

Para isto, basta fazer compreender a todos que esta noção de justiça, gravada em nós, é a lei do Universo, que rege todos os seres e todos os mundos, e que, por ela, o bem deve finalmente triunfar do mal, e a vida sair da morte.

Ao mesmo tempo que aspira à justiça, busca o ente humano vê-la realizada. Procura-a no terreno político como no terreno econômico, no princípio de autoridade. O poder popular começou a estender sobre o mundo uma vasta rede de associações operárias, um agrupamento socialista que abraça todas as nações, e, sob um só estandarte, faz ouvir por toda parte os mesmos apelos, as mesmas reivindicações. Há aí, ninguém se engane, ao mesmo tempo que um espetáculo cheio de ensinamentos para o pensador, uma obra repleta de consequências para o futuro. Inspirada pelas teorias materialistas e ateias, ela se tornaria um instrumento de destruição, porque sua ação resolver-se-ia em tempestades violentas, em resoluções dolorosas. Contida nos limites da prudência e da moderação, ela muito pode para a felicidade humana. Que um raio de luz desça a esclarecer essas multidões em trabalho; que um ideal elevado venha reanimar essas massas ávidas de progresso, e, graças a tal benefício, veremos todas as antigas pátrias, todas as velhas formas sociais se dissolverem e se fundirem em um mundo novo, baseado sobre o direito de todos, na solidariedade e na justiça.

* * *

A hora presente é de crise e de renovação. O mundo está em fermentação, a corrupção aumenta, a noite estende-se, o perigo é grande, mas, por detrás da sombra, vemos a luz, por detrás do perigo, a salvação. Uma sociedade não pode perecer. Se traz em si elementos de decomposição, também possui germes de transformação e de ressurgimento. A decomposição anuncia a morte, mas também precede o renascimento. Pode ser o prelúdio duma outra vida.

De onde virão a luz, a salvação, o reerguimento? Da Igreja, não; porque ela é impotente para regenerar o espírito humano.

Da Ciência também não, pois esta não se preocupa com os caracteres nem com as consciências, mas tão só com o que fere os sentidos; e tudo o que faz grandes os corações, fortes as sociedades, a dedicação, a virtude, a paixão do bem, não podem apreciar-se pelos sentidos.

Para levantar o nível moral, para deter a dupla corrente da superstição e do ceticismo, que arrastam igualmente à esterilidade, é preciso uma nova concepção do mundo e da vida que, apoiando-se no estudo da Natureza e da consciência, na observação dos fatos, nos princípios da razão, fixe o alvo da existência e regule a nossa marcha para adiante. O que é preciso é um ensino do qual se deduza um incentivo de aperfeiçoamento, uma sanção moral e uma certeza para o futuro.

Ora, essa concepção e esse ensino existem já e vulgarizam-se todos os dias. Por entre as disputas e as divagações das escolas, uma voz fez-se ouvir: a voz solene dos mortos. Ergueram-se, do outro lado do túmulo, mais vivos do que nunca, e, perante suas instruções, descerrou-se o véu que nos ocultava a vida futura. O ensino que nos dão vem reconciliar todos os sistemas inimigos, fazendo brotar uma chama nova dos escombros, das cinzas do passado. Na filosofia dos Espíritos encontramos a doutrina oculta que abrange todas as idades. Ela faz reviver esta doutrina debaixo das maiores e das mais puras formas. Reúne os destroços esparsos, cimenta-os com uma forte argamassa para reconstituir um monumento grandioso, capaz de abrigar todos os povos, todas as civilizações. Para assegurar a sua duração, assenta-o sobre a rocha da experiência direta do fato, que se renova sem cessar. E, graças a ela, eis que se desenrola aos olhos de todos, na espiral infinita dos tempos, o drama imenso da vida imortal, com as existências inumeráveis e os progressos incessantes que reserva a cada um de nós na escala colossal dos mundos.

Tal doutrina poderá transformar povos e sociedades, levando claridades a toda parte onde for noite, fazendo fundir ao seu calor o gelo e o egoísmo que houver nas almas, revelando a todos os homens as leis sublimes que os unem nos laços de uma estreita, de uma eterna solidariedade. Estabelecerá conciliação com a paz e a harmonia. Por ela aprenderemos a agir com um mesmo Espírito e um mesmo coração. E a Humanidade, consciente de sua força, caminhará com passo mais firme para os seus magnificentes destinos.

É esse ensino que exporemos, em seus princípios essenciais, na segunda parte desta obra, depois do que indicaremos as provas experimentais, os fatos de observação sobre os quais eles repousam.

Parte segunda

Os grandes problemas

IX – O universo e Deus
X – A vida imortal
XI – A pluralidade das existências
XII – O alvo da vida
XIII – As provas e a morte
XIV – Objeções

IX
O Universo e Deus

Acima dos problemas da vida e do destino levanta-se a questão de Deus.

Se estudamos as Leis da Natureza, se procuramos o princípio das verdades morais que a consciência nos revela, se pesquisamos a beleza ideal em que se inspiram todas as artes, em toda parte e sempre, acima e no fundo de tudo, encontramos a ideia de um ser superior, de um ser necessário e perfeito, fonte eterna do bem, do belo e do verdadeiro, em que se identificam a lei, a justiça e a suprema razão.

O mundo físico ou moral é governado por leis, e essas leis, estabelecidas segundo um plano, denotam uma inteligência profunda das coisas por elas regidas. Não procedem de uma causa cega: o caos e o acaso não saberiam produzir a ordem e a harmonia. Também não emanam dos homens, pois que, seres passageiros, limitados no tempo e no espaço, não poderiam criar leis permanentes e universais. Para explicá-las logicamente, cumpre remontar ao Ser gerador de todas as coisas. Não se poderia conceber a inteligência sem personificá-la em um ser, mas esse ser não vem adaptar-se à cadeia dos seres. É o Pai de todos e a própria origem da vida.

Personalidade não deve ser entendida aqui no sentido de um ser com uma forma, porém, sim, como sendo o conjunto das faculdades que constituem um todo consciente. A personalidade, na mais alta acepção da palavra, é a consciência. É assim que Deus é antes a personalidade absoluta, e não um ser que tem uma forma e limites. Deus é infinito e não pode ser individualizado, isto é, separado do mundo, nem subsistir à parte.

Quanto a não se cogitar do estudo da causa primária, como inútil e incognoscível, conforme a expressão dos positivistas, perguntaremos se a um Espírito sério é realmente possível comprazer-se na ignorância das leis que regulam as condições da sua existência. A indagação de Deus impõe-se, pois que ela é o estudo da grande alma, do princípio da vida que anima o Universo e reflete-se em cada um de nós. Tudo se torna secundário quando se trata do princípio das coisas. A ideia de Deus é inseparável da ideia da lei, principalmente da lei moral, e, sem o conhecimento desta, nenhuma sociedade pode viver ou desenvolver-se. A crença em um ideal superior de justiça fortifica a consciência e sustenta o homem em suas provações. É a consolação, a esperança daqueles que sofrem, o supremo refúgio dos aflitos, dos abandonados. Como uma aurora, ela ilumina com seus brandos raios a alma dos desgraçados.

Sem dúvida, não se pode demonstrar a existência de Deus por provas diretas e sensíveis. Deus não se manifesta aos sentidos. A Divindade ocultou-se em um véu misterioso, talvez para nos constranger a procurá-la, o que é o mais nobre e mais fecundo exercício da nossa faculdade de pensar, e também para nos deixar o mérito de descobri-la. Porém, existe em nós uma força, um instinto seguro que para ela nos conduz, afirmando-nos sua existência com maior autoridade do que todas as demonstrações e todas as análises.

Em todos os tempos, debaixo de todos os climas — e isto foi a razão de ser de todas as religiões —, sentiu o espírito humano essa tendência inata que corresponde a uma necessidade do mundo: a propensão de elevar-se acima de todas as coisas móveis, perecíveis, que constituem a vida material, acima de tudo o que é vacilante, transitório e que lhe não pode dar uma completa satisfação, para só inclinar-se ao que é fixo, permanente, imutável no Universo, a alguma coisa de absoluto e de perfeito, em que identifique todas as potências intelectuais e morais, e que seja um ponto de apoio no seu caminhar avante. Acha tudo isso em Deus, pois, fora dele, nada pode dar-nos essa segurança, essa certeza, essa confiança no futuro, sem as quais flutuamos à mercê da dúvida e da paixão.

Objetar-nos-ão, talvez, com o uso funesto que as religiões fizeram da ideia de Deus. Mas, que importam as formas extravagantes que os homens têm emprestado à Divindade? Para nós, mais não são que deuses quiméricos, criados pela razão débil das sociedades, essas formas poéticas, graciosas ou terríveis, apropriadas às inteligências que as conceberam. O pensamento humano, agora mais amadurecido, afastou-se dessas velhas formas; esqueceu esses fantasmas e os abusos cometidos em seu nome, a fim de se dirigir com impulso poderoso à razão eterna, para Deus, foco universal da vida e do amor, em que nos sentimos viver, como o pássaro no ar ou o peixe no oceano, e por quem nos sentimos ligados a tudo o que existe, foi e será!

A ideia de que as religiões vieram de Deus apoiava-se em uma revelação pretensamente sobrenatural. Ainda hoje admitimos uma revelação das leis superiores, porém racional e progressiva, que ao nosso pensamento se patenteia pela lógica dos fatos e pelo espetáculo do mundo. Essa revelação acha-se escrita em dois livros sempre abertos perante os nossos olhos: o livro do Universo onde, em caracteres grandiosos, aparecem as obras divinas; o livro da consciência, no qual estão gravados os preceitos da moral. As instruções dos Espíritos, colhidas em todos os pontos do globo por processos simples e naturais, não fazem mais que confirmá-la. É por meio desse duplo ensino que a razão humana se comunica, no seio da Natureza universal, com a razão divina, cujas harmonias e belezas então compreende e aprecia.

***

Na hora em que se estendem pela Terra o silêncio e a noite, quando tudo repousa nas moradas humanas, se erguemos os nossos olhos para o infinito dos céus, lá veremos inumeráveis luzes disseminadas. Astros radiosos, sóis flamejantes seguidos de seus cortejos de planetas rodopiam aos milhões nas profundezas. Até às mais afastadas regiões, grupos estelares desdobram-se como esteiras luminosas. Em vão, o telescópio sonda os céus, em parte alguma do Universo encontra limites; sempre mundos sucedendo a mundos, e sóis, a sóis; sempre legiões de astros multiplicando-se, a ponto de se confundirem em poeira brilhante nos abismos infindáveis do espaço.

Quais as expressões humanas que vos poderiam descrever os maravilhosos diamantes do escrínio celeste? Sirius, vinte vezes maior que o nosso Sol, e este, a seu turno, equivalendo a mais de um milhão de globos terrestres reunidos; Aldebaran, Vega, Prócion, sóis rosados, azuis, escarlates, astros de opala e de safira, sóis que derramais pela extensão os vossos raios multicores, raios que, apesar de uma velocidade de setenta mil léguas por segundo, a nós só chegam depois de centenas e de milhares de anos! E vós, nebulosas longínquas, que produzis sóis, Universos em formação, cintilantes estrelas, apenas perceptíveis, que sois focos gigantescos de calor, luz, eletricidade e vida, mundos brilhantes, esferas imensas, e vós, povos inumeráveis, raças, humanidades siderais que os habitais! Nossa fraca voz tenta, em vão, proclamar a vossa majestade, o vosso esplendor; impotente, ela se cala, enquanto nosso olhar fascinado contempla o desfilar dos astros!

Mas, quando esse olhar abandona os vertiginosos espaços para repousar sobre os mundos vizinhos da Terra, sobre as esferas filhas do Sol, que, como a nossa, gravitam em torno do foco comum, que se observa em sua superfície? Continentes e mares, montes e bancos de gelo acumulados em redor dos polos. Observamos que esses mundos possuem ar, água, calor, luz, estações, climas, dias, noites, em uma palavra, todas as condições da vida terrestre que nos permitem presumir neles a morada de outras famílias humanas, crer que são habitados, o têm sido, ou o serão em algum dia. Tudo isto, astros resplandecentes, centros de sistemas, planetas secundários, satélites, cometas vagabundos, está suspenso no espaço, agita-se, afasta-se, percorre órbitas determinadas, e é levado em rapidez espantosa através das regiões infinitas da imensidade. Por toda parte, o movimento, a atividade, a vida manifestam-se no espetáculo do Universo, povoado de mundos inumeráveis, rolando sem repouso na profundeza dos céus!

Uma lei regula essa circulação formidável: a lei universal da gravitação. Só por si, sustém e faz mover os corpos celestes; ela, só, dirige em torno dos sóis luminosos os planetas obedientes. E essa lei rege tudo na Natureza, desde o átomo até o astro. A mesma força que, sob o nome de atração, retém os mundos em suas órbitas, também, sob o de coesão, grupa as moléculas e preside à formação dos corpos químicos.

Se, depois desse rápido olhar lançado sobre os céus, compararmos a Terra em que habitamos aos poderosos sóis que se baloiçam no éter, esta, ao pé deles, apenas nos aparecerá como um grão de areia, como um átomo flutuando no infinito. A Terra é um dos menores astros do céu. Entretanto, que harmonia em sua forma, que variedade em seus ornatos! Vede seus continentes recortados; suas penínsulas esguias e engrinaldadas de ilhas; vede seus mares imponentes, seus lagos, suas florestas e seus vegetais, desde o cedro que coroa o cimo das montanhas até a humilde florzinha oculta na verdura; enumerai os seres vivos que a povoam; aves, insetos e plantas, e reconhecereis que cada uma destas coisas é uma obra admirável, uma maravilha de arte e de precisão.

E o corpo humano não é um laboratório vivo, um instrumento cujo mecanismo chega à perfeição? Estudemos nele a circulação do sangue, esse conjunto de válvulas semelhantes às de uma máquina a vapor. Examinemos a estrutura dos olhos, esse aparelho tão complicado que excede tudo o que a indústria do homem pode sonhar; a construção dos ouvidos, tão admiravelmente dispostos para recolher as ondas sonoras; o cérebro, cujas circunvoluções internas se assemelham ao desabrochamento de uma flor. Consideremos tudo isso; depois, deixando o mundo visível, desçamos mais baixo na escala dos seres, penetremos nesses abismos da vida que o microscópio revela-nos; observemos esse formigar de raças e de espécies que confundem o pensamento. Cada gota d'água, cada grão de poeira é um mundo no qual os infinitamente pequenos são governados por leis tão exatas quanto as dos gigantes do espaço. Milhões de infusórios agitam-se nas gotas do nosso sangue, nas células dos corpos organizados. A asa da mosca, o menor átomo de matéria, é povoada por legiões de parasitas. E todos esses animálculos são providos de aparelhos de movimento, de sistemas nervosos e de órgãos de sensibilidade que os fazem seres completos, armados para a luta e para as necessidades da existência. Até no seio do oceano, nas profundezas de oito mil metros, vivem seres delicados, débeis, fosforescentes, que fabricam luz e têm olhos para vê-la. Assim, em todos os meios imagináveis, uma fecundidade ilimitada preside à formação dos seres. A Natureza está em geração perpétua. Assim como a espiga se acha em germe no grão, o carvalho na bolota, a rosa em seu botão, assim também a gênese dos mundos elabora-se na profundeza dos céus estrelados. Por toda parte a vida engendra a vida. De degrau em degrau, de espécies em espécies, num encadeamento, ela eleva-se dos organismos mais simples, os mais elementares, até ao ser pensante e consciente; em uma palavra, até ao homem.

Uma poderosa unidade rege o mundo. Uma só substância, o éter ou fluido universal, constitui em suas transformações infinitas a inumerável variedade dos corpos. Este elemento vibra sob a ação das forças cósmicas. Conforme a velocidade e o número dessas vibrações, assim se produz o calor, a luz, a eletricidade, ou o fluido magnético. Condensem-se tais vibrações, e logo os corpos aparecerão.

E todas essas formas se ligam, todas essas forças se equilibram, consorciam-se em perpétuas trocas, numa estreita solidariedade. Do mineral à planta, da planta ao animal e ao homem, do homem aos seres superiores, a apuração da matéria, a ascensão da força e do pensamento produzem-se em ritmo harmonioso. Uma lei soberana regula num plano uniforme as manifestações da vida, enquanto um laço invisível une todos os universos e todas as almas.

Do trabalho dos seres e das coisas depreende-se uma aspiração para o infinito, para o perfeito. Todos os efeitos divergentes na aparência convergem realmente para um mesmo centro, todos os fins coordenam-se, formam um conjunto, evolutem para um mesmo alvo. E esse alvo é Deus, centro de toda a atividade, fim derradeiro de todo o pensamento e de todo o amor.

O estudo da Natureza mostra-nos, em todos os lugares, a ação de uma vontade oculta. Por toda parte a matéria obedece a uma força que a domina, organiza e dirige. Todas as forças cósmicas reduzem-se ao movimento, e o movimento é o ser, é a vida. O materialismo explica a formação do mundo pela dança cega e aproximação fortuita dos átomos. Mas viu-se alguma vez o arremesso ao acaso das letras do alfabeto produzir um poema? E que poema o da vida universal! Já se viu, de alguma sorte, um amálgama de matérias produzir, por si mesmo, um edifício de proporções imponentes, ou um maquinismo de rodas numerosas e complicadas? Entregue a si mesma, nada pode a matéria. Inconscientes e cegos, os átomos não poderiam tender a um fim. Só se explica a harmonia do mundo pela intervenção de uma vontade. É pela ação das forças sobre a matéria, pela existência de leis sábias e profundas, que tal vontade se manifesta na ordem do Universo.

Objetam muitas vezes que nem tudo na Natureza é harmônico. Se produz maravilhas, dizem, cria também monstros. Por toda parte o mal ladeia o bem. Se a lenta evolução das coisas parece preparar o mundo para tornar-se o teatro da vida, cumpre não perder de vista o desperdício das existências e a luta ardente dos seres. Cumpre não esquecer que tempestades, tremores de terra, erupções vulcânicas desolam algumas vezes a Terra, e destroem, em poucos momentos, os trabalhos de várias gerações.

Sim, sem dúvida, há acidentes na obra da Natureza, mas tais acidentes não excluem a ideia da ordem e de um desígnio; ao contrário, apoiam a nossa tese, pois poderíamos perguntar por que nem tudo é acidente.

A apropriação das causas aos efeitos, dos meios aos fins, dos órgãos entre si, sua adaptação às circunstâncias, às condições da vida são manifestas. A indústria da Natureza, análoga em bastantes pontos e superior à do homem, prova a existência de um plano, e a atividade dos elementos que concorrem para a sua realização denota uma causa oculta, infinitamente sábia e poderosa.

A objeção sobre o fato de existirem monstros provém de uma falta, de observação. Estes mais não são que germes desviados. Se, ao sair, um homem quebra uma perna, torna-se por isso responsável a Natureza ou Deus? Assim também, em consequência de acidente, de desordens sucedidas durante a gestação, os germes podem sofrer desvio no útero materno. Estamos habituados a datar a vida desde o nascimento, desde a aparição à luz, e, entretanto, ela tem o seu ponto de partida muito mais longe.

O argumento arrancado à existência dos flagelos tem por origem uma falsa interpretação do alvo da vida. Não deve esta trazer-nos somente vantagens; é útil, é necessário que nos apresente também dificuldades, obstáculos. Todos nós nascemos e devemos morrer, e, no entanto, admiramo-nos de que certos homens morram por acidente! Seres passageiros neste mundo, de onde nada levamos para além, lamentamo-nos pela perda de bens materiais, de bens que por si sós se teriam perdido em virtude das leis naturais! Esses acontecimentos espantosos, essas catástrofes, esses flagelos trazem consigo um ensino. Lembram que da Natureza não devemos só esperar coisas agradáveis, mas, principalmente, coisas propícias à nossa educação e ao nosso adiantamento; que não estamos neste mundo para gozar e adormecer na quietação, mas para lutar, trabalhar, combater. Demonstram que o homem não foi feito unicamente para a Terra, que deve olhar mais alto, dar-se às coisas materiais em justos termos, e refletir que seu ser não se destrói com a morte.

A doutrina da evolução não exclui a das causas primárias e das causas finais. A alta ideia que se pode fazer de um ordenador é supô-lo formando um mundo capaz de se desenvolver por suas próprias forças, e não por uma intervenção incessante, por contínuos milagres.

A Ciência, à proporção que se adianta no conhecimento da Natureza, tem conseguido fazer recuar a ideia de Deus, mas esta se engrandece, recuando. O Ser eterno, do ponto de vista teórico, tornou-se tão majestoso como o Deus fantástico da *Bíblia*. O que a Ciência derruiu para sempre foi a noção de um Deus antropomorfo, feito à imagem do homem, e exterior ao mundo físico. Porém, a essa noção veio substituir uma outra mais elevada, a de Deus, imanente, sempre presente no seio das coisas. Para nós, a ideia de Deus não mais exprime hoje a de um ser qualquer, porém, sim, a do Ser que contém todos os seres.

O Universo não é mais essa criação,[76] essa obra tirada do nada de que falam as religiões. É um organismo imenso animado de vida eterna. Assim como o nosso corpo é dirigido por uma vontade central que governa os seus atos e regula os seus movimentos, do mesmo modo que através das modificações da carne nos sentimos viver em uma unidade permanente a que chamamos alma, consciência, *eu*, assim também o Universo, debaixo de suas formas cambiantes, variadas, múltiplas, reflete-se, conhece-se, possui-se em uma unidade viva, em uma razão consciente, que é Deus.

O Ser supremo não existe fora do mundo, porque este é a sua parte integrante e essencial. Ele é a unidade central onde vão desabrochar e harmonizar-se todas as relações. É o princípio de solidariedade e de amor, pelo qual todos os seres são irmãos. É o foco de onde se irradiam e se espalham no infinito todas as potências morais: a sabedoria, a justiça e a bondade!

Não há, portanto, criação espontânea, miraculosa; a criação é contínua, sem começo nem fim. O Universo sempre existiu; possui em si o seu princípio de força, de movimento. Traz consigo seu fito. O Universo renova-se incessantemente em suas partes; no conjunto, é eterno. Tudo se transforma, tudo evolute pelo jogo contínuo da vida e da morte, mas nada perece. Enquanto, nos céus, se obscurecem e se extinguem sóis, enquanto mundos envelhecidos desagregam-se e desfazem-se, em outros pontos, sistemas novos elaboram-se, astros se acendem e mundos vêm à luz. De par com a decrepitude e com a morte, humanidades novas desabrocham em eterno renovar.

E, através dos tempos sem-fim e dos espaços sem limites, a obra grandiosa prossegue pelo trabalho de todos os seres, solidários uns com os outros, e em proveito de cada um. O Universo oferece-nos o espetáculo de uma evolução incessante, para a qual todos concorrem, da qual todos participam. A essa obra gigantesca preside um princípio imutável. É a unidade universal, unidade divina, que abraça, liga, dirige todas as individua-

---

[76] Segundo Eugène Nus, *A la Recherche des Destinées*, cap. XI, o verbo hebreu que traduzimos pela palavra *criar* significa *fazer passar do princípio à essência*.

lidades, todas as atividades particulares, fazendo-as convergir para um fim comum, que é a perfeição na plenitude da existência.[77]

* * *

Ao mesmo tempo que as leis do mundo físico mostram-nos a ação de um sublime ordenador, as leis morais, por intermédio da consciência e da razão, falam-nos eloquentemente de um princípio de justiça, de uma providência universal.

O espetáculo da Natureza, o aspecto dos céus, das montanhas, dos mares, apresentam ao nosso Espírito a ideia de um Deus oculto no Universo.

A consciência mostra-o em nós, ou, antes, dá-nos alguma coisa dele, que é o sentimento do dever e do bem; é um ideal moral para onde tendem as faculdades do Espírito e do coração. O dever ordena imperiosamente, impõe-se; sua voz domina todas as potências da alma. Possui uma força que impele os homens até ao sacrifício, até à morte. Por si só, dá à existência sua grandeza e sua dignidade. A voz da consciência é a manifestação em nós de uma potência superior à matéria, de uma realidade viva e ativa.

A razão igualmente nos fala de Deus. Os sentidos fazem-nos conhecer o mundo material, o mundo dos efeitos; a razão revela-nos o mundo das causas. A razão é superior à experiência. Esta verifica os fatos, a razão agrupa-os e deduz as suas leis. Por si só, demonstra que, na origem do movimento e da vida, se acha a inteligência; que o menor não pode conter o maior, nem o inconsciente produzir o consciente, fato este que, entretanto, resultaria da concepção de um universo que se ignorasse a si mesmo. A razão descobriu as leis universais antes da experiência; o que esta fez foi tão somente confirmar as suas previsões e fornecer as provas. Porém, há graus na razão; ela não é igualmente desenvolvida em todos os homens. Daí a desproporção e a variedade de opiniões.

Se o homem soubesse recolher-se e estudar a si próprio, se sua alma desviasse toda a sombra que as paixões acumulam, se, rasgando o espesso véu em que o envolvem os preconceitos, a ignorância, os sofismas, descesse ao fundo da sua consciência e da sua razão, acharia aí o princípio de uma vida interior oposta inteiramente à vida externa. Poderia, então, entrar em relação com a Natureza inteira, com o Universo e Deus, e essa vida lhe daria um antegozo

---

[77] "Ele é *um*, criação de si próprio, donde todas as coisas saíram; Ele está nelas e as desenvolve; nenhum mortal jamais o viu, mas Ele a todos observa." (*Hinos órficos*.)

daquela que lhe reservam o futuro de além-túmulo e os mundos superiores. Aí também está o registro misterioso em que todos os seus atos, bons ou maus, ficam inscritos, em que todos os fatos de sua vida se gravam em caracteres indeléveis, para reaparecerem à hora da morte, como brilhante clarão.

Algumas vezes, uma voz poderosa, um canto grave e severo ergue-se dessas profundezas do ser, retumba no meio das ocupações frívolas e dos cuidados da nossa vida, a fim de chamar-nos ao dever. Infeliz daquele que recusa ouvi-la! Chegará o tempo em que o remorso ardente lhe ensinará que não se repelem impunemente as advertências da consciência.

Sim, há em cada um de nós fontes ocultas de onde podem brotar ondas de vida e de amor, virtudes, potências inumeráveis. É aí, é nesse santuário íntimo que cumpre procurar Deus. Deus está em nós, ou, pelo menos, há em nós um reflexo dele. Ora, o que não existe não poderia ser refletido. As almas refletem Deus como as gotas do orvalho da manhã refletem os fogos do Sol, cada qual segundo o seu brilho e grau de pureza.

É por essa refração, por essa percepção interna, e não pela experiência dos sentidos, que os homens de gênio, os grandes missionários, os profetas conheceram Deus e suas leis, e revelaram-nas aos povos da Terra.

***

Pode-se levar mais longe do que temos feito a definição de Deus? Definir é limitar. Em face deste grande problema, a fraqueza humana aparece. Deus impõe-se ao nosso Espírito, porém escapa a toda análise. O Ser que enche o tempo e o espaço não será jamais medido por seres limitados pelo tempo e pelo espaço. Querer definir Deus seria circunscrevê-lo e quase negá-lo.

As causas secundárias da vida se explicam, mas a causa primária permanece inacessível em sua imensidão. Só chegaremos a compreendê-la depois de termos atravessado a morte bastantes vezes.

Para resumir, tanto quanto podemos, tudo o que pensamos referente a Deus, diremos que Ele é a vida, a razão, a consciência em sua plenitude. É a causa eternamente operante de tudo o que existe. É a comunhão universal onde cada ser vai sorver a existência, a fim de, em seguida, concorrer, na medida de suas faculdades crescentes e de sua elevação, para a harmonia do conjunto.

Eis-nos bem longe do Deus das religiões, do Deus "forte e cioso" que se cerca de coriscos, reclama vítimas sangrentas e pune os réprobos por toda a eternidade. Os deuses antropomórficos passaram. Fala-se ainda muito de um Deus a quem são atribuídas as fraquezas e as paixões humanas, porém esse Deus vê todos os dias diminuir o seu império.

Até aqui o homem só viu Deus através de seu próprio ser, e a ideia que dele fez variava segundo o contemplava por uma ou outra de suas faculdades. Considerado pelo prisma dos sentidos, Deus é múltiplo; todas as forças da Natureza são deuses; assim nasceu o politeísmo. Visto pela inteligência, Deus é duplo: Espírito e matéria; daí o dualismo. À razão esclarecida Ele aparece triplo: alma, Espírito e corpo. Esta concepção deu nascimento às religiões trinitárias da Índia e ao Cristianismo. Percebido pela vontade, faculdade soberana que resume todas as outras, compreendido pela intuição íntima, que é uma propriedade adquirida lentamente, assim como todas as faculdades do gênio, Deus é Uno e Absoluto. Nele se ligam os três princípios constitutivos do Universo para formarem uma unidade viva.

Assim se explica a diversidade das religiões e dos sistemas, tanto mais elevados quanto têm sido concebidos por Espíritos mais puros e mais esclarecidos. Quando se consideram as coisas por cima, as oposições de ideias, as religiões e os fatos históricos se explicam e se reconciliam numa síntese superior.

A ideia de Deus, debaixo das formas diversas em que o têm revestido, evolve entre dois escolhos nos quais esbarraram numerosos sistemas. Um é o panteísmo, que conclui pela absorção final dos seres no Grande Todo. Outro é a noção do infinito, que do homem afasta Deus, e por tal sorte que até parece suprimir toda a relação entre ambos.

A noção do infinito foi combatida por certos filósofos. Embora incompreensível, não se poderia abandoná-la, porque reaparece em todas as coisas. Por exemplo: que há de mais sólido do que o edifício das ciências exatas? O número é a sua base. Sem o número não há matemáticas. Ora, é impossível, decorressem mesmo séculos, encontrar o número que exprima a infinidade dos números cuja existência o pensamento nos demonstra. O número é infinito; o mesmo sucede com o tempo e com o espaço. Além dos limites do mundo invisível, o pensamento procura outros limites que incessantemente se furtam à sua apreensão.

Uma só filosofia parece ter evitado esse duplo escolho e conseguido aliar princípios opostos na aparência. É a dos druidas gauleses. Assim se exprimiam na tríade 48:[78] "Três necessidades de Deus: ser infinito em si

---

[78] *Triades Bardiques*, por Cyfrinach Beirdd Inys Prydain.

mesmo, ser finito para com o finito, e estar em relação com cada estado das existências no círculo dos mundos".

Assim, conforme este ensino, ao mesmo tempo simples e racional, o Ser infinito e absoluto, por si próprio, faz-se relativo e finito com as suas criaturas, desvendando-se sem cessar sob aspectos novos, na medida do adiantamento e elevação das almas. Deus está em relação com todos os seres. Penetra-os com o seu Espírito, abraça-os com o seu amor, para uni-los em um laço comum, e assim auxiliá-los a realizar seus intentos nobres.

Sua revelação, ou, antes, a educação que Ele dá às humanidades faz-se gradual e progressivamente pelo ministério dos grandes Espíritos. A intervenção providencial está registrada na História por aparições em tempos prescritos, no seio dessas humanidades, pelas manifestações de almas eleitas, encarregadas de introduzirem nelas as inovações, as descobertas que acelerarão os seus progressos, ou de ensinar os princípios de ordem moral necessários à regeneração das sociedades.

O druidismo, em vez da teoria da absorção final dos seres em Deus, tinha a do *ceugant*, círculo superior que encerrava todos os outros, morada exclusiva do Ser divino. A evolução e o progresso das almas, prosseguindo infinitamente, não podiam ter fim.

* * *

Voltemos ao problema do mal, de que só incidentemente tratamos, e que a tantos pensadores tem preocupado.

Por que Deus, causa primária de tudo quanto existe, perguntam os céticos, permite que no Universo subsista o mal?

Vimos que o mal físico, ou o que é considerado tal, em realidade não é mais que uma ordem de fenômenos naturais. O caráter maléfico destes ficou explicado desde que foi conhecida a verdadeira origem das coisas. A erupção de um vulcão não é mais extraordinária que a ebulição de um vaso cheio d'água. O raio que derriba edifícios e árvores é da mesma natureza que a centelha elétrica, veículo do nosso pensamento. Outro tanto sucede com qualquer fenômeno violento. Resta a dor física. Mas sabe-se que ela é a consequência da sensibilidade, e isso já é um magnífico conhecimento conquistado pelo ser depois de longos períodos que passou nas formas inferiores da vida. A dor é uma advertência necessária, um estimulante à vontade do homem, pois nos obriga a concentrarmos para refletir, e força-nos a domar as paixões. A dor é o caminho do aperfeiçoamento.

Porém, o mal moral, dirão, o vício, o crime, a ignorância, a vitória do mau e o infortúnio do justo, como explicá-los?

Primeiramente, em que ponto de vista se coloca quem pretende julgar estas coisas? Se o homem não vê senão uma partícula do mundo em que habita, se só considera a sua curta passagem pela Terra, como poderá conhecer a ordem eterna e universal? Para avaliar o bem e o mal, o verdadeiro e o falso, o justo e o injusto cumpre nos elevarmos acima dos estreitos limites da vida atual, e considerar o conjunto dos nossos destinos. Então o mal aparece tal como é, como um estado transitório inerente ao nosso mundo, como uma das fases inferiores da evolução dos seres para o bem. Não é em nosso mundo nem em nossa época que se deve procurar o ideal perfeito, mas na imensidade dos mundos e na eternidade dos tempos.

Entretanto, se seguirmos o aperfeiçoamento contínuo das condições vitais do planeta, a lenta evolução das espécies e das raças através das idades; se considerarmos o homem dos tempos pré-históricos, o antropoide das cavernas, com instintos ferozes, e as condições de sua vida miserável, e, se compararmos depois esse ponto de partida com os resultados obtidos pela civilização atual, veremos claramente a tendência constante dos seres e das coisas para um ideal de perfeição. A própria evidência, mostrando-nos que a vida sempre se melhora, se transforma e se enriquece, que o montante do bem aumenta sem cessar e que o dos males diminui, obriga-nos a reconhecer esse encaminhamento gradual das humanidades para o melhor.

Mesmo pondo em linha de conta os tempos de parada e, algumas vezes, até os retrocessos nesse grande movimento, ninguém deve esquecer que o homem é livre e pode dirigir-se à vontade num sentido ou em outro, não sendo possível o seu aperfeiçoamento senão quando a vontade está de acordo com a lei.

O mal, oposição à Lei divina, não pode ser obra de Deus; é, portanto, obra do homem, a consequência da sua liberdade. Porém o mal, como a sombra, não tem existência real; é, antes, um efeito de contraste. As trevas se dissipam diante da luz; assim também o mal se evapora logo que o bem aparece. Em uma palavra, o mal é a ausência do bem.

Diz-se algumas vezes que Deus bem poderia ter criado as almas perfeitas, para assim lhes poupar as vicissitudes e os males da vida terrestre.

Sem nos ocuparmos de saber se Deus poderia formar seres semelhantes a si, responderemos que, se assim fosse, a vida e a atividade universais, a variedade, o trabalho, o progresso não mais teriam um fito, e o mundo ficaria preso em sua imóvel perfeição. Ora, a magnífica evolução dos seres através dos tempos, a atividade das almas e dos mundos, elevando-se para o absoluto, não é preferível a um repouso insípido e eterno? Um bem que não se tem merecido nem conquistado será mesmo um bem? E aquele que o obtivesse sem esforço poderia ao menos apreciar o seu valor?

Diante da vasta perspectiva de nossas existências, cada uma das quais é um combate para a luz, diante dessa ascensão prodigiosa do ser, elevando-se de círculos em círculos para o perfeito, o problema do mal desaparece.

Sair das baixas regiões da matéria e ascender todos os degraus da imensa hierarquia dos Espíritos, libertar-se do jugo das paixões e conquistar uma a uma todas as virtudes, todas as ciências tal é o fim para o qual a Providência formou as almas e dispôs os mundos, teatros predestinados a lutas e trabalhos.

Acreditemos nela e bendigamo-la! Acreditemos nessa Providência generosa, que tudo fez para o nosso bem; lembremo-nos de que, se parecem existir lacunas em sua obra, essas só provêm da nossa ignorância e da insuficiência da nossa razão. Acreditemos em Deus, grande Espírito da justiça no Universo. Tenhamos confiança em sua sabedoria, que reserva compensações a todos os sofrimentos, alegria a todas as dores, e avancemos de coração firme para os destinos que Ele nos escolheu.

É belo, é consolador e doce poder caminhar na vida com a fronte levantada para os céus, sabendo que, mesmo nas tempestades, no seio das mais cruéis provas, no fundo dos cárceres, como à beira dos abismos, uma Providência, uma Lei divina paira sobre nós, rege os nossos atos, e que, de nossas lutas, de nossas torturas, de nossas lágrimas, fez sair a nossa própria glória e a nossa felicidade. É aí, nesses pensamentos, que está toda a força do homem de bem!

X
A vida imortal

O estudo do Universo conduz-nos ao estudo da alma, à investigação do princípio que nos anima e dirige-nos os atos.

Já o dissemos: a inteligência não pode provir da matéria. A Fisiologia ensina-nos que as diferentes partes do corpo humano renovam-se em um lapso de tempo que não vai além de alguns meses. Sob a ação de duas grandes correntes vitais, produz-se em nós uma troca perpétua de moléculas. Aquelas que desaparecem do organismo são substituídas, uma a uma, por outras, provenientes da alimentação. Desde as substâncias moles do cérebro até as partes mais duras da estrutura óssea, tudo em nosso ser físico está submetido a contínuas mutações. O corpo dissolve-se, e, numerosas vezes durante a vida, reforma-se. Entretanto, apesar dessas transformações constantes, através das modificações do corpo material, ficamos sempre a mesma pessoa. A matéria do cérebro pode renovar-se, mas o pensamento é sempre idêntico a si mesmo, e com ele subsiste a memória, a recordação de um passado de que não participou o corpo atual. Há, pois, em nós um princípio distinto da matéria, uma força indivisível que persiste e se mantém entre essas perpétuas substituições.

Sabemos que, por si mesma, não pode a matéria organizar-se e produzir a vida. Desprovida de unidade, ela desagrega-se e divide-se ao infinito. Em nós, ao contrário, todas as faculdades, todas as potências intelectuais e morais grupam-se em uma unidade central que as abraça, liga, e esclarece, e esta unidade é a consciência, a personalidade, o *eu*, ou, por outra, a alma.

A alma é o princípio da vida, a causa da sensação; é a força invisível, indissolúvel que rege o nosso organismo e mantém o acordo entre todas as partes do nosso ser.[79] Nada de comum têm as faculdades da alma com a matéria. A inteligência, a razão, o discernimento, a vontade, não poderiam ser confundidos com o sangue das nossas veias, ou com a carne do nosso corpo. O mesmo sucede com a consciência, esse privilégio que temos para medir os nossos atos, para discernir o bem do mal. Essa linguagem íntima, que se dirige a todo homem, ao mais humilde ou ao mais elevado, essa voz cujos murmúrios podem perturbar o estrondo das maiores glórias, nada tem de material.

Correntes contrárias agitam-se em nós. Os apetites, os desejos ardentes chocam-se de encontro à razão e ao sentimento do dever. Ora, se mais não fôssemos do que matéria, não conheceríamos essas lutas, esses combates; e entregar-nos-íamos, sem mágoa, sem remorsos, às nossas tendências naturais. Mas, ao contrário, a nossa vontade está em conflito frequente com os nossos instintos. Por meio dela podemos escapar às influências da matéria, domá-la, transformá-la em instrumento dócil. Não se têm visto homens nascidos nas mais precárias condições vencerem todos os obstáculos, a pobreza, as enfermidades, os defeitos e chegarem à primeira classe por seus esforços enérgicos e perseverantes? Não se vê a superioridade da alma sobre o corpo afirmar-se, de maneira ainda mais positiva, no espetáculo dos grandes sacrifícios e das dedicações históricas? Ninguém ignora como os mártires do dever, da verdade revelada prematuramente, como todos aqueles que, pelo bem da Humanidade, têm sido perseguidos, supliciados, levados ao patíbulo, puderam, no meio das torturas, às portas da morte, dominar a matéria e, em nome de uma grande causa, impor silêncio aos gritos da carne dilacerada!

Se mais não houvesse em nós que matéria, não veríamos, quando o corpo está mergulhado no sono, o Espírito continuar a viver e agir sem auxílio algum dos nossos cinco sentidos, e assim mostrar que uma atividade incessante é a condição própria da sua natureza. A lucidez magnética, a

---

[79] Isto por meio de um fluido vital que lhe serve de veículo para a transmissão de suas ordens aos órgãos. Voltaremos mais adiante a esse terceiro elemento chamado "perispírito", que sobrevive à morte e que acompanha a alma em suas peregrinações.

visão à distância sem o socorro dos olhos, a previsão de fatos, a penetração do pensamento são outras tantas provas evidentes da existência da alma.

Assim, pois, fraco ou poderoso, ignorante ou esclarecido, somos um Espírito; regemos este corpo que mais não é, sob nossa direção, do que um servidor, um simples instrumento. Esse Espírito que somos é livre e perfectível, por conseguinte, responsável. Pode, à vontade, melhorar-se, transformar-se e inclinar-se para o bem.

Confuso em uns, luminoso em outros, um ideal esclarece o caminho. Quanto mais elevado é esse ideal tanto mais úteis e gloriosas são as obras que inspira. Feliz a alma que, em sua marcha, é sustentada por um nobre entusiasmo: amor da verdade e da justiça, amor da pátria e da Humanidade! Sua ascensão será rápida, sua passagem por este mundo deixará traços profundos, sulcos de onde colherá uma messe bendita.

* * *

Estabelecida a existência da alma, o problema da imortalidade impõe-se desde logo. É essa uma questão da maior importância, porque a imortalidade é a única sanção que se oferece à lei moral, a única concepção que satisfaz as nossas ideias de justiça e responde às mais altas esperanças da Humanidade.

Se como entidade espiritual nos mantemos e persistimos através do perpétuo renovamento das moléculas e transformações do nosso corpo material, a desassociação e o desaparecimento final também não poderiam atingir-nos em nossa existência.

Vimos que coisa alguma se aniquila no Universo. Quando a Química nos ensina que nenhum átomo se perde, quando a Física nos demonstra que nenhuma força se dissipa, como acreditar que esta unidade prodigiosa em que se resumem todas as potências intelectuais, que este *eu* consciente, em que a vida se desprende das cadeias da fatalidade, possa dissolver-se e aniquilar-se? Não só a lógica e a moral, mas também os próprios fatos — como estabeleceremos adiante — fatos de ordem sensível, simultaneamente fisiológicos e psíquicos, tudo concorre, mostrando a persistência do ser consciente depois da morte, para nos provar que além do túmulo a alma se encontra qual ela própria se fez por seus atos e trabalhos, no curso da existência terrestre.

Se a morte fosse a última palavra de todas as coisas, se os nossos destinos se limitassem a esta vida fugitiva, teríamos aspirações para um estado melhor, de que nada, na Terra, nada do que é matéria pode dar-nos a ideia? Teríamos essa sede de conhecer, de saber, que coisa alguma pode saciar? Se tudo cessasse no túmulo, por que essas necessidades, esses sonhos, essas tendências inexplicáveis? Esse grito poderoso do ser humano, que retumba através dos séculos, essas esperanças infinitas, esses impulsos irresistíveis para o progresso e para a luz mais não seriam, pois, que atributos de uma sombra passageira, de uma agregação de moléculas apenas formadas e logo esvaídas? Que será então a vida terrestre, tão curta que, mesmo em sua maior duração, não nos permite atingir os limites da Ciência; tão cheia de impotência, de amargor, de desilusão que nela nada nos satisfaz inteiramente; onde, depois de acreditar termos conseguido o objeto de nossos desejos insaciáveis, nos deixamos arrastar para um alvo, sempre cada vez mais longínquo, mais inacessível? A persistência que temos em perseguir, apesar das decepções, um ideal que não é deste mundo, uma felicidade que nos foge sempre é uma indicação firme de que há mais alguma coisa além da vida presente. A Natureza não poderia dar ao ser aspirações, esperanças irrealizáveis. As necessidades infinitas da alma reclamam forçosamente uma vida sem limites.

XI
A pluralidade das existências

Sob que forma se desenvolve a vida imortal, e que é na realidade a vida da alma? Para responder a tais perguntas, cumpre ir à origem e examinar em seu conjunto o problema das existências.

Sabemos que, em nosso globo, a vida aparece primeiramente sob os mais simples, os mais elementares aspectos, para elevar-se, por uma progressão constante, de formas em formas, de espécies em espécies, até ao tipo humano, coroamento da criação terrestre. Pouco a pouco, desenvolvem-se e depuram-se os organismos, aumenta a sensibilidade. Lentamente, a vida liberta-se dos liames da matéria; o instinto cego dá lugar à inteligência e à razão. Teria cada alma percorrido esse caminho medonho, essa escala de evolução progressiva, cujos primeiros degraus afundam-se num abismo tenebroso? Antes de adquirir a consciência e a liberdade, antes de se possuir na plenitude de sua vontade, teria ela animado os organismos rudimentares, revestido as formas inferiores da vida? Em uma palavra: teria passado pela animalidade? O estudo do caráter humano, ainda com o cunho da bestialidade, leva-nos a supor isso.

O sentimento da justiça absoluta diz-nos também que o animal, tanto quanto o homem, não deve viver e sofrer para o nada. Uma cadeia ascendente e contínua liga todas as criações, o mineral ao vegetal, o vegetal ao animal, e este ao ente humano. Liga-os duplamente, ao material como ao espiritual. Não sendo a vida mais que uma manifestação do

Espírito, traduzida pelo movimento, essas duas formas de evolução são paralelas e solidárias.

A alma elabora-se no seio dos organismos rudimentares. No animal está apenas em estado embrionário; no homem, adquire o conhecimento, e não mais pode retrogradar. Porém, em todos os graus ela prepara e conforma o seu invólucro. As formas sucessivas que reveste são a expressão do seu valor próprio. A situação que ocupa na escala dos seres está em relação direta com o seu estado de adiantamento. Não se deve acusar Deus por ter criado formas horrendas e desproporcionadas. Os seres não podem ter outras aparências que não sejam as resultantes das suas tendências e dos hábitos contraídos. Acontece que almas, atingindo o estado humano, escolhem corpos débeis e sofredores para adquirirem as qualidades que devem favorecer a sua elevação; porém, na Natureza inferior nenhuma escolha poderiam praticar e o ser recai forçosamente sob o império das atrações que em si desenvolveu.

Essa explicação pode ser verificada por qualquer observador atento. Nos animais domésticos as diferenças de caráter são apreciáveis, e até os de certas espécies parecem mais adiantados que outros. Alguns possuem qualidades que se aproximam sensivelmente das da Humanidade, sendo suscetíveis de afeição e devotamento. Como a matéria é incapaz de amar e sentir, forçoso é que se admita neles a existência de uma alma em estado embrionário. Nada há, aliás, maior, mais justo, mais conforme à lei do progresso, do que essa ascensão das almas operando-se por escalas inumeráveis, em cujo percurso elas próprias se formam: pouco a pouco se libertam dos instintos grosseiros e despedaçam a sua couraça de egoísmo para penetrarem nos domínios da razão, do amor, da liberdade. É soberanamente justo que a mesma aprendizagem chegue a todos, e que nenhum ser alcance o estado superior sem ter adquirido aptidões novas.

No dia em que a alma, libertando-se das formas animais e chegando ao estado humano, conquistar a sua autonomia, a sua responsabilidade moral, e compreender o dever, nem por isso atinge o seu fim ou termina a sua evolução. Longe de acabar, agora é que começa a sua obra real; novas tarefas chamam-na. As lutas do passado nada são ao lado das que o futuro lhe reserva. Os seus renascimentos em corpos carnais suceder-se-ão. De cada vez, ela continuará, com órgãos rejuvenescidos, a obra do aperfeiçoamento interrompida pela morte, a fim de prosseguir e mais avançar. Eterna viajora, a alma deve subir, assim, de esfera em esfera, para o bem, para a razão infinita, alcançar novos níveis, aprimorar-se sem cessar em ciência, em critério, em virtude.

Cada uma das existências terrestres mais não é que um episódio da vida imortal. Alma nenhuma poderia em tão pouco tempo despir-se de todos os vícios, de todos os erros, de todos os apetites vulgares, que são outros tantos vestígios das suas vidas desaparecidas, outras tantas provas da sua origem.

Calculando o tempo que foi preciso à Humanidade, desde a sua aparição no globo, para chegar ao estado da civilização, compreenderemos que, para realizar os seus destinos, para subir de claridades em claridades até ao absoluto, até ao divino, a alma necessita de períodos sem limites, de vidas sempre novas, sempre renascentes.

Só a pluralidade das existências pode explicar a diversidade dos caracteres, a variedade das aptidões, a desproporção das qualidades morais, enfim, todas as desigualdades que ferem a nossa vista.

Fora dessa lei, indagar-se-ia inutilmente por que certos homens possuem talento, sentimentos nobres, aspirações elevadas, enquanto muitos outros só tiveram em partilha tolice, paixões vis e instintos grosseiros.

Que pensar de um Deus que, estabelecendo uma só vida corporal, nos houvesse dotado tão desigualmente, e, do selvagem ao civilizado, tivesse reservado aos homens bens tão desproporcionados e tão diferente nível moral? Se não fosse a lei das reencarnações, a iniquidade governaria o mundo.

A influência dos meios, a hereditariedade, as diferenças de educação não bastam para explicar essas anomalias. Vemos os membros de uma mesma família, semelhantes pela carne e pelo sangue, educados nos mesmos princípios, diferençarem-se em vários pontos. Homens excelentes têm tido monstros por filhos. Marco Aurélio, por exemplo, foi o genitor de Cômodo; personagens célebres e estimadas têm descendido de pais obscuros, destituídos de valor moral.

Se para nós tudo começasse com a vida atual, como explicar tanta diversidade nas inteligências, tantos graus na virtude e no vício, tantas variedades nas situações humanas? Um mistério impenetrável pairaria sobre esses gênios precoces, sobre esses Espíritos prodigiosos que, desde a infância, penetram com ardor as veredas da arte e das ciências, ao passo que tantos jovens empalidecem no estudo e ficam medíocres, apesar dos seus esforços.

Todas essas obscuridades se dissipam perante a doutrina das existências múltiplas. Os seres que se distinguem pelo seu poder intelectual ou por suas virtudes têm vivido mais, trabalhado mais, adquirido experiência e aptidões maiores.

O progresso e a elevação das almas dependem unicamente de seus trabalhos, da energia por elas desenvolvida no combate da vida. Umas lutam com coragem e rapidamente franqueiam os graus que as separam da vida superior, enquanto outras se imobilizam durante séculos em existências ociosas e estéreis. Porém, essas desigualdades, resultantes dos feitos do passado, podem ser resgatadas e niveladas nas vidas futuras. Em resumo, o ser se forma a si próprio pelo desenvolvimento gradual das forças que estão consigo. Inconsciente ao princípio, sua vida vai ganhando inteligência e torna-se consciente logo que chega à condição humana e entra na posse de si mesmo. Aí a sua liberdade ainda é limitada pela ação das leis naturais que intervêm para assegurar a sua conservação. O livre-arbítrio e o fatalismo assim se equilibram e moderam-se um pelo outro. A liberdade e, por conseguinte, a responsabilidade são sempre proporcionais ao adiantamento do ser.

Eis a única solução racional do problema. Através da sucessão dos tempos, na superfície de milhares de mundos, as nossas existências desenrolam-se, passam, renovam-se, e, em cada uma delas, desaparece um pouco do mal que está em nós; as nossas almas fortificam-se, depuram-se, penetram mais intimamente nos caminhos sagrados, até que, livres das encarnações dolorosas, tenham adquirido, por seus méritos, acesso aos círculos superiores, onde eternamente irradiarão em beleza, sabedoria, poder e amor!

XII
O alvo da vida

Por esses dados, em torno de nós se estabelece a ordem; o nosso caminho se esclarece; mais distinto se mostra o alvo da vida. Sabemos o que somos e para onde vamos.

Desde então não devemos mais procurar satisfações materiais, porém trabalhar com ardor pelo nosso adiantamento. O supremo alvo é a perfeição; o caminho que para lá conduz é o progresso. Estrada longa que se percorre passo a passo. À proporção que se avança, parece que o alvo longínquo recua, mas, em cada passo que dá, o ser recolhe o fruto de seus trabalhos, enriquece a sua experiência e desenvolve as suas faculdades.

Nossos destinos são idênticos. Não há privilegiados nem deserdados. Todos percorrem a mesma vasta carreira e, através de mil obstáculos, todos são chamados a realizar os mesmos fins. Somos livres, é verdade, livres para acelerar ou para afrouxar a nossa marcha, livres para mergulhar em gozos grosseiros, para nos retardarmos durante vidas inteiras nas regiões inferiores; mas, cedo ou tarde, acorda o sentimento do dever, vem a dor sacudir-nos a apatia, e, forçosamente, prosseguiremos a jornada.

Entre as almas só há diferenças de graus, diferenças que lhes é lícito transpor no futuro. Usando do livre-arbítrio, nem todos havemos caminhado com o mesmo passo, e isso explica a desigualdade intelectual e moral dos homens; mas todos, filhos do mesmo Pai, nos devemos aproximar dele na sucessão das existências, para formar com os nossos semelhantes uma só família, a grande família dos bons Espíritos que povoam o Universo.

Estão banidas do mundo as ideias de paraíso e de inferno eterno. Nesta imensa oficina, só vemos seres elevando-se por seus próprios esforços ao seio da harmonia universal. Cada qual conquista a sua situação pelos próprios atos, cujas consequências recaem sobre si mesmo, ligam-no e prendem. Quando a vida é entregue às paixões e fica estéril para o bem, o ser se abate; a sua situação se apouca. Para lavar manchas e vícios, deverá reencarnar nos mundos de provas e ali purificar-se pelo sofrimento. Cumprida a purificação, sua evolução recomeça. Não há provações eternas, mas sim reparações proporcionadas às faltas cometidas. Não temos outro juiz nem outro carrasco a não ser a nossa consciência, pois essa consciência, assim que se desprende das sombras materiais, torna-se um julgador terrível. Na ordem moral como na física só há efeitos e causas, que são regidos por uma lei soberana, imutável, infalível. Esta lei regula todas as vidas. O que, em nossa ignorância, chamamos injustiça da sorte não é senão a reparação do passado. O destino humano é um pagamento do débito contraído entre nós mesmos e para com essa lei.

A vida atual é a consequência direta, inevitável das nossas vidas passadas, assim como a nossa vida futura será a resultante das nossas ações presentes, da nossa maneira de viver. Vindo animar um corpo novo, a alma traz consigo, em cada renascimento, a bagagem das suas qualidades e dos seus defeitos, todos os tesouros acumulados pela obra do passado. Assim, na série das vidas, construímos por nossas próprias mãos o nosso ser moral, edificamos o nosso futuro, preparamos o meio em que devemos renascer, o lugar que devemos ocupar.

Pela lei da reencarnação, a soberana justiça reina sobre os mundos. Cada ser, chegando a possuir-se em sua razão e em sua consciência, torna-se o artífice dos próprios destinos. Constrói ou desmancha, à vontade, as cadeias que o prendem à matéria. Os males, as situações dolorosas que certos homens sofrem, explicam-se pela ação desta lei. Toda vida culpada deve ser resgatada. Chegará a hora em que as almas orgulhosas renascerão em condições humildes e servis, em que o ocioso deve aceitar penosos labores. Aquele que fez sofrer sofrerá a seu turno.

Porém, a alma não está para sempre ligada a esta Terra obscura. Depois de ter adquirido as qualidades necessárias, deixa-a e vai para mundos mais elevados. Percorre o campo dos espaços, semeado de esferas e de sóis. Ser-lhe-á arranjado um lugar no seio das humanidades que os povoam. E, progredindo ainda nesses novos meios, ela, sem cessar, aumentará a sua riqueza moral e o seu saber. Depois de um número incalculável de vidas, de mortes, de renascimentos, de quedas e de ascensões, liberta das reencarnações, gozará vida celeste, tomará parte no governo dos seres e das coisas, contribuindo com suas obras para a harmonia universal e para a execução do plano divino.

Tal é o mistério de Psique — a alma humana —, mistério admirável entre todos. A alma traz gravada em si mesma a lei dos seus destinos. Aprender a soletrar os seus preceitos, aprender a decifrar esse enigma, eis a verdadeira ciência da vida. Cada farrapo arrancado ao céu da ignorância que a cobre, cada faísca que adquire do foco supremo, cada conquista sobre si mesma, sobre suas paixões, sobre seus instintos egoísticos permite-lhe uma alegria pura, uma satisfação íntima, tanto mais viva quanto maior for o trabalho executado.

Eis aí o céu prometido aos nossos esforços. O céu não está longe de nós, mas, sim, conosco. Felicidades íntimas ou remorsos pungentes, o homem traz, nas profundezas do ser, a própria grandeza ou a miséria consequente dos seus atos. As vozes harmoniosas ou severas que em si percebe são as intérpretes fiéis da grande lei, tanto mais potentes e imperiosas quanto mais elevado ele estiver na escala dos aperfeiçoamentos infinitos. A alma é um mundo em que se confundem ainda sombras e claridades, mundo cujo estudo atento faz-nos cair de surpresa em surpresa. Em seus recônditos todas as potências estão em germe, esperando a hora da fecundação para se desdobrarem em feixes de luz. À medida que ela se purifica, suas percepções aumentam. Tudo o que nos encanta em seu estado presente, os dons do talento, os fulgores do gênio, tudo isso nada é, comparado ao que um dia adquirirá, quando tiver atingido as supremas altitudes espirituais.

Já possui imensos recursos ocultos, sentidos íntimos, variados e sutis, fontes de vivas impressões, mas o pesado e grosseiro invólucro embaraça-lhe quase sempre o exercício.

Somente algumas almas eleitas, destacadas por antecipação das coisas terrestres, depuradas pelo sacrifício, sentem as primícias desse mundo; todavia, não encontram palavras para descrever as sensações que as enlevam, e os homens, em sua ignorância da verdadeira natureza da alma e das suas potências latentes, os homens têm escarnecido disso que julgam ilusões e quimeras.

XIII
As provas e a morte

Estabelecido o alvo da existência, mais alto que a fortuna, mais elevado que a felicidade, uma inteira revolução produz-se em nossos intuitos.

O Universo é uma arena em que a alma luta pelo seu engrandecimento, e este só é obtido por seus trabalhos, sacrifícios e sofrimentos. A dor, física ou moral, é um meio poderoso de desenvolvimento e de progresso. As provas auxiliam-nos a conhecer, a dominar as nossas paixões e a amarmos realmente os outros. No curso que fazemos, o que devemos procurar adquirir é a ciência e o amor alternadamente. Quanto mais soubermos, mais amaremos e mais nos elevaremos. A fim de podermos combater e vencer o sofrimento, cumpre estudarmos as causas que o produzem, e, com o conhecimento dos seus efeitos e a submissão às suas leis, despertar em nós uma simpatia profunda para com aqueles que o suportam. A dor é a purificação suprema, é a escola em que se aprendem a paciência, a resignação e todos os deveres austeros. É a fornalha onde se funde o egoísmo, em que se dissolve o orgulho. Algumas vezes, nas horas sombrias, a alma submetida à prova revolta-se, renega a Deus e sua justiça; depois, passada a tormenta, quando se examina a si mesma, vê que esse mal aparente era um bem; reconhece que a dor tornou-a melhor, mais acessível à piedade, mais caritativa para com os desgraçados.

Todos os males da vida concorrem para o nosso aperfeiçoamento. Pela dor, pela prova, pela humilhação, pelas enfermidades, pelos reveses o melhor desprende-se lentamente do pior. Eis por que neste mundo há mais sofrimento que alegria. A prova retempera os caracteres, apura os sentimentos, doma as almas fogosas ou altivas.

A dor física também tem sua utilidade; desata quimicamente os laços que prendem o Espírito à carne; liberta-o dos fluidos grosseiros que o retêm nas regiões inferiores e que o envolvem, mesmo depois da morte. Essa ação explica, em certos casos, as curtas existências das crianças mortas com pouca idade. Essas almas puderam adquirir na Terra o saber e a virtude necessários para subirem mais alto; como um resto de materialidade impedisse ainda o seu voo, elas vieram terminar, pelo sofrimento, a sua completa depuração.

Não imitemos esses que maldizem a dor e que, nas suas imprecações contra a vida, recusam admitir que o sofrimento seja um bem. Desejariam levar uma existência a gosto, toda de bem-estar e de repouso, sem compreenderem que o bem adquirido sem esforço não tem nenhum valor e que, para apreciar a felicidade, é necessário saber-se quanto ela custa. O sofrimento é o instrumento de toda elevação, é o único meio de nos arrancarmos à indiferença, à volúpia. É o que esculpe nossa alma, lhe dá mais pura forma, beleza mais perfeita.

A prova é um remédio infalível para a nossa inexperiência. A Providência procede para conosco como mãe precavida para com seu filho. Quando resistimos aos seus apelos, quando recusamos seguir-lhe os conselhos, ela deixa-nos sofrer decepções e reveses, sabendo que a adversidade é a melhor escola da prudência.

Tal o destino do maior número neste mundo. Debaixo de um céu algumas vezes sulcado de raios, é preciso seguir o caminho árduo, com os pés dilacerados pelas pedras e pelos espinhos. Um espírito de vestes lutuosas guia os nossos passos; é a dor santa que devemos abençoar, porque só ela sacode e desprende-nos o ser das futilidades com que este gosta de paramentar-se, torna-o apto a sentir o que é verdadeiramente nobre e belo.

* * *

Sob o efeito desses ensinos, a que se reduz a ideia da morte? Perde todo o caráter assustador. A morte mais não é que uma transformação necessária e uma renovação, pois nada perece realmente. A morte é só aparente; somente muda a forma exterior; o princípio da vida, a alma, fica em sua unidade permanente, indestrutível. Esta se acha, além do túmulo, na plenitude de suas faculdades, com todas as aquisições com que se enriqueceu durante as suas existências terrestres: luzes, aspirações, virtudes e potências. Eis aí os bens imperecíveis a que se refere o Evangelho, quando diz: "Os vermes e a ferrugem não os consumirão nem os ladrões os furtarão". São as únicas riquezas que poderemos levar conosco e utilizar na vida futura.

A morte e a reencarnação que se lhe segue, em um tempo dado, são duas condições essenciais do progresso. Rompendo os hábitos acanhados que havíamos contraído, elas colocam-nos em meios diferentes; obrigam a adaptarmo-nos às mil faces da ordem social e universal.

Quando chega o declínio da vida, quando nossa existência, semelhante à página de um livro, vai voltar-se para dar lugar a uma página branca e nova, aquele que for sensato consulta o seu passado e revê os seus atos. Feliz quem nessa hora puder dizer: meus dias foram bem preenchidos! Feliz aquele que aceitou as suas provas com resignação e suportou-as com coragem! Esses, macerando a alma, deixaram expelir tudo o que nela havia de amargor e fel.

Rememorando na consciência as suas tribulações, bendirão os sofrimentos que suportaram, e, com a paz íntima, verão sem receio aproximar-se o momento da morte.

Digamos adeus às teorias que fazem da morte a porta do nada, ou o prelúdio de castigos intermináveis. Adeus sombrios fantasmas da teologia, dogmas medonhos, sentenças inexoráveis, suplícios infernais! Chegou a vez da esperança e da vida eterna! Não mais há negrejantes trevas, porém, sim, luz deslumbrante que surge dos túmulos.

Já vistes a borboleta de asas multicores despir a informe crisálida, esse invólucro repugnante, no qual, como lagarta, se arrastava pelo solo? Já a vistes solta, livre, voejar ao calor do Sol, no meio do perfume das flores? Não há imagem mais fiel para o fenômeno da morte. O homem também está numa crisálida, que a morte decompõe. O corpo humano, vestimenta de carne, volta ao grande monturo; o nosso despojo miserável entra no laboratório da Natureza; mas, o Espírito, depois de completar a sua obra, lança-se a uma vida mais elevada, para essa vida espiritual que sucede à vida corpórea, como o dia sucede à noite. Assim se distingue cada uma das nossas encarnações.

Firmes nestes princípios, não mais temeremos a morte. Como os gauleses, ousaremos encará-la sem terror. Não mais haverá motivo para receio, para lágrimas, cerimônias sinistras e cantos lúgubres. Os nossos funerais tornar-se-ão uma festa pela qual celebraremos a libertação da alma, sua volta à verdadeira pátria.

A morte é uma grande reveladora. Nas horas de provação, quando as sombras nos rodeiam, perguntamos algumas vezes: Por que nasci eu? Por que não fiquei mergulhado lá na profunda noite, onde não se sente, onde não se sofre, onde só se dorme o eterno sono? E, nessas horas de dúvida e de angústia, uma voz vem até nós e diz-nos: Sofres para te engrandeceres, para te depurares! Fica sabendo que teu destino é grande. Esta terra fria não é teu sepulcro. Os mundos que brilham no âmbito dos céus são tuas moradas futuras, a herança que Deus te reserva. Tu és para sempre cidadão do Universo; pertences aos séculos passados como aos futuros, e, na hora atual, preparas a tua elevação. Suporta, pois, com calma, os males por ti mesmo escolhidos. Semeia na dor e nas lágrimas o grão que reverdecerá em tuas próximas vidas. Semeia também para os outros assim como semearam para ti! Ser imortal, caminha com passo firme sobre a vereda escarpada até as alturas de onde o futuro te aparecerá sem véu! A ascensão é rude, e o suor inundará muitas vezes o teu rosto, mas, no cimo, verás brilhar a grande luz, verás despontar no horizonte o Sol da Verdade e da Justiça!

A voz que assim nos fala é a voz dos mortos, é a voz das almas queridas que nos precederam no país da verdadeira vida. Bem longe de dormirem nos túmulos, elas velam por nós. Do pórtico do invisível veem-nos e sorriem para nós. Adorável e divino mistério! Comunicam-se conosco e dizem: Basta de dúvidas estéreis; trabalhai e amai. Um dia, preenchida a vossa tarefa, a morte reunir-nos-á.

XIV
Objeções

É assim que muitas questões insolúveis para as outras escolas são resolvidas pela doutrina das vidas sucessivas. As fortíssimas objeções com que o ceticismo e o materialismo têm feito brechas no edifício teológico — o mal, a dor, a desigualdade dos méritos e das condições humanas, a injustiça aparente da sorte: todos esses tropeços se desvanecem perante a Doutrina dos Espíritos. Entretanto, uma dificuldade subsiste, uma forte objeção ergue-se contra ela. Se já vivemos no espaço, dizem, se outras vidas precederam ao nascimento, por que de tal perdemos a recordação?

Esta objeção, de aparência irrespondível, é fácil de ser destruída.

A memória das coisas que viveram, dos atos que se cumpriram, não é condição necessária da existência.

Ninguém se lembra do tempo passado no ventre materno ou mesmo no berço. Poucos homens conservam a memória das impressões e dos atos da primeira infância. Entretanto, essas são partes integrantes da nossa existência atual. Pela manhã, ao acordarmos, perdemos a recordação da maior parte de nossos sonhos, embora, no momento, eles nos tenham parecido outras tantas realidades. Só nos restam sensações grosseiras e confusas, que o Espírito experimenta quando recai sob a influência material.

Os dias e as noites são como as nossas vidas terrestres e espirituais, e o sono parece tão inexplicável quanto a morte. O sono e a morte transportam-nos, alternadamente, para meios distintos e para condições diferentes, o que não impede à nossa identidade de manter-se e persistir através desses estados variados.

No sono magnético, o Espírito, desprendido do corpo, recorda-se de coisas que esquecerá ao volver à carne, cujo encadeamento, não obstante, ele tornará a apanhar, recobrando a lucidez. Esse estado de sono provocado desenvolve nos sonâmbulos aptidões especiais que, em vigília, desaparecem, abafadas, aniquiladas pelo invólucro corpóreo.

Nessas diversas condições, o ser físico parece possuir dois estados de consciência, duas fases alternadas de existências que se encadeiam e se envolvem uma na outra. O esquecimento, como espessa cortina, separa o sono do estado de vigília, assim como divide cada vida terrestre das existências anteriores e da vida dos céus.

Se as impressões que a alma sente durante o decurso da vida atual, no estado de desprendimento completo, seja pelo sono natural ou pelo sono provocado, não podem ser transmitidas ao cérebro, deve-se compreender que as recordações de uma vida anterior sê-lo-iam mais dificilmente ainda. O cérebro não pode receber e armazenar senão as impressões comunicadas pela alma em estado de cativeiro na matéria. A memória só saberia reproduzir o que ele tem registrado.

Em cada renascimento, o organismo cerebral constitui para nós uma espécie de livro novo, sobre o qual se gravam as sensações e as imagens. Voltando à carne, a alma perde a memória de quanto viu e executou no estado de liberdade, e só tornará a lembrar-se de tudo quando abandonar de novo a sua prisão temporária.

O esquecimento do passado é a condição indispensável de toda prova e de todo progresso. O nosso passado guarda suas manchas e nódoas. Percorrendo a série dos tempos, atravessando as idades de brutalidade, devemos ter acumulado várias faltas e iniquidades. Libertos apenas ontem da barbaria, o peso dessas recordações seria acabrunhador para nós. A vida terrestre é, algumas vezes, difícil de suportar; ainda mais o seria se, ao cortejo dos nossos males atuais, acrescesse a memória dos sofrimentos ou das vergonhas passadas.

A recordação de nossas vidas anteriores não estaria também ligada à do passado dos outros?

Subindo a cadeia de nossas existências, o entrecho de nossa própria história, encontraríamos o vestígio das ações de nossos semelhantes.

As inimizades perpetuar-se-iam; as rivalidades, os ódios e as discórdias agravar-se-iam de vida em vida, de século em século. Os nossos inimigos, as nossas vítimas de outrora, reconhecer-nos-iam e estariam a perseguir-nos com sua vingança.

Bom é que o véu do esquecimento nos oculte uns aos outros, e que, apagando momentaneamente de nossa memória penosas recordações, nos livre de um remorso incessante. O conhecimento das nossas faltas e suas consequências, erguendo-se diante de nós como ameaça medonha e perpétua, paralisaria os nossos esforços, tornaria estéril e insuportável a nossa vida.

Sem o esquecimento, os grandes culpados, os criminosos célebres estariam marcados a ferro em brasa por toda a eternidade. Vemos os condenados da justiça humana, depois de sofrida a pena, serem perseguidos pela desconfiança universal, repelidos com horror por uma sociedade que lhes recusa lugar em seu seio, e assim muitas vezes os atira ao exército do mal. Que seria se os crimes do passado longínquo se desenhassem aos olhos de todos?

Quase todos temos necessidade de perdão e de esquecimento. A sombra que oculta as nossas fraquezas e misérias conforta-nos o ser, tornando-nos menos penosa a reparação. Depois de termos bebido as águas do Letes, renascemos mais alegremente para uma vida nova e desvanecem-se os fantasmas do passado. Transportando-se para um meio diferente, despertamos para outras sensações, abrem-se-nos outras influências, abandonamos com mais facilidade os erros e os hábitos que outrora nos retardaram a marcha. Renascendo sob a forma de criança, a alma culpada encontra em torno de si o auxílio e a ternura necessários à sua elevação. Ninguém cuida em reconhecer nesse ser fraco e encantador o Espírito vicioso que vem resgatar um passado de faltas.

Entretanto, para certos homens esse passado não está absolutamente apagado. Um sentimento confuso do que foram jaz no fundo de sua consciência. É a origem das intuições, das ideias inatas, das recordações vagas e dos pressentimentos misteriosos, como eco enfraquecido dos tempos decorridos. Consultando essas impressões, estudando-se a si mesmos com atenção, não seria impossível reconstituir esse passado, senão em suas minúcias, ao menos em seus traços principais.

Porém, no termo de cada existência, essas recordações longínquas ressuscitam em tropel e saem da sombra. Avançamos passo a passo, tateando na vida; vem a morte e tudo se esclarece. O passado explica o presente, e o futuro ilumina-se mais claramente. Cada alma, voltando à vida espiritual, recobra a plenitude das suas faculdades. Para ela começa, então, um período de exame, de repouso, de recolhimento, durante o qual se julga a si mesma e avalia o caminho percorrido. Recebe opiniões e conselhos de Espíritos mais adiantados. Guiada por eles, tomará resoluções viris, e, na ocasião propícia, escolhendo um meio favorável, baixará a um novo corpo, a fim de se melhorar pelo trabalho e pelo sofrimento.

Voltando à carne, a alma perderá ainda a memória das suas vidas anteriores, e bem assim a recordação da vida espiritual, a única verdadeiramente livre e completa, perto da qual a morada terrestre lhe pareceria medonha. Longa será a luta, penosos os esforços necessários para recuperar a consciência de si mesma e as suas potências ocultas; porém, conservará sempre a intuição, o sentimento vago das resoluções tomadas antes de renascer.

Parte terceira

O mundo invisível

XV – A natureza e a Ciência
XVI – Matéria e força. Princípio único das coisas
XVII – Os fluidos. O magnetismo
XVIII – Fenômenos espíritas
XIX – Testemunhos científicos
XX – O Espiritismo na França
XXI – O perispírito ou corpo espiritual
XXII – Os médiuns
XXIII – A evolução perispiritual
XXIV – Consequências filosóficas e morais
XXV – O Espiritismo e a Ciência
XXVI – Perigos do Espiritismo
XXVII – Charlatanismo e venalidade
XXVIII – Utilidade dos estudos psicológicos

XV
A Natureza e a Ciência

Expusemos, nas páginas precedentes, os princípios essenciais da filosofia das existências sucessivas. Apoiados sobre a mais rigorosa lógica, tais princípios esclarecem o nosso futuro, e resolvem numerosos problemas até aqui não explicados.

Entretanto, podem objetar-nos que essas doutrinas, por mais lógicas e racionais que pareçam, não passam de simples hipóteses, meras especulações, e que como tais devem ser tratadas.

A nossa época, fatigada dos devaneios da imaginação, das teorias e dos sistemas preconcebidos, propendeu para o ceticismo. Diante de qualquer afirmação reclama provas. Não lhe basta o mais lógico raciocínio. Precisa de fatos sensíveis, diretamente observados, para dissipar as suas dúvidas. Tais dúvidas se explicam: são a consequência fatal do abuso das lendas, das ficções, das doutrinas errôneas com que durante séculos se embalou a Humanidade. De crédulo que era, o homem, instruindo-se, tornou-se cético, e cada teoria nova é acolhida com desconfiança, senão com hostilidade.

Não nos lastimemos desse estado de Espírito, que não é, em suma, senão homenagem inconsciente prestada à verdade pelo pensamento humano. Com isso, a filosofia das existências sucessivas só tem a ganhar, porque, longe de ser mais um sistema fantasista, apoia-se num conjunto imponente de fatos, estabelecidos por provas experimentais e por testemunhos universais. A tais fatos é que consagraremos a terceira parte desta obra.

O progresso da Ciência, em suas escalas inumeráveis, é comparável a uma ascensão em país de altas montanhas. À medida que o viajante galga as árduas encostas, o horizonte se lhe alarga, os pormenores do plano inferior se confundem em vasto conjunto, enquanto novas perspectivas se desvendam ao longe. Quanto mais sobe, tanto maior amplidão e majestade adquire o espetáculo. Assim a Ciência, em seu progresso incessante, descobre, a cada passo, domínios ignorados.

Todos sabem quão limitados são os nossos sentidos materiais, como é restrito o campo que estes abraçam. Além das cores e dos raios percebidos por nossa vista, há outras cores, outros raios, cuja existência é demonstrada pelas reações químicas. Do mesmo modo, o ouvido só percebe as ondas sonoras entre dois extremos, além dos quais as vibrações sonoras, muito agudas ou muito graves, nenhuma influência exercem sobre o nervo auditivo.

Se a nossa força visual não tivesse sido aumentada pelas descobertas da óptica, que saberíamos do Universo na hora presente? Não só ignoraríamos a existência dos longínquos impérios do éter, onde sóis sucedem a sóis, onde a matéria cósmica, em suas eternas gestações, faz surgir astros por milhares, como também nada saberíamos ainda dos mundos mais vizinhos à Terra.

Gradualmente e de idade em idade, tem-se estendido o campo de observação. Graças à invenção do telescópio, o homem tem podido explorar os céus e comparar o nosso mesquinho globo com as esferas gigantescas do espaço.

Mais recentemente, a invenção do microscópio abriu-nos um outro infinito. Por toda parte, em torno de nós, nos ares, nas águas, invisíveis a nossos fracos olhos, miríades de seres pululam e agitam-se em turbilhões espantosos. Tornou-se possível o estudo da constituição molecular dos corpos. Chegou-se a reconhecer que os glóbulos do sangue, os tecidos e as células do corpo humano são povoados de parasitas animados, de infusórios, em detrimento dos quais vivem ainda outros parasitas. Ninguém pode dizer onde termina o fluxo da vida!

A Ciência progride, engrandece-se, e o pensamento por ela alentado sobe a novos horizontes. Mas quão leve se apresenta a bagagem dos nossos conhecimentos, quando a comparamos com o que nos resta ainda a aprender! O espírito humano tem limites, a Natureza não. "Com o que ignoramos das leis universais", diz Faraday, "poder-se-ia criar o Mundo". Os nossos sentidos grosseiros permitem que vivamos no meio de um oceano de maravilhas, sem mesmo suspeitarmos delas, como cegos banhados em catadupas de luz.

XVI
Matéria e força. Princípio único das coisas

Até aqui a matéria só era conhecida sob os três estados: sólido, líquido e gasoso. Crookes, o sábio físico inglês, procurando fazer o vácuo em tubos de vidro, descobriu um quarto estado, a que chamou radiante. Os átomos, restituídos à liberdade pela rarefação, entregam-se, nesse vácuo relativo, a movimentos vibratórios de uma rapidez, de uma violência incalculáveis. Inflamam-se e produzem efeitos de luz, radiações elétricas que permitem explicar a maior parte dos fenômenos cósmicos.

Condensada em graus diversos sob seus primeiros aspectos, a matéria perde, no estado radiante, várias propriedades: densidade, forma, cor, peso; mas, neste novo domínio, parece estar, de maneira muito mais íntima, unida à força. Este quarto estado será o último que a matéria pode revestir? Não, sem dúvida, porque podemos imaginar muitos outros ou entrever pelo pensamento um estado fluídico e sutil, tão superior ao radiante quanto este ao gasoso, e o estado líquido ao sólido. A Ciência do futuro, explorando essas profundezas, encontrará a solução dos problemas maravilhosos da unidade de substância e das forças diretoras do Universo.

A unidade de substância já é prevista, admitida pela maior parte dos sábios. A matéria, nós o dissemos, parece ser, em seu princípio, um fluido de sutileza, de elasticidade infinitas, cujas inumeráveis combinações dão origem a todos os corpos. Invisível, imperceptível, impalpável, este fluido, em sua essência primordial, torna-se, por transições sucessivas, ponderável e chega a produzir, por condensação poderosa, os corpos duros, opacos e pesados que constituem o caráter da matéria terrestre. Esta condensação é, porém, transitória, e a matéria, tornando a subir a escala de suas transformações, facilmente se desagregará e voltará ao seu estado fluídico primitivo. Eis por que a existência dos mundos é passageira. Saídos dos oceanos do éter, aí tornam a mergulhar e a dissolver-se, depois de percorrido o seu ciclo de vida. Pode afirmar-se que, na Natureza, tudo converge para a unidade. A análise espectral revela a identidade dos elementos constitutivos do Universo, desde o mais humilde satélite até o sol mais gigantesco. O deslocamento dos corpos celestes mostra a unidade das leis mecânicas. O estudo dos fenômenos materiais, como uma cadeia infinita, conduz-nos, gradativamente, à concepção de uma substância única, etérea, universal, e de uma força igualmente única, princípio de movimento, do qual a eletricidade, a luz e o calor não são mais que variedades, modalidades, formas diversas.[80]

É assim que, em sua marcha paralela, a Química, a Física e a Mecânica verificam cada vez mais a coordenação misteriosa das coisas. O espírito humano encaminha-se com lentidão, algumas vezes mesmo inconscientemente, para o conhecimento de um princípio único fundamental, em que se unam a substância, a força e o pensamento, de uma potência cuja grandeza e majestade o encherão algum dia de surpresa e admiração.

---

[80] Eis o que diz Berthelot (*Origines de la Chimie*, p. 320): "Da mesma forma que os quatro elementos dos antigos, os fluidos elétrico, magnético, calorífero e luminoso, que se admitiam há meio século, já hoje, em sua substância, não oferecem base de discriminação, pois está reconhecido, pelos progressos da Ciência, que todos eles se reduzem a um só elemento: o *éter*. Entretanto, o éter dos físicos e o átomo dos químicos também a seu turno são decomponíveis para darem lugar a concepções mais elevadas, que tendem a explicar tudo somente pelos fenômenos do movimento". Segundo G. Le Bon (*L'Evolution de la Matière; l'Evolution des Forces*), a matéria e a força mais não são que dois aspectos da mesma substância. A matéria é a força condensada; a força, a matéria dissociada.

XVII
Os fluidos. O magnetismo

Esse mundo dos fluidos, que se entrevê além do estado radiante, reserva bastantes surpresas e descobertas à Ciência. Inumeráveis são as variedades de formas que a matéria, tornando-se sutil, pode revestir para as necessidades de uma vida superior.

Já muitos observadores sabem que, fora das nossas percepções, além do véu opaco que nossa espessa constituição apresenta, existe um outro mundo, não mais o dos infinitamente pequenos, porém, um universo fluídico completamente povoado de multidões invisíveis.

Seres sobre-humanos, mas não sobrenaturais, vivem junto de nós, testemunhas mudas dos nossos atos, e só manifestando a sua existência em condições determinadas, sob a ação de leis naturais, exatas, rigorosas. Importa penetrar o segredo dessas leis, porque, de seu conhecimento, decorrerá para o homem a posse de forças consideráveis, cuja utilização prática pode transformar a face da Terra e a ordem das sociedades. É esse o domínio da psicologia experimental; outros diriam, o das ciências ocultas.

Essas ciências são tão velhas quanto o mundo. Já falamos dos prodígios efetuados nos lugares sagrados da Índia, do Egito e da Grécia. Não está em nosso programa nos estendermos demasiado sobre esta ordem de fatos, mas há uma questão conexa que não devemos deixar passar em silêncio: é a do magnetismo.

O magnetismo, estudado e praticado secretamente em todas as épocas da História, vulgarizou-se sobretudo nos fins do século XVIII. As academias ainda o encaram como suspeito, e foi sob o novo nome de hipnotismo que os mestres da Ciência resolveram-se a admiti-lo, um século depois do seu aparecimento.

> O hipnotismo, diz o Sr. De Rochas,[81] até hoje estudado só oficialmente, não é senão o vestíbulo de vasto e maravilhoso edifício, já em grande parte explorado pelos antigos investigadores.

Infelizmente, os sábios oficiais — quase todos os médicos — que se ocupam do magnetismo ou, como eles próprios o dizem, de hipnotismo, só fazem as suas experiências, geralmente, sobre *passivos* doentes, sobre internos de hospitais. A irritação nervosa e as afecções mórbidas desses *passivos* só permitem obter fenômenos incoerentes, incompletos. Certos sábios parecem recear que o estudo desses mesmos fenômenos, obtidos em condições normais, forneça a prova da existência do princípio anímico no homem. É pelo menos o que resulta dos comentários do Dr. Charcot, cuja competência ninguém certamente negará.

> O hipnotismo, diz ele, é um mundo no qual se encontram fatos palpáveis, materiais, grosseiros, que acompanham sempre a Psicologia, ao lado de outros fatos absolutamente extraordinários, inexplicáveis até hoje, que não correspondem a nenhuma lei fisiológica, e inteiramente estranhos, surpreendentes. Ocupo-me dos primeiros e deixo de lado os segundos.

Assim, os mais célebres médicos confessam que essa questão ainda está para eles cheia de obscuridade. Em suas pesquisas, limitam-se a observações superficiais, desdenhando os fatos que poderiam conduzi-los diretamente à solução do problema. A ciência materialista hesita em aventurar-se no terreno da psicologia experimental, pois sente que ali se acharia em presença das forças psíquicas, da alma enfim, cuja existência tem negado com tanta tenacidade.

Seja como for, o magnetismo, repelido pelas corporações sábias, começa sob outro nome a atrair-lhes a atenção. Os resultados seriam, porém, muito mais fecundos se, ao invés de operarem sobre histéricos, experimen-

---

[81] *Les États Profonds de l'Hypnose*, pelo coronel De Rochas, p. 75.

tassem sobre indivíduos sãos e válidos. O sono magnético desenvolve, nos *passivos* lúcidos, faculdades novas, um poder incalculável de percepção. O mais notável fenômeno é a visão a grande distância, sem o auxílio dos olhos. Um sonâmbulo pode orientar-se durante a noite, ler e escrever com os olhos fechados, entregar-se aos mais delicados e complicados trabalhos. Outros veem no interior do corpo humano, discernem seus males e causas, leem o pensamento no cérebro,[82] penetram, sem o concurso dos sentidos, nos mais recônditos domínios, e até no vestíbulo do outro mundo. Sondam os mistérios da vida fluídica, entram em relação com os seres invisíveis, transmitem-nos seus conselhos, seus ensinos. Mais adiante voltaremos a este ponto, porém, desde já podemos considerar como estabelecido o fato que decorre dos estudos, das experiências de Puységur, Deleuze, Du Potet e de seus inumeráveis discípulos, isto é, que o sono magnético, imobilizando o corpo, aniquilando os sentidos, restitui à liberdade o ser psíquico, centuplica-lhe os meios íntimos de percepção, e o faz entrar num mundo vedado aos seres corpóreos, mundo cujas belezas e leis nos descreve.

E esse ser psíquico que, no sono, vive, pensa, age fora do corpo, que afirma sua personalidade independente por um modo especial de apreciação, por conhecimentos superiores aos que possuía no estado de vigília, que será senão a própria alma, não mais uma resultante das forças vitais dos órgãos, porém uma causa livre, uma vontade ativa, desprendida momentaneamente de sua prisão, pairando sobre a natureza inteira e gozando a integridade de suas faculdades inatas?

Assim, pois, os fenômenos magnéticos tornam evidente não só a existência da alma, mas também a sua imortalidade; porque, se, durante a existência corpórea, essa alma se desliga do seu grosseiro invólucro, vive e pensa fora dele, com mais forte razão achará na morte a plenitude de uma liberdade.

---

[82] O *sujet* vê as células cerebrais vibrarem sob a influência do pensamento e compara-as a estrelas que se dilatam e se contraem sucessivamente. (*Les États Profonds de l'Hypnose*, pelo coronel De Rochas, diretor da Escola Politécnica de Paris.) A respeito, o professor Th. Flournoy, da Universidade de Genebra, escrevia: "Basta consultar a literatura médica mais recente para encontrar, sob a pena de autores insuspeitos de misticismo, exemplos de vista interna. De uma parte, temos psiquiatras franceses que acabam de publicar alguns casos de alienados que apresentaram, poucos dias antes de seu fim, um melhoramento tão súbito quão inexplicável, ao mesmo tempo que o pressentimento de sua morte próxima. De outra parte, há o caso de sonâmbulos que têm a visão clara de suas vísceras, às vezes abrangendo mesmo a sua estrutura íntima; este fato vem, pela primeira vez, transpor os limites da Ciência sob o nome de *autoscopia interna* ou *autorrepresentação* do organismo. E, por uma divertida ironia da sorte, essa novidade vem apoiada por aqueles que se reconhecem defensores de uma escola que pretende rejeitar toda explicação psicológica desses fatos". (*Archives de Psychologie*, agosto, 1903.)

A ciência do magnetismo não só nos leva a crer na existência da alma, mas também nos dá a posse de maravilhosos recursos. A ação dos fluidos sobre o corpo humano é considerável; suas propriedades são múltiplas, variadas. Fatos numerosos têm provado que, com o seu auxílio, se podem aliviar os sofrimentos mais cruéis. Os grandes missionários não curavam pela aposição das mãos? Eis todo o segredo dos seus supostos milagres. Os fluidos, obedecendo a uma poderosa vontade, a um ardente desejo de fazer o bem, penetram os organismos debilitados e suas moléculas benéficas, substituindo as que estão doentes, restituem gradualmente a saúde aos enfermos, o vigor aos valetudinários.

Objetam que uma legião de charlatães, para explorar o magnetismo, abusa da credulidade e da ignorância do público, exornando-se com um poder imaginário. Mas, isso é uma consequência inevitável do estado de inferioridade moral da Humanidade.

Uma coisa nos consola desses fatos contristadores: é a certeza de que todo homem animado de simpatia profunda pelos deserdados, de verdadeiro amor pelos que sofrem pode aliviar seus semelhantes por uma prática sincera e esclarecida do magnetismo.

XVIII
Fenômenos espíritas

Entre todas as provas de que existe no homem um princípio espiritual sobrevivente ao corpo as mais frisantes são fornecidas pelo fenômeno do Espiritualismo Experimental ou Espiritismo.

Os fenômenos espíritas, considerados, a princípio, como puro charlatanismo, entraram no domínio da observação rigorosa e, se certos sábios ainda os desdenham, rejeitam e negam, outros, não menos eminentes, os estudam, verificando sua importância e realidade. Na América e em todas as nações da Europa, sociedades psicológicas fazem disso o objeto constante de seus estudos.

Tais fenômenos, já o vimos, produziram-se em todos os tempos. Outrora, estavam envolvidos em mistério e só eram conhecidos por pequeno número de pesquisadores. Hoje, universalizam-se, produzem-se com uma persistência e uma variedade de formas que confundem a Ciência moderna.

Newton disse: *É loucura acreditar que se conhecem todas as coisas, e é sabedoria estudar sempre.* Não só todos os sábios, mas também todos os homens sensatos têm o dever de estudar esses fatos que nos patenteiam uma face ignorada da Natureza, de remontar às causas e de deduzir as suas leis. Esse exame só pode fortificar a razão e servir ao progresso, destruindo a superstição em sua origem, porque a superstição está sempre pronta a apoderar-se dos fenômenos desprezados pela Ciência, a desfigurá-los e atribuir-lhes caráter sobrenatural ou miraculoso.

A maior parte das pessoas que desdenham estas questões ou que, tendo-as estudado, o fizeram superficialmente, sem método, sem espírito de coerência, acusa os espíritas de interpretarem mal os fenômenos, ou, pelo menos, de deduzirem conclusões prematuras.

A esses adversários do Espiritismo responderemos que já é alguma coisa ganha o fato de eles se apegarem à interpretação dos fenômenos e não à sua realidade. Efetivamente, os fenômenos verificam-se e não se discutem. A sua realidade é atestada, como vamos ver, por homens do mais elevado caráter, por sábios de alta competência, de nome aureolado por seus trabalhos e descobertas. Mas, não é preciso ser sábio de primeira ordem para averiguar a existência de fenômenos que, caindo debaixo dos sentidos, são, portanto, sempre verificáveis. Qualquer pessoa, com alguma perseverança e sagacidade, colocando-se nas condições necessárias, poderá observar esses fatos e formar sobre eles uma opinião esclarecida.

XIX
Testemunhos científicos

Foi no seio da grande Confederação americana, em 1850, que, pela primeira vez, as manifestações espíritas atraíram a atenção pública. Pancadas faziam-se ouvir em vários aposentos, móveis deslocavam-se sob a ação de uma força invisível, mesas agitavam-se e feriam ruidosamente o solo. Tendo um dos espectadores tido a ideia de combinar as letras do alfabeto com o número de pancadas, estabeleceu-se uma espécie de telegrafia espiritual e a força oculta pôde conversar com os assistentes. Disse ser a alma de uma pessoa conhecida que tinha vivido no país, entrou em minudências muito verídicas sobre a sua identidade, vida e morte, e relatou particularidades que dissiparam todas as dúvidas. Outras almas foram evocadas e responderam com a mesma precisão. Todas se diziam revestidas de um corpo fluídico, invisível aos nossos sentidos, porém que não deixava de ser material.

Rapidamente, multiplicaram-se as manifestações, que, pouco a pouco, se foram estendendo por todos os estados da União. De tal sorte preocuparam a opinião, que certos sábios, acreditando ver nelas uma causa de perturbação para a razão e paz pública, resolveram observá-las de perto, a fim de demonstrarem o seu absurdo. Foi assim que o juiz Edmonds, presidente do Supremo Tribunal de Nova Iorque e presidente do Senado, e o professor de Química, Mapes, da Academia Nacional, foram levados a se pronunciarem sobre a realidade e o caráter dos fenômenos espíritas. Suas conclusões, formuladas depois de rigoroso exame, constam em obras importantes, e por elas está declarado que tais fenômenos eram reais e que só podiam ser atribuídos à ação dos Espíritos.

Propagou-se o movimento a tal ponto que, em 1852, foi dirigida ao Congresso, em Washington, uma petição assinada por quinze mil pessoas, a fim de se obter a proclamação oficial da realidade dos fenômenos.

Um sábio célebre, Robert Hare, professor na Universidade da Pensilvânia, tomou francamente o partido dos espíritas, publicando, sob o título: *Experimental Investigations of the Spiritual Manifestations*, uma obra que fez sensação, e na qual estabeleceu cientificamente a intervenção dos Espíritos.

Robert Dale Owen, sábio e escritor notável, também se ligou a esse movimento de opinião, e escreveu várias obras para favorecê-lo, entre as quais a que teve por título: *Footfalls on the Boundary of Another World* (*Investidas às Fronteiras de um outro Mundo*, 1877), conseguindo um êxito considerável.

Segundo Russel Wallace, o *"Modern Spiritualism"* conta hoje, nos Estados Unidos, onze milhões de adeptos, representados por uma imprensa numerosa (22 jornais ou revistas), cujo órgão principal é o *Banner of Light*, de Boston.

* * *

Na Inglaterra, porém, é que as manifestações espíritas foram submetidas à análise mais metódica. Numerosos sábios ingleses têm estudado os fenômenos da mesa com uma atenção perseverante e minuciosa, e é deles que nos vêm os mais formais testemunhos.

Em 1869, a Sociedade Dialética de Londres, uma das mais autorizadas agremiações científicas, nomeou uma Comissão de 33 membros, sábios, literatos, prelados, magistrados, entre os quais *Sir* John Lubbock, da *Royal Society*, Henry Lewes, hábil fisiologista, Huxley, Wallace, Crookes, entre outros, para examinar e "aniquilar para sempre" esses fenômenos espíritas, que, dizia a moção, "são somente produto da imaginação". Depois de dezoito meses de experiências e de estudos, a Comissão, em seu relatório, reconheceu a realidade dos fenômenos e concluiu em favor do Espiritismo.

Na enumeração dos fatos observados, o relatório não só demonstra as pancadas e os movimentos da mesa, mas também menciona *aparições de mãos e de formas que, não pertencendo a nenhum ente humano, pareciam vivas por sua ação e mobilidade. Essas mãos eram algumas vezes tocadas e seguradas pelos assistentes, convencidos de que elas não eram o resultado de uma impostura ou de uma ilusão.*

Um dos 33, A. Russel Wallace, colaborador de Darwin, e, depois da morte deste, o mais eminente representante do evolucionismo, prosseguiu suas investigações e consignou os seus resultados numa obra de grande êxito: *Miracles and Modern Spiritualism*. Falando dos fenômenos, exprime-se nestes termos:

> Quando me entreguei a essas experiências, era fundamentalmente materialista. Não havia em minha mente concepção alguma de existência espiritual. Contudo, os fatos são obstinados; venceram e obrigaram-me a aceitá-los muito tempo antes que eu pudesse admitir a sua explicação espiritual. Esta veio sob a influência constante de fatos sucessivos que não podiam ser afastados nem explicados de nenhuma outra maneira.

Entre os sábios ingleses cujos testemunhos públicos podem ser invocados em favor da manifestação dos Espíritos, também citaremos Stainton Moses (mais conhecido por Oxon), professor da Faculdade de Oxford, que sobre estas matérias publicou um livro intitulado *Spirit Identity*, e uma outra obra denominada *Psychography*,[83] onde trata principalmente dos fenômenos de escrita direta; Warley, engenheiro-chefe dos telégrafos, inventor do condensador elétrico; Sergent Cox, jurisconsulto; A. de Morgan, presidente da Sociedade Matemática de Londres, que afirma claramente as suas crenças na obra: *From Matter to Spirit*; o professor Challis, da Universidade de Cambridge; os Drs. Charbers, James Gully, G. Sexton, entre outros.

Além de todos estes nomes, justamente estimados, há um outro, maior e mais ilustre, que vem juntar-se à lista dos partidários e defensores do Espiritismo; é o de William Crookes, membro da *Royal Society* (Academia de Ciências da Inglaterra).

Não há ciência que não deva uma descoberta ou um progresso a esse Espírito sagaz. Os trabalhos de Crookes sobre o ouro e a prata, sua aplicação do sódio ao processo de amalgamação são utilizados em todas as oficinas metalúrgicas da América e da Austrália. Com o auxílio do heliômetro do Observatório de Greenwich, foi ele o primeiro que pôde fotografar

---

[83] *Ensinos espiritualistas*, livro muito recomendável pela sua elevação moral.

os corpos celestes; as suas reproduções da Lua são célebres. Seus estudos sobre os fenômenos da luz polarizada, sobre a espectroscopia não são menos conhecidos. Crookes descobriu também o tálio. Todos esses trabalhos, porém, são excedidos por sua magnífica descoberta do quarto estado da matéria, descoberta que lhe assegura um lugar no panteão da Inglaterra, ao lado de Newton e de Herschell, e um outro mais admirável ainda na memória dos homens.

William Crookes entregou-se, durante dez anos, ao estudo das manifestações espíritas e, para verificá-las cientificamente, construiu instrumentos de precisão e delicadeza inauditas. Com o auxílio de um médium notável, a jovem Florence Cook, e de outros sábios tão rigorosamente metódicos como ele, operava em seu próprio laboratório, cercado de aparelhos elétricos, que teriam tornado impossível ou mortal qualquer tentativa de fraude.

Em sua obra: *Researches in the Phenomena of Spiritualism*,[84] Crookes analisa as diversas espécies de fenômenos observados: movimentos de corpos pesados, execução de peças musicais sem contato humano, aparições de mãos em plena luz, aparições de formas e de figuras, etc. Durante vários meses, o Espírito de uma jovem e graciosa mulher, chamada Katie King, mostrou-se, todas as noites, aos olhos dos investigadores, revestindo, por alguns instantes, as aparências de um corpo humano provido de órgãos e de sentidos, conversando com Crookes, com sua esposa e com os assistentes, submetendo-se a todas as experiências exigidas, deixando-se tocar, auscultar, fotografar, após o que se esvaía como tênue névoa. Essas curiosas manifestações estão longamente relatadas na obra referida, de William Crookes.

A *Society for Psychical Research,* outra agremiação de sábios, entrega-se, há dez anos, a investigações profundas sobre os fenômenos de aparições. Várias centenas de casos foram descobertos por ela, consignados na sua revista, denominada *Proceedings* e numa obra especial: *Phantasms of the Living*, dos Drs. Myers, Gurney e Podmore, que explicam tais fenômenos pela *telepatia* ou transmissão do pensamento entre os seres humanos. Quase todos esses fenômenos sucederam-se no momento da morte de pessoas que, em certas ocasiões, se reproduziram nas ditas aparições. Uma leitura atenciosa da *Proceedings* não permite que aceitemos, para um grande número de casos, as diferentes explicações dadas por esses doutores, como sendo tais fenômenos o produto da ação

---

[84] N.T.: *Fatos espíritas*, edição FEB.

mental à distância ou da alucinação, nem mesmo é razoável admitir-se o caráter subjetivo que, em geral, lhes atribuem. A objetividade, a realidade desses fatos ressalta dos próprios termos da *Proceedings* e dos testemunhos recolhidos durante as investigações: "As aparições têm, em certos casos, impressionado os animais; ao seu aspecto, cães bravios são tomados pelo terror, ocultam-se e fogem; cavalos passam apressadamente, trêmulos por todo o corpo, cobrem-se de suor ou recusam-se a avançar".[85]

"Algumas aparições deram lugar a impressões auditivas, táteis e visuais. Fantasmas, em diversos andares de uma casa, foram vistos sucessivamente por diversas testemunhas."[86]

Na obra *Phantasms of the Living* estão referidos muitos efeitos físicos que foram produzidos, tais como ruídos, pancadas, abertura de portas, deslocamento de objetos, etc.; aí também foram mencionadas vozes predizendo os acontecimentos.[87] Certas aparições também puderam ser fotografadas.[88]

Na Alemanha, os mesmos testemunhos da existência dos Espíritos e de suas manifestações decorrem dos trabalhos do astrônomo Zöllner, dos professores Ulrici Weber, Fechner, da Universidade de Leipzig; Carl du Prel, de Munique. Esses sábios, céticos todos, a princípio, e igualmente animados do desejo de desmascarar o que consideravam trapaças vulgares, foram constrangidos, pelo respeito à verdade, a proclamar a realidade dos fatos observados.[89]

* * *

O Movimento Espírita estendeu-se aos países latinos. A Espanha possui, em cada uma das suas principais cidades, uma sociedade e um jornal de estudos psíquicos. A agremiação mais importante é o Centro Barcelonês, ao qual está ligada a União Escolar Espiritista, cujo órgão é *a Revista de estudos psicológicos*. Uma federação reúne todos os grupos e círculos da Catalunha, em número superior a cem. O seu presidente é o visconde Torres-Solanot, escritor e experimentador distinto.

Na Itália também se produziram manifestações importantes em favor do Espiritismo. Depois das experiências do professor Ercole Chiaia,

---

[85] *Proceedings*, p. 151.
[86] *Proceedings*, p. 102 e 107.
[87] *Phantasms of the Living*, p. 102 e 149. *Proceedings*, p. 305.
[88] *Annales des Sciences Psychiques*, p. 356 e 361.
[89] Ler *Wissenschaftliche Abhandlungen*, por Zöllner. N.T.: Idem, *O Desconhecido*, por Camille Flammarion.

de Nápoles, realizadas com a médium Eusapia Palladino, aí se travaram debates apaixonados, que têm agitado o mundo sábio. Esse investigador reproduziu todos os fenômenos notáveis do Espiritismo: transportes, materializações, levitações, etc., aos quais também se devem adicionar as impressões de pés e mãos e fisionomias em parafina derretida, assim obtidas em recipientes isolados de todo e qualquer contato humano.

A publicidade que se deu a esses fatos provocou uma crítica vivaz da parte do professor Lombroso, criminalista e antropologista célebre. Oferecendo-se o Sr. Chiaia para produzir novamente os mesmos fenômenos, realizaram-se então, em fins do ano 1891, várias sessões na própria casa de Lombroso, em Nápoles. Este, auxiliado por outros professores, os Srs. Tamburini, Virgílio, Bianchi, Vizioli, da Universidade de Nápoles, pôde assim verificar a realidade dos fatos espíritas, que depois se tornou pública.[90]

Em carta publicada ulteriormente,[91] o professor Lombroso menciona as experiências realizadas pelos Drs. Barth e Defiosa, durante as quais o primeiro destes viu seu pai, já falecido, que então o abraçou duas vezes. Em outra sessão, o banqueiro Kirsch viu aparecer uma pessoa sua afeiçoada, morta havia vinte anos, e que lhe falou em francês, língua desconhecida do médium.

O professor Lombroso tentou explicar todos os fenômenos espíritas pela "exteriorização da força psíquica do médium", porém não demonstrou como essa teoria poderia a eles adaptar-se.

Desde então, em 18 de novembro de 1892, *L'Italia del Popolo,* jornal político em Milão, publicou um suplemento especial em que se veem as atas das dezessete sessões efetuadas nessa cidade, em casa do Sr. Finzi, com a presença da mesma médium Eusapia Palladino. Esses documentos estão assinados pelos seguintes sábios eminentes de diversos países:

Schiaparelli, diretor do Observatório Astronômico de Milão;

Alexander Aksakof, conselheiro de Estado da Rússia, diretor da revista *Psychische Studien*, de Leipzig;

Carl du Prel, de Munique;

Angelo Brofferio, professor de Filosofia;

Gerosa, professor de Física na Escola Superior de Agricultura, em Portici;

---

[90] Ver a obra *O fenômeno espírita: testemunho dos sábios*, por Gabriel Delanne, p. 235.
[91] Idem, ibidem, p. 238.

Ermacora e G. Finzi, doutores em Física;
Charles Richet, professor na Faculdade de Medicina de Paris, diretor da *Revue Scientifique*;
Lombroso, professor da Faculdade de Medicina de Turim.
Essas atas mencionam a produção dos seguintes fenômenos, observados em plena luz:

> Movimentos mecânicos, que não podem ser explicados pelo contato das mãos; levantamento completo da mesa; movimentos mecânicos com o contato indireto das mãos da médium, exercido de forma a tornar impossível qualquer ação desta, movimentos espontâneos de objetos a distância, sem nenhum contato com as pessoas presentes; movimentos da mesa também sem contato; movimentos dos braços de uma balança; pancadas e reproduções de sons na mesa.

Fenômenos obtidos na obscuridade, estando os pés e as mãos da médium constantemente seguros por duas das pessoas presentes:

> Transporte de diversos objetos, sem contato, tais como: cadeiras, instrumentos de música, etc.; impressão de dedos sobre papel enegrecido por carvão; modelamento de dedos na argila; aparições de mãos sobre um fundo luminoso; aparições de luzes fosforescentes; levantamento da médium para cima da mesa; mudanças de cadeiras com as pessoas que as ocupavam; sensação de apalpadelas.

Enfim, à meia-luz: "Aparições de mãos humanas e vivas sobre a cabeça da médium; contato de uma figura humana barbuda".

Nas suas conclusões, os referidos experimentadores estabelecem que, devido às precauções tomadas, não era possível nenhuma fraude. Do conjunto dos fenômenos observados, dizem eles, depreende-se *a vitória de uma verdade que injustamente muitos têm querido tornar impopular.*

* * *

No Brasil, em Portugal, nos Açores, na Austrália, nas Repúblicas do Rio da Prata e do Pacífico, no México, em Porto Rico e Cuba, o Espiritismo também se tem desenvolvido extraordinariamente, devido isso, em grande parte, à boa aceitação que ele encontra na consciência dos povos e aos fatos que se produzem.

Em todos esses países há centros e revistas ou jornais espíritas que se encarregam de propagar esta consoladora Doutrina, entre as quais podemos mencionar, como mais antigos, o *Reformador,* órgão da Federação Espírita Brasileira, com sede no Rio de Janeiro, a *Revista Espírita de La Habana,* órgão da Sociedade *La Reencarnación,* em Havana, e a revista *Constancia,* órgão da Sociedade Espírita Constância, de Buenos Aires.

XX
O Espiritismo na França

Na França não há tantos sábios espíritas como na Inglaterra, pois os seus homens de ciência, mais talvez do que em qualquer outro país, têm testemunhado indiferença ou reserva proposital a respeito das manifestações psíquicas. Veem-se, entretanto, belas exceções. Assinalamos somente Camille Flammarion, cujo estilo encantador popularizou a ciência dos mundos, e Babinet, membro do Instituto. Estes dois sábios fizeram ato de adesão ao Espiritismo; o primeiro, por seu discurso pronunciado no túmulo de Allan Kardec; o segundo, por uma carta ao Dr. Feytaud (1867), carta que se tornou pública, e na qual fez conhecer sua intenção *de expor ao público os fenômenos incríveis de que foi testemunha, e cuja realidade pensa poder demonstrar, decidido como está a ir avante.* A sua morte, porém, impediu a execução desse projeto.

Mais recentemente, um jovem sábio, de grande futuro, o Dr. Paul Gibier, discípulo favorito de Pasteur e diretor do Instituto Antirrábico de Nova Iorque, publicou duas obras: *O Espiritismo ou faquirismo ocidental* (Paris, 1887) e *Análise das coisas* (1889),[92] nas quais estuda conscienciosamente e afirma, com coragem, a existência dos mesmos fatos.

O Dr. Gibier, com o auxílio do médium Slade, estudou, de modo muito especial, o curioso fenômeno da escrita direta sobre a lousa, ao qual consagrou 33 sessões. Lousas duplas, fornecidas pelo experimentador, fo-

---
[92] N.T.: Traduzidas e editadas em português pela FEB.

ram seladas, uma posta sobre a outra, e assim se obtiveram, no seu interior, numerosas comunicações em várias línguas.

> Temos observado estes fenômenos, escreve ele,[93] tantas vezes e sob formas tão variadas que, se fosse privado nos reportarmos aos nossos sentidos para demonstrar casos tão especiais, renegaríamos o que na vida comum se apresenta todos os dias aos nossos olhos.

É, porém, no mundo das Letras e das Artes que encontraremos numerosos partidários ou defensores dos fenômenos espíritas e das doutrinas que lhes são correlativas. Entre outros escritores que se pronunciaram neste sentido, citaremos: Eugène Nus, o autor das obras: *Grands Mystères* e *Choses de l'Autre Monde*; Vacquerie, que, a respeito deste ponto, expôs suas opiniões nas *Miettes de l'Histoire;* Victor Hugo, Maurice Lachâtre, Théophile Gauthier, Victorien Sardou, C. Fauvety, Ch. Lomon, Eugène Bonnemère, entre outros.

É quase sempre fora das academias que as experiências espíritas na França têm sido tentadas, e, sem dúvida, disso provém a pouca atenção que se lhes tem prestado. De 1850 a 1860, estavam em moda as mesas giratórias; a predileção era geral, nenhuma festa, nenhuma reunião íntima terminava sem alguns exercícios deste gênero. Mas, entre a multidão das pessoas que tomavam parte nessas reuniões e que se divertiam com o fenômeno quantas teriam entrevisto suas consequências, do ponto de vista científico e moral, e a importância das soluções que ele trazia à Humanidade? Cansaram de propor questões banais aos Espíritos. A moda das mesas, como qualquer outra, passou, e, depois de certo processo ruidoso, o Espiritismo caiu em descrédito.

Mas, à falta de sábios oficiais, observadores dos fenômenos, a França possuía um homem que devia representar um papel considerável, universal, no advento do Espiritismo.

Allan Kardec, depois de ter, durante dez anos, estudado pelo método positivo, com razão esclarecida e paciência infatigável, as experiências feitas em Paris; depois de ter recolhido os testemunhos e documentos que de todos os pontos do globo lhe chegaram, coordenou esse conjunto de fatos, deduziu os princípios gerais e compôs um corpo de doutrina, contido em cinco volumes, cujo êxito foi tal que alguns ultrapassaram hoje a quadra-

---

[93] *O Espiritismo ou faquirismo ocidental*, p. 340.

gésima edição, a saber: *O livro dos espíritos* ou parte filosófica, *O livro dos médiuns* ou parte experimental, *O evangelho segundo o espiritismo* ou parte moral, *O céu e o inferno* ou parte analítica e *A gênese* ou parte científica.[94]

Allan Kardec fundou a *Revue Spirite*, de Paris, que se tornou o órgão, o traço de união dos espíritas do mundo inteiro, e na qual se poderá acompanhar a evolução lenta e progressiva desta revelação moral e filosófica.

A obra de Allan Kardec é, portanto, o resumo dos ensinos comunicados aos homens pelos Espíritos, em um número considerável de grupos espalhados por todos os pontos da Terra, e durante um período de vinte anos.

Essas comunicações nada têm de sobrenaturais, porque os Espíritos são seres semelhantes a nós que vivemos na Terra e, em sua maior parte, a ela voltarão, submetidos, como nós, às Leis da Natureza e revestidos de um corpo, mais sutil é verdade, mais etéreo do que o nosso, porém perceptível aos sentidos humanos em condições determinadas.

Allan Kardec, como escritor, mostrou-se de uma clareza perfeita e de uma lógica rigorosa. Todas as suas apreciações repousam sobre fatos observados, atestados por milhares de testemunhas. Apelou para a Filosofia, e esta desceu das alturas abstratas em que pairava, fez-se simples, popular, acessível a todos. Despida das suas formas envelhecidas, posta ao alcance das mais humildes inteligências, ela demonstra a persistência da vida de além-túmulo, e assim traz esperança, consolação e luz àqueles que sofrem.

A doutrina de Allan Kardec, nascida — não será demasiado repeti-lo — da observação metódica, da experiência rigorosa, não se torna um sistema definitivo, imutável, fora e acima das conquistas futuras da Ciência. Resultado combinado de conhecimentos dos dois mundos, de duas humanidades penetrando-se uma na outra, ambas, porém, imperfeitas e a caminho da verdade, do desconhecido, a Doutrina dos Espíritos transforma-se, sem cessar, pelo trabalho e pelo progresso, e, embora superior a todos os sistemas, a todas as filosofias do passado, acha-se aberta às retificações, aos esclarecimentos do futuro.

Depois da morte de Allan Kardec, o Espiritismo fez uma evolução considerável, assimilando o fruto de vinte e cinco anos de trabalhos. A descoberta da matéria radiante, as análises dos sábios ingleses e americanos sobre os fluidos, sobre os invólucros perispirituais ou formas revestidas

---

[94] N.T.: traduzidos e editados em língua portuguesa pela FEB.

pelos Espíritos em suas aparições, todos esses progressos abriram ao Espiritismo um novo horizonte. Graças a esses estudos, o Espiritismo penetrou a natureza íntima do mundo fluídico, e, para o futuro, pode, com armas iguais, lutar contra seus adversários nesse terreno da Ciência que se lhe tornou familiar.

O Congresso Espírita e Espiritualista Internacional, reunido em Paris, no mês de setembro de 1889, demonstrou toda a vitalidade da Doutrina que acreditavam sepultada debaixo dos sarcasmos e das zombarias. Quinhentos delegados, vindos de todos os pontos do mundo, assistiram às suas sessões, 95 revistas e jornais aí estiveram representados. Homens de grande saber e de alta posição, médicos, magistrados, professores e mesmo sacerdotes, pertencentes às mais diversas nacionalidades — franceses, espanhóis, italianos, belgas, suíços, russos, alemães, suecos, etc. —, todos tomaram parte nos debates.

Os membros das diversas doutrinas representadas nesse Congresso — espíritas, teosofistas, cabalistas, swedenborguianos, em perfeita união, afirmaram, por unanimidade de votos, os dois princípios seguintes:

1º Persistência do "eu" consciente depois da morte, ou seja, a imortalidade da alma.

2º Relação entre os vivos e os mortos.[95]

O Congresso Espírita de 1889, despertando a atenção pública, estimulou o espírito de exame e provocou um conjunto de estudos e experiências científicos. Charles Richet e o coronel De Rochas fundaram, em Paris, uma sociedade de investigações psíquicas, cujo primeiro cuidado foi estabelecer um exame sobre os fenômenos de aparição e sobre todos os fatos da psicologia oculta observados na França. Uma revista especial, os *Annales des Sciences Psychiques*, dirigida pelo Dr. Dariex, dá conta não só desses trabalhos, mas também dos que são realizados pelas sociedades estrangeiras análogas.

O Congresso Internacional de Psicologia Experimental, realizado em Londres, no ano de 1892, mostrou que, em pouco tempo, se haviam

---

[95] O Congresso Espírita e Espiritualista Internacional de Paris, 1900, ratificou, por votação unânime, as seguintes declarações:
"1) Reconhecimento da existência de Deus, inteligência suprema, causa primeira de todas as coisas; 2) pluralidade dos mundos habitados; 3) imortalidade da alma; 4) sucessividade de suas existências corporais na Terra e noutros globos do Espaço; 5) demonstração experimental da sobrevivência da alma humana pela comunicação mediúnica com os Espíritos; 6) condições felizes ou infelizes da vida humana, em razão das anteriores experiências da alma — de seus méritos e de seus deméritos —, e dos progressos que ela tem a realizar; 7) perfectibilidade infinita do ser; e 8) solidariedade e fraternidade universais".

produzido na Ciência algumas modificações especialmente notáveis sobre o assunto.

Charles Richet aborda francamente a questão da nova Psicologia e trata dos fenômenos espíritas: telepatia, dupla vista, etc. Esse eminente professor começa por fazer o seguinte questionário:[96]

> Existirá essa Psicologia oculta? Para nós isso não é duvidoso, pois efetivamente existe tal Psicologia. Não é possível que tantos homens distintos da Inglaterra, América, França, Alemanha, Itália e outros países, se tenham deixado enganar tão grosseiramente. Eles refletiram e discutiram todas as objeções apresentadas, não encontrando motivo para atribuírem ao acaso ou ao produto de fraude qualquer dos fenômenos observados, visto terem tomado precauções, antes mesmo que outros as houvessem indicado. Recuso-me também a acreditar que tais trabalhos tenham sido estéreis ou que esses homens tivessem meditado, experimentado, refletido sobre meras ilusões.

Charles Richet lembra aos membros do Congresso o quanto as academias se têm arrependido de haverem, muitas vezes, negado *a priori* as mais belas descobertas; por isso, elas deviam ser agora mais cautelosas a fim de não caírem na mesma falta. Demonstra os resultados proveitosos que, do estudo da nova Psicologia, baseada sobre o método experimental, pode decorrer para a Ciência e para a Filosofia.

---

[96] *Annales des Sciences Psychiques*, dezembro, 1892.

XXI
O perispírito ou corpo espiritual

Os materialistas, em sua negação da existência da alma, muitas vezes têm apelado para a dificuldade de conceberem um ser privado de forma. Os próprios espiritualistas não sabem explicar como a alma imaterial, imponderável, poderia presidir e unir-se estreitamente ao corpo material, de natureza essencialmente diferente. Essas dificuldades encontram solução nas experiências do Espiritismo.

Como precedentemente já o dissemos, a alma está, durante a vida material, assim como depois da morte, revestida constantemente de um envoltório fluídico, mais ou menos sutil e etéreo, que Allan Kardec denominou *perispírito* ou corpo espiritual. Como participa simultaneamente da alma e do corpo material, o perispírito serve de intermediário a ambos: transmite à alma as impressões dos sentidos e comunica ao corpo as vontades do Espírito. No momento da morte, destaca-se da matéria tangível, abandona o corpo às decomposições do túmulo; porém, inseparável da alma, conserva a forma exterior da personalidade desta. O perispírito é, pois, um organismo fluídico; é a forma preexistente e sobrevivente do ser humano, sobre a qual se modela o envoltório carnal, como uma veste dupla e invisível, constituída de matéria quintessenciada, que atravessa todos os corpos por mais impenetráveis que estes nos pareçam.

A matéria grosseira, incessantemente renovada pela circulação vital, não é a parte estável e permanente do homem. É perispírito o que garante a manutenção da estrutura humana e dos traços fisionômicos, e isto em todas as épocas da vida, desde o nascimento até a morte. Exerce, assim, a ação de uma forma, de um molde contrátil e expansível sobre o qual as moléculas vão incorporar-se.

Esse corpo fluídico não é, entretanto, imutável; depura-se e enobrece-se com a alma; segue-a através das suas inumeráveis encarnações; com ela sobe os degraus da escada hierárquica, torna-se cada vez mais diáfano e brilhante para, em algum dia, resplandecer com essa luz radiante de que falam as bíblias (antigas) e os testemunhos da História a respeito de certas aparições. É no cérebro desse corpo espiritual que os conhecimentos se armazenam e se imprimem em linhas fosforescentes, e é sobre essas linhas que, na reencarnação, se modela e forma o cérebro da criança. Assim, o intelecto e o moral do Espírito, longe de se perderem, capitalizam-se e se acrescem com as existências deste. Daí as aptidões extraordinárias que trazem, ao nascer, certos seres precoces, particularmente favorecidos.

A elevação dos sentimentos, a pureza da vida, os nobres impulsos para o bem e para o ideal, as provações e os sofrimentos pacientemente suportados, depuram pouco a pouco as moléculas perispiríticas, desenvolvem e multiplicam as suas vibrações. Como uma ação química, eles consomem as partículas grosseiras e só deixam subsistir as mais sutis, as mais delicadas.

Por efeito inverso, os apetites materiais, as paixões baixas e vulgares reagem sobre o perispírito e o tornam mais pesado, denso e escuro. A atração dos globos inferiores, como a Terra, exerce-se de modo irresistível sobre esses organismos espirituais, que, em parte, conservam as necessidades do corpo e não podem satisfazê-las. As encarnações dos Espíritos que sentem tais necessidades sucedem-se rapidamente, até que o progresso pelo sofrimento venha atenuar suas paixões, subtraí-los às influências terrestres e abrir-lhes o acesso de mundos melhores.

Estreita correlação liga os três elementos constitutivos do ser. Quanto mais elevado é o Espírito, tanto mais sutil, leve e brilhante é o perispírito, tanto mais isento de paixões e moderado em seus apetites ou desejos é o corpo. A nobreza e a dignidade da alma refletem-se sobre o perispírito, tornando-o mais harmonioso nas formas e mais etéreo; revelam-se até sobre o próprio corpo: a face então se ilumina com o reflexo de uma chama interior.

É pelas correntes magnéticas que o perispírito se comunica com a alma. É pelos fluidos nervosos que ele está ligado ao corpo. Esses fluidos, posto que invisíveis, são vínculos poderosos que o prendem à matéria, do nascimento à morte, e mesmo, nos sensuais, assim o conservam, até a dissolução do organismo. A agonia representa a soma de esforços realizados pelo perispírito a fim de se desprender dos laços carnais.

O fluido nervoso ou vital, de que o perispírito é a origem, exerce um papel considerável na economia orgânica. Sua existência e seu modo de ação podem explicar muitos problemas patológicos. Ao mesmo tempo agente de transmissão das sensações externas e das impressões íntimas, ele é comparável ao fio telegráfico, transmissor do pensamento, e que é percorrido por uma dupla corrente.

A existência do perispírito era conhecida dos antigos. Pelas palavras — *ochéma* e *férouer,* os filósofos gregos e orientais designavam o invólucro da alma "lúcido, etéreo, aromático". Segundo os persas, assim que chega a hora da reencarnação, o *férouer* atrai e condensa em torno de si as moléculas materiais que são necessárias à constituição do corpo, e, pela morte deste, as restitui aos elementos que, em outros meios, devem formar novos invólucros carnais. O Cristianismo também conserva vestígios dessa crença. S. Paulo, em sua primeira epístola aos coríntios, exprime-se nos seguintes termos: "O homem está na Terra com um corpo animal e ressuscitará com um corpo espiritual. Assim como tem um corpo animal, também possui um corpo espiritual".

Embora em diversas épocas tenha sido afirmada a existência do perispírito, foi ao Espiritismo que coube determinar o seu papel exato e a sua natureza. Graças às experiências de Crookes e de outros sábios ingleses, sabemos que o perispírito é o instrumento com cujo auxílio se executam todos os fenômenos do magnetismo e do Espiritismo. Esse organismo espiritual, semelhante ao corpo material, é um verdadeiro reservatório de fluidos, que a alma põe em ação pela sua vontade. É ele que, no sono natural como no sono provocado, se desprende da matéria, transporta-se a distâncias consideráveis e, na escuridão da noite como na claridade do dia, vê, percebe e observa coisas que o corpo não poderia conhecer por si.

O perispírito tem, portanto, sentidos análogos aos do corpo, porém muito mais poderosos e elevados. Ele tudo vê pela luz espiritual, diferente da luz dos astros, e que os sentidos materiais não podem perceber, embora esteja espalhada em todo o Universo.

A permanência do corpo fluídico, antes como depois da morte, explica também o fenômeno das aparições ou materializações de Espíritos. O perispírito, na vida livre do espaço, possui virtualmente todas as forças que constituem o organismo humano, mas nem sempre as põe em ação. Desde que o Espírito se acha nas condições requeridas, isto é, desde que pode retirar do médium a matéria fluídica e a força vital necessárias, ele as assimila e reveste, pouco a pouco, as aparências do corpo terrestre. A corrente vital circula, então, e, sob a ação do fluido que recebe, as moléculas físicas coordenam-se segundo o plano do organismo, plano de que o perispírito reproduz os traços principais. Logo que o corpo humano fica reconstituído, o seu organismo entra em funções.

As fotografias e os moldes obtidos em parafina mostram-nos que esse novo corpo é idêntico ao que o Espírito animava na Terra; mas essa vida só pode ser temporária e passageira, porque é anormal, e os elementos que a produzem, após uma curta condensação, voltam às fontes donde foram emanados.

XXII
Os médiuns

As faculdades do perispírito, seus meios de percepção e de desprendimento, por maior desenvolvimento que tenham em certas pessoas, não podem, entretanto, exercer-se em sua plenitude durante o período da encarnação, isto é, durante a vida terrestre. O perispírito acha-se então estreitamente ligado ao corpo. Prisioneiro neste invólucro espesso e obscuro, não pode daí se afastar senão em certos momentos e em condições particulares. Seus recursos permanecem latentes; daí vem a fraqueza de nossa memória, impotente em trazer de volta o curso de nossas existências passadas. Restituída à vida espiritual, a alma reassume completo poder sobre si mesma e o perispírito recobra a plenitude de suas faculdades. Desde então, pode agir convenientemente sobre os fluidos, impressionar os organismos e os cérebros humanos. Nisso é que consiste o segredo das manifestações espíritas. Um magnetizador exerce poderosa ação sobre o seu *passivo* ou sonâmbulo, provoca seu desprendimento, suspende sua vida material. Assim também os Espíritos ou almas desencarnadas podem, pela vontade, dirigir correntes magnéticas sobre os seres humanos, influenciar seus órgãos e, por seu intermédio, comunicar-se com outros habitantes da Terra. Os seres especialmente caracterizados pela delicadeza e sensibilidade do seu sistema nervoso à manifestação dos Espíritos têm o nome de *médiuns*. Suas aptidões são múltiplas e variadas. Aqueles cuja vista atravessa o nevoeiro opaco que nos oculta aos mundos etéreos e que, por um vislumbre, chegam a entrever alguma coisa da vida celeste são designados por sensitivos ou por clarividentes. Alguns até possuem a faculdade de ver os Espíritos, de ouvir deles a revelação das leis superiores.

Todos somos médiuns, é verdade; porém, em graus bem diferentes. Muitos o são e ignoram-no; mas não há homem sobre quem deixe de atuar a influência boa ou má dos Espíritos. Vivemos no meio de uma multidão invisível que assiste, silenciosa, atenta, às minudências de nossa existência; participa, pelo pensamento, de nossos trabalhos, de nossas alegrias e de nossas penas. Nessa multidão ocupa lugar a maior parte daqueles que encontramos na Terra, e de quem seguimos até ao campo fúnebre os pobres e cansados despojos. Parentes, amigos, indiferentes, inimigos... subsistem todos e são arrastados pela atração dos hábitos e das recordações para os lugares e para os homens a quem conheceram. Essa multidão invisível influencia-nos, observa-nos, inspira-nos, aconselha-nos e, mesmo, em certos casos, persegue-nos e obsidia-nos com seu ódio e sua vingança.

Todos os escritores conhecem esses momentos de inspiração, em que o pensamento se ilumina com claridades inesperadas, em que as ideias deslizam, como uma corrente, debaixo da pena. Quem de nós, nas ocasiões de tristeza, de acabrunhamento, de desespero, não se sentiu algumas vezes reanimado, reconfortado por uma ação misteriosa e íntima? E os descobridores, os guias do progresso, todos esses que lutam por engrandecer o domínio e o poder da Humanidade, não têm sido todos eles beneficiados com o socorro invisível que os nossos antepassados lhes trazem nas horas decisivas? Os escritores subitamente inspirados, os descobridores repentinamente esclarecidos são outros tantos médiuns intuitivos e inconscientes. Em certas pessoas, a faculdade de comunicar-se com os Espíritos reveste uma forma mais clara, mais acentuada. Alguns médiuns sentem a mão arrastada por uma força estranha e cobrem o papel de conselhos, avisos e ensinos variados. Outros, ricos em fluido vital, veem as mesas se agitarem debaixo de seus dedos e obtêm, por meio de pancadas tangidas nesses móveis, comunicações mais lentas, porém mais nítidas e apropriadas a convencer os incrédulos. Ainda outros, mergulhados no sono magnético pela influência dos Espíritos, abandonam a direção de seus órgãos a esses hóspedes invisíveis, que deles se utilizam para conversar com os encarnados como no tempo de sua vida corpórea. Nada mais estranho e mais frisante do que ver desfilar sucessivamente no corpo delgado e delicado de uma senhora, e até de uma mocinha, as personalidades mais diversas, o Espírito dum defunto qualquer, dum padre, duma criada, dum artista, revelando-se por atitudes características, pela linguagem que lhes era familiar durante a existência terrena.

Mas que dizer, quando são Espíritos conhecidos e amados dos assistentes, que vêm afirmar sua presença e sua imortalidade, prodigalizar exortações e animações àqueles que deixaram após si no árduo caminho da vida, mostrar a todos o alvo supremo? Quem descreverá as efusões, os transportes, as lágrimas daqueles a quem um pai, uma mãe, uma mulher amada vem, de além-túmulo, consolar, reanimar com sua afeição e seus conselhos?

Certos médiuns facilitam, por sua presença, o fenômeno das aparições, ou, antes, segundo uma expressão nova, das materializações de Espíritos. Estes últimos tiram ao perispírito do médium uma certa quantidade de fluido, assimilam-no pela vontade e assim condensam seu próprio envoltório, até torná-lo visível e, algumas vezes, tangível.

Alguns médiuns servem também de intermediários aos Espíritos para transmitirem aos doentes e valetudinários eflúvios magnéticos que aliviam e, algumas vezes, curam esses infelizes. É uma das mais belas e úteis formas da mediunidade.

Digamos ainda que uma multidão de sensações inexplicadas provém da ação oculta dos Espíritos. Por exemplo, os pressentimentos que nos advertem de uma desgraça, da perda de um ser amado são causados pelas correntes fluídicas que os desencarnados projetam sobre aqueles a quem estimam. O organismo sente esses eflúvios, mas raras vezes o pensamento humano trata de examiná-los. Há, entretanto, no estudo e na prática das faculdades mediúnicas, uma fonte de ensinos elevados.

Erradamente se consideraria a faculdade mediúnica como privilégio ou favor. Cada um de nós, já o dissemos, traz em si os rudimentos de uma mediunidade, que se pode desenvolver, exercitando-a. A vontade, nisso como em tantas outras coisas, desempenha um papel considerável. As aptidões de certos médiuns célebres explicam-se pela natureza particularmente maleável, elástica de seu organismo fluídico, que, assim, se presta admiravelmente à ação dos Espíritos. Sabendo que a alma, por seus esforços e tendências, fabrica e modifica, em todo ou em parte, o seu organismo, através dos séculos, não veremos na mediunidade daqueles que a possuem senão a consequência natural dos seus próprios trabalhos operados em vidas anteriores.

Em geral, a sensibilidade fluídica do ser é proporcional a seu grau de pureza e de adiantamento moral.[97] Quase todos os grandes missionários, os reformadores, os fundadores de religiões eram poderosos médiuns, em comunhão constante com os seres invisíveis, cujas inspirações recebiam. Sua vida inteira é um testemunho da existência do mundo dos Espíritos e de suas relações com a Humanidade terrestre.

Assim se explicam — levando em conta exagerações e legendas — numerosos fatos qualificados de maravilhosos e sobrenaturais. A existência do perispírito e as leis da mediunidade indicam-nos os meios pelos quais se exerce, através das idades, a ação dos Espíritos sobre os homens. A Egéria de Numa, os sonhos de Cipião, os gênios familiares de Sócrates, de Tasso, de Jerônimo Cardan, as vozes de Joana d'Arc, os inspirados de Cévennes, a vidente de Prévorst, mil outros fatos análogos, considerados à luz do Espiritualismo Moderno, perdem, aos olhos do pensador, todo o caráter de sobrenatural e de misterioso.

É, entretanto, por esses fatos que se revela a grande lei da solidariedade que une a Humanidade terrestre às humanidades do Espaço. Livres dos laços da matéria, os Espíritos superiores podem erguer o véu espesso que ocultava as grandes verdades. As leis eternas aparecem desprendidas da obscuridade com que neste mundo as envolvem os sofismas e os miseráveis interesses pessoais.

Animadas do ardente desejo de cooperarem ainda para o movimento ascensional dos seres, essas grandes almas tornam a descer até nós e põem-se em relação com aqueles de entre os seres humanos cujas constituições sensitivas e nervosas habilitam a preencher o papel de médiuns. Por seus ensinos e salutares conselhos, trabalham, com o auxílio desses intermediários, para o progresso moral das sociedades terrestres.

---

[97] Há exceções a esta regra. Nem todos os médiuns devem as suas faculdades a uma vida pura e exemplar.

XXIII
A evolução perispiritual

As relações seculares entre os Espíritos e os homens, confirmadas, explicadas pelas recentes experiências do Espiritismo, demonstram a sobrevivência do ser sob uma forma fluídica mais perfeita.

Essa forma indestrutível, companheira e serva da alma, testemunho de suas lutas e de seus sofrimentos, participa de suas peregrinações, eleva-se e purifica-se com ela. Gerado nos últimos degraus da animalidade, o ser perispiritual sobe lentamente a escala das espécies, impregnando-se dos instintos das feras, das astúcias dos felinos, e também das qualidades, das tendências generosas dos animais superiores. Até então mais não é que um ser rudimentar, um esboço incompleto. Chegando à Humanidade, começa a ter sentimentos mais elevados; o Espírito irradia com maior vigor e o perispírito ilumina-se com claridades novas. De vidas em vidas, à proporção que as faculdades se dilatam, que as aspirações se depuram, que o campo dos conhecimentos se alarga, ele se enriquece com sentidos novos. Como a borboleta que sai da crisálida, assim também o corpo espiritual desprende-se de seus andrajos de carne, sempre que uma encarnação termina. A alma, inteira e livre, retoma posse de si mesma e, considerando, em seu aspecto esplêndido ou miserável, o manto fluídico que a cobre, verifica seu próprio estado de adiantamento.

Como o carvalho que guarda em si os sinais de seus desenvolvimentos anuais, assim também o perispírito conserva, sob suas aparências presentes, os vestígios das vidas anteriores, dos estados sucessivamente percorridos. Esses vestígios repousam em nós muitas vezes esquecidos; porém, desde que a alma os evoca, desperta a sua recordação, eles reaparecem, com outras tantas testemunhas, balizando o caminho longa e penosamente percorrido.

Os Espíritos atrasados têm envoltórios impregnados de fluidos materiais. Sentem ainda depois da morte as impressões e as necessidades da vida terrestre. A fome, o frio e a dor subsistem entre aqueles que são mais grosseiros. Seu organismo fluídico, obscurecido pelas paixões, só pode vibrar fracamente, e, portanto, suas percepções são mais restritas. Nada sabem da vida do espaço. Em si e ao seu redor tudo são trevas.

A alma pura, livre das atrações bestiais, conforma um perispírito semelhante a si própria. Quanto mais sutil for esse perispírito, tanto maior força expenderá, tanto mais se dilatarão suas percepções. Participa de meios de existência de que apenas podemos fazer uma ideia; inebria-se dos gozos da vida superior, das magníficas harmonias do infinito. Tal é a tarefa e a recompensa do Espírito humano. Por seus longos trabalhos, ele deve criar para si novos sentidos, de uma delicadeza e de uma força sem limites; domar as paixões brutais, transformar esse espesso invólucro numa forma diáfana, resplandecente de luz; eis a obra destinada a todos em geral, e em que todos necessitam prosseguir, através de degraus inumeráveis, na perspectiva maravilhosa que os mundos oferecem.

XXIV
Consequências filosóficas e morais

Os fatos espíritas são ricos em consequências filosóficas e morais. Trazem a solução, tão clara como completa, dos maiores problemas suscitados, através dos séculos, pelos sábios e pelos pensadores de todos os países: o problema da nossa natureza íntima, tão misteriosa, tão pouco conhecida, e o problema dos nossos destinos. A imortalidade, que até então não passava de uma esperança, de uma intuição da alma, de aspiração vaga e incerta para um estado melhor, a imortalidade, de agora em diante, está provada; bem assim a comunhão dos vivos com aqueles a quem julgavam mortos, o que é sua consequência lógica. Não mais é possível a dúvida. O homem é imortal. A morte é mera transformação. Desse fato e do ensino dos Espíritos deduz-se ainda a certeza da pluralidade de nossas existências terrestres.

Essa evolução do ser através de suas vidas renovadas, sendo ele próprio o edificador do seu futuro, construindo-se todos os dias a si mesmo, por seus atos, quer no seio do abismo quer no desabrochamento das humanidades felizes, essa identidade de todos, nas origens como nos fins, esse aperfeiçoamento gradual, fruto do cumprimento de deveres no trabalho e nas provações, tudo isso nos mostra os princípios eternos de justiça, de ordem, de progresso que reinam nos mundos, regulando o destino das almas, segundo leis sábias, profundas, universais.

O Espiritismo é, pois, simultaneamente, uma filosofia moral e uma ciência positiva. Ao mesmo tempo, pode satisfazer ao coração e à razão. Apresentou-se ao mundo no momento preciso, quando as concepções religiosas do passado se deslocavam de suas bases, quando a Humanidade, tendo perdido a fé ingênua dos velhos tempos, corroída pelo ceticismo, errava no vácuo, sem bússola, e, tateando como cega, procurava o caminho. O evento do Espiritismo é, ninguém se engane, um dos maiores acontecimentos da história do mundo. Há dezoito séculos, sobre as ruínas do paganismo agonizante, no seio de uma sociedade corrompida, o Cristianismo, pela voz dos mais humildes e dos mais desprezados, trazia, com moral e fé novas, a revelação de dois princípios até aí ignorados pelas multidões: a caridade e a fraternidade humana. Assim hoje, em face das doutrinas religiosas enfraquecidas, petrificadas pelo interesse material, impotentes para esclarecer o espírito humano, ergueu-se uma filosofia racional, trazendo em si o germe de uma transformação social, um meio de regenerar a Humanidade, de libertá-la dos elementos de decomposição que a esterilizam e enodoam. Vem oferecer uma base sólida à fé, uma sanção à moral, um estimulante à virtude. Faz do progresso o alvo da vida e a lei superior do Universo.

Acaba com o reinado do favoritismo, do arbitrário e da superstição, mostrando na elevação dos seres o resultado de seus próprios esforços. Ensinando que uma igualdade absoluta e uma solidariedade íntima ligam os homens através das suas vidas coletivas, ela golpeia vigorosamente o orgulho e o egoísmo, esses dois monstros que, até então, nada havia podido domar ou submeter.

XXV
O Espiritismo e a Ciência

Os fenômenos do Espiritismo, tão importantes por seus resultados científicos e suas consequências morais, não têm sido, entretanto, acolhidos com todo o interesse que merecem. A generalidade do público, depois de uma predileção passageira, recaiu na indiferença. Mesmo entre os homens da Ciência, muitos, que nada tinham estudado, nada observado pessoalmente, desdenhando os testemunhos dos experimentadores, declaravam impossíveis e absurdas as manifestações. Já o dissemos, o homem, tantas vezes enganado, tornou-se cético e desconfiado. Entretanto, esse acolhimento pode parecer estranho, ao menos por parte de sábios, cuja missão, é de supor-se, consiste em estudar todos os fenômenos e em procurar suas causas e leis. Mas, isso não surpreenderá aqueles que conhecem a natureza humana e lembram-se das lições da História.

A novidade vem inquietar porque destrói teorias já afeiçoadas, velhos sistemas edificados com muita dificuldade; derriba situações obtidas e perturba comodidades, por necessitar de pesquisas e de observações para as quais já não há mais gosto. O filósofo alemão E. Hartmann muito bem disse, em sua obra sobre o Espiritismo:

> Os representantes oficiais da Ciência recusam-se a queimar os dedos com essas coisas, seja porque, em consequência de sua convicção atual sobre a infalibilidade da Ciência, se acreditem autorizados a decretar *a*

priori o que é possível e o que é impossível, seja, simplesmente, porque não tenham nenhum desejo de trocar estudos especiais por outros que lhes são menos familiares.

Os sábios são efetivamente homens, e, como todos os homens, têm suas fraquezas e suas prevenções. É preciso um verdadeiro heroísmo para acolher com imparcialidade fatos que vêm impor formal desmentido aos trabalhos de uma existência inteira, abalar uma celebridade laboriosamente conquistada.

Como todas as grandes descobertas, o Espiritismo devia receber o batismo das humilhações e da prova. Quase todas as ideias novas, particularmente as mais fecundas, têm sido escarnecidas, insultadas em seu aparecimento, rejeitadas como utopias. As descobertas do vapor e da eletricidade e mesmo o estabelecimento de estradas de ferro foram, por muito tempo, qualificados de mentiras e de quimeras. A Academia de Medicina de Paris rejeitava, a princípio, a teoria de Harvey sobre a circulação do sangue, como repelia mais tarde o magnetismo. E, enquanto essa academia declarava que o magnetismo não existia, a Academia de Viena proscrevia o seu uso como perigoso. Com que zombarias os sábios não saudaram, em época mais recente, as descobertas de Boucher de Perthes, o criador da Antropologia pré-histórica, ciência hoje consagrada, e que derrama tão vivas luzes sobre a origem das sociedades humanas!

Todos os que têm querido libertar a Humanidade da sua ignorância, revelar os segredos das forças naturais ou das leis morais, todos esses viram erguer-se diante de si um calvário, e têm sido embebidos com fel e ultrajes. Galileu esteve preso; Giordano Bruno foi queimado; Jesus, crucificado; Watt, Fulton e Papin foram injuriados; Salomão de Caus ficou encarcerado entre loucos. Hoje, não se prende, não se queima, nem mais se proscreve por crime de opinião, porém o sarcasmo e a ironia são ainda formas de opressão. Por causa da coligação das classes sacerdotais e sábias, certas ideias têm necessitado de uma vitalidade inaudita para se desenvolverem. Mas, as ideias, como os homens, engrandecem-se na dor. Cedo ou tarde, a verdade triunfa das infalibilidades conjuradas!

Depois de evocadas essas penosas recordações, depois de conjecturarmos sobre as indecisões sucessivas do pensamento, lembrando-nos do acolhimento feito, no passado, a ideias, a descobertas que, centuplicando o poder do homem, asseguraram seu triunfo sobre a natureza cega; depois de termos traçado as reações do espírito de rotina, erguendo-se contra os inovadores, não haverá fundamentos para pedir aos detratores do Espiritismo um pouco de paciência e de reflexão, antes de condenarem sem exame, não diremos ideias, especulações gratuitas do pensamento, mas fatos, fatos de observação e de experiência?

Cada passo que se imprime à frente lembra ao homem seu pouco saber. As nossas conquistas científicas não são mais que esboços provisórios, superiores à ciência dos nossos pais, mas que serão substituídas por novas descobertas e novos conhecimentos. O tempo presente não é senão uma estação na grande viagem da Humanidade, um ponto na história das gerações. A utopia de ontem torna-se a realidade de amanhã. O homem pode gloriar-se de ter contribuído para aumentar a bagagem intelectual do passado. Ninguém deve jamais dizer: o que ignoro ficará sempre oculto. Comparemos o modesto domínio da Ciência com o infinito das coisas, com os campos ilimitados do desconhecido, que ainda nos resta explorar. Essa comparação ensinar-nos-á a sermos mais circunspectos em nossas apreciações.

XXVI
Perigos do Espiritismo

Querendo certos experimentadores do Espiritismo, com o intuito de verificação, fixar as condições de produção dos fenômenos, acumular os obstáculos e as exigências, nenhum resultado satisfatório obtiveram, e, desde então, tornaram-se hostis a essa ordem de fatos.

Devemos lembrar que as manifestações dos Espíritos não poderiam ser assemelhadas às experiências de Física e de Química.

Ainda assim, estão estas submetidas a regras fixas, fora das quais todo resultado é impossível. Nas comunicações espíritas, achamo-nos diante não mais de forças cegas, porém de seres inteligentes, dotados de vontade e de liberdade, que, não raro, leem em nós, discernem nossas intenções malévolas e, se são de ordem elevada, cuidam pouco de se prestarem às nossas fantasias.

O estudo do mundo invisível exige muita prudência e perseverança. Somente ao fim de muitos anos de reflexão e de observação é que se adquire o conhecimento da vida, é que se aprende a julgar os homens, a discernir o seu caráter, a resguardar-se dos embustes de que está semeado o mundo. Mais difícil ainda de obter é o conhecimento da humanidade invisível que nos cerca e paira acima de nós. O Espírito desencarnado acha-se, além da morte, tal como ele próprio se fez durante sua estada neste mundo. Nem melhor nem pior. Para domar uma paixão, corrigir uma falta, atenuar um vício é, algumas vezes, necessária mais de uma existência. Daí resulta que, na multidão dos Espíritos, os caracteres sérios e refletidos estão, como na Terra, em minoria, e os Espíritos levianos, amantes de coisas pueris e vãs, formam numerosas legiões. O mundo invisível é, pois, em mais vasta escala, a reprodução do mundo terrestre. Lá, como aqui, a verdade e a Ciência não são partilha de todos. A superioridade intelectual e moral só se obtém por um trabalho lento e contínuo, pela acumulação de progressos realizados no curso de longa série de séculos.

Sabemos, entretanto, que esse mundo oculto reage constantemente sobre o mundo corpóreo. Os mortos influenciam os vivos, os guiam e inspiram à vontade. Os Espíritos atraem-se em razão de suas afinidades. Os que despiram as vestes carnais assistem os que ainda estão com elas. Estimulam-nos no caminho do bem; porém, mais vezes ainda, nos impelem ao do mal.

Os Espíritos superiores só se manifestam nos casos em que sua presença é útil e pode facilitar o nosso melhoramento. Fogem das reuniões bulhentas e só se dirigem a homens animados de intenções puras. Pouco lhes convêm as nossas regiões obscuras. Desde que podem, voltam para os meios menos carregados de fluidos grosseiros, mas, apesar da distância, não cessam de velar pelos seus protegidos.

Os Espíritos inferiores, incapazes de aspirações elevadas, comprazem-se em nossa atmosfera. Mesclam-se em nossa vida e, preocupados unicamente com o que cativava seu pensamento durante a existência corpórea, participam dos prazeres e trabalhos daqueles a quem se sentem unidos por analogias de caráter ou de hábitos. Algumas vezes mesmo, dominam e subjugam as pessoas fracas que não sabem resistir às suas influências. Em certos casos, seu império torna-se tal que podem impelir suas vítimas ao crime e à loucura. É nesses casos de obsessão e possessão, mais comuns do que se pensa, que encontramos a explicação de numerosos fatos relatados pela História.

Há perigo para quem se entrega sem reservas às experimentações espíritas. O homem de coração reto, de razão esclarecida e madura, pode daí recolher consolações inefáveis e preciosos ensinos. Mas aquele que só fosse inspirado pelo interesse material ou que só visse nesses fatos um divertimento frívolo tornar-se-ia fatalmente o objeto de uma infinidade de mistificações, joguete de Espíritos pérfidos que, lisonjeando suas inclinações, seduzindo-o por brilhantes promessas, captariam sua confiança, para, depois, acabrunhá-lo com decepções e zombarias.

É, portanto, necessária uma grande prudência para se entrar em relação com o mundo invisível. O bem e o mal, a verdade e o erro nele se misturam, e, para distingui-los, cumpre passar todas as revelações, todos os ensinos pelo crivo de um julgamento severo. Nesse terreno ninguém deve aventurar-se senão passo a passo, tendo nas mãos o facho da razão. Para expelir as más influências, para afastar a horda dos Espíritos levianos ou maléficos, basta tornar-se senhor de si mesmo, jamais abdicar o direito de verificação e de exame; de procurar, acima de tudo, os meios de se aperfeiçoar no conhecimento das leis superiores e na prática das virtudes. Aquele cuja vida for reta, e que procure a verdade com o coração sincero, nenhum perigo tem a temer. Os Espíritos de luz distinguem, veem suas intenções, e assistem-no. Os Espíritos enganadores e mentirosos afastam-se do justo, como um exército diante de uma cidadela bem defendida. Os obsessores atacam de preferência os homens levianos que descuram das questões morais e que em tudo procuram o prazer ou o interesse.

Laços cuja origem remonta às existências anteriores unem quase sempre os obsidiados aos seus perseguidores invisíveis. A morte não apaga as nossas faltas nem nos livra dos inimigos. Nossas iniquidades recaem, através dos séculos, sobre nós mesmos, e aqueles que as sofreram perseguem-nos, às vezes, com seu ódio e vingança, de além-túmulo. Assim o permite a justiça soberana. Tudo se resgata, tudo se expia. O que, nos casos de obsessão e de possessão, parece anormal, iníquo muitas vezes não é senão a consequência das espoliações e das infâmias praticadas no obscuro passado.

XXVII
Charlatanismo e venalidade

Não é a perfídia dos Espíritos malévolos o único escolho que o Espiritismo encontra em seu caminho; outros perigos ameaçam-no, e estes vêm dos homens. O charlatanismo e a venalidade podem invadir e arruinar as novas doutrinas, como invadiram e arruinaram a maior parte das crenças que se têm sucedido neste mundo. Produtos espontâneos e mórbidos de um meio impuro, eles desenvolvem-se e espalham-se quase por toda parte. A ignorância da maioria do povo favorece e alimenta essa fonte de abusos. Muitos falsos médiuns, muitos exploradores de todos os graus têm já procurado no Espiritismo um meio de fazer dinheiro. O magnetismo, nós o vemos, também não está ao abrigo desses industriais, e talvez daí se derive uma das causas que, por tanto tempo, afastaram os sábios do estudo dos fenômenos.

Mas, deve-se compreender que a existência de produtos falsificados não confere a ninguém o direito de negar a dos produtos naturais. Por que pelotiqueiros se intitulam físicos, conclui-se que as ciências físicas são indignas de atenção e de exame? A fraude e a mentira são consequências inevitáveis da inferioridade das sociedades humanas. Sempre à espreita das ocasiões de viverem à custa da credulidade, eles se insinuam por toda parte, nodoam as melhores causas, comprometem os mais sagrados princípios. Inteiramente de temer é essa tendência de alguns para mercadejarem com a mediunidade, para criarem em si uma situação material, com o auxílio de faculdades reais, mas de caráter variável. Sendo a produção dos fenômenos devida à ação livre dos Espíritos, não se poderia contar com uma intervenção permanente e regular de sua parte. Espíritos elevados não se poderiam prestar a fins interesseiros, e o menos que se deve temer em tal caso é cair sob a influência de Espíritos frívolos e gracejadores. Na ausência de fenômenos reais, tendência fatal impelirá o médium retribuído a simulá-los.

Introduzir, nesta ordem de ideias, a questão de dinheiro, é comprometer-lhes o valor moral. O amor pelo ouro corrompe os mais sublimes ensinos. O Catolicismo perdeu sua autoridade sobre as almas desde que os discípulos do Evangelho se converteram em sectários de Pluto.[98] Se o Espiritismo se tornasse mercenário, se as provas que fornece da imortalidade, se as consolações que concede mais não fossem que objeto de explorações, sua influência ficaria, por isso mesmo, enfraquecida, e o progresso por ele trazido à Humanidade em vez de rápido e geral, só seria muito lento e inteiramente individual.

A ignorância não é um flagelo menor. Muitos desses que se entregam às manifestações, desprovidos de noções exatas, pouco esclarecidos sobre as questões de fluidos, de perispírito, de mediunidade, confundem e desnaturam todas as coisas por falsas interpretações; lançam, depois, verdadeiro descrédito sobre tais estudos, fazendo conceber aos incrédulos que neles só há ilusões e quimeras. Mas a ignorância é difícil de vencer; os erros e os abusos que engendra têm muitas vezes mais império do que a verdade e a razão. Não há um princípio, uma doutrina que não tenha sido desnaturada, nenhuma verdade que não tenha sido falsificada, obscurecida a bel-prazer.

Apesar dos preconceitos e da ignorância, apesar das hostilidades conjuradas, o Espiritismo, nascido ontem, já tem dado passos de gigante. Há quarenta anos balbuciava suas primeiras palavras; ei-lo agora derramado sobre todos os pontos do globo. Hoje se contam por milhões os seus adeptos, entre os quais muitos são os mais incontestados mestres de Ciência. Tais progressos denotam uma vitalidade sem precedentes, e, diante de fatos tão evidentes, não é mais possível a ignorância. Verdade é que, se examinarmos de perto o estado do Espiritismo, notaremos em seu seio não só o germe dos abusos já assinalados, mas também causas de divisão, de rivalidades, de opiniões e de dissidências. Em vez da união e da harmonia, encontram-se, muitas vezes, antagonismos e lutas intestinas. Já o Cristo

---

[98] N.E.: Do grego *Ploutos*, deus das riquezas, filho da deusa Deméter.

dizia, há dezenove séculos: "Não vim trazer a paz, mas a divisão". Assim tem sempre sucedido neste mundo. Ao contato das fraquezas humanas, qualquer ensino se torna origem de disputas e de conflitos.

Podemos deplorar esse estado de coisas, mas consolemo-nos em pensar que, a despeito das controvérsias e das rivalidades, a ideia-mãe desenvolve-se e prossegue em sua marcha. Os homens, instrumentos de um dia, passam; suas paixões, seus interesses, todas essas coisas fugitivas e vãs desaparecem com eles; porém, a verdade, centelha divina que são, transforma-se em luminar, cresce, sobe incessantemente e, tornando-se astro esplendoroso, inundará um dia, com suas luzes, esta Humanidade hesitante e retardada.

XXVIII
Utilidade dos estudos psicológicos

O caráter essencialmente racional que o Espiritismo revestiu torna pueris as acusações de empirismo e de sobrenaturalismo que muitas vezes lhe dirigem.

Não seria demasiado insistir sobre este ponto. A realidade das manifestações espíritas repousa, já o vimos, sobre testemunhos inegáveis de homens cuja competência é reconhecida. Devidamente verificados os efeitos, preciso foi procurar a causa, e, se esses sábios afirmaram havê-la achado na intervenção dos Espíritos é porque a natureza dos fenômenos não permitiu outra explicação plausível. Não se segue daí, porém, que eles devam ser classificados no domínio do sobrenatural, pois nada seria mais contrário ao bom senso. O sobrenatural não existe nem poderia existir. Tudo no Universo é regulado por leis.

Demonstrar a existência de um fenômeno é colocá-lo na ordem permanente das coisas, é submetê-lo à Lei Natural. No meio deste Universo em que tudo — seres e coisas — se encadeia e se liga em estreita solidariedade, em profunda e sublime harmonia, não há motivo para o milagre nem para o sobrenatural. Leis tão rigorosas, tão inflexíveis como as que governam a matéria, regem o mundo invisível. Para conhecer o seu admirável funcionamento só há um meio: estudar.

Apesar das dificuldades que apresenta, não há estudo mais fecundo que esse do mundo dos Espíritos. Abre ao pensamento perspectivas inexploradas, ensina a nos conhecermos, a penetrarmos os recônditos do nosso ser, a analisarmos as sensações, a medirmos as faculdades, e, em seguida, a melhor regularmos o seu exercício. É esta, por excelência, a ciência da vida da alma, não só em seu estado terrestre, mas também em suas transformações sucessivas através do tempo e do espaço.

O Espiritismo experimental pode tornar-se um meio de conciliação, um traço de união entre estes dois sistemas inimigos: o espiritualismo metafísico e o materialismo, que, há tantos séculos, se combatem e se diaceram sem resultado algum.

Adota os princípios do primeiro, faz em ambos a luz e fornece-lhes uma base de certeza; satisfaz ao segundo, procedendo conforme os métodos científicos, mostrando, no perispírito, corpo fluídico semimaterial, a causa de numerosos fenômenos físicos e biológicos. Ainda mais: traz a síntese filosófica e a concepção moral de que estava desprovida a Ciência, sem as quais ficava esta sem ação sobre a vida social.

A Ciência, ou, antes, as ciências ocupavam-se principalmente com o estudo parcial e fragmentário da Natureza. Os progressos da Física, da Química, da Zoologia são imensos, os trabalhos realizados, dignos de admiração; mas nenhum deles tem sequência, coesão ou unidade. Conhecendo somente um lado da vida, o exterior, o mais grosseiro, e querendo, sobre estes insuficientes dados, regular o jogo das leis universais, a ciência atual, lacônica e insípida classificação de fatos materiais, limita-se a uma teoria do mundo, puramente mecânica, inconciliável à ideia de justiça, pois, em suas consequências lógicas, chega à conclusão de que, na Natureza, a força é o único direito.

Eis por que a Ciência ficou impotente para exercer influência moralizadora e salutar. Privada até aqui de qualquer ponto de vista sintético, ela não havia podido fazer jorrar dos trabalhos acumulados essa concepção superior da vida, que deve fixar os destinos do homem, traçar seus deveres e fornecer-lhe um princípio de melhoramento individual e social.

Essa concepção nova, que coordena os conhecimentos particulares, solidariza seus elementos esparsos e comunica-lhes unidade, harmonia; essa lei indispensável à vida e ao progresso das sociedades, tudo isso é trazido pelo Espiritismo à Ciência, com a síntese filosófica que deve centuplicar o seu poder.

É grande a missão do Espiritismo, são incalculáveis as suas consequências morais. Data somente de ontem, entretanto, que tesouros de consolação e esperança já não espalhou pelo mundo! Quantos corações contristados, frios, não aqueceu ou reconfortou! Quantos desesperados retidos sobre o declive do suicídio! O ensino desta Doutrina, sendo bem compreendido, pode acalmar as mais vivas aflições, comprimir as mais fogosas paixões, despertar a todos a força da alma e a coragem na adversidade.

O Espiritismo é, pois, uma poderosa síntese das leis físicas e morais do Universo e, simultaneamente, um meio de regeneração e de adiantamento; infelizmente, pouquíssimas pessoas se interessam por esse estudo. A vida da maioria delas é uma carreira frenética para os bens ilusórios. Apressa-se, receia-se perder o tempo com coisas que se consideram supérfluas: perde-se realmente o tempo, entregando-se ao que é passageiro e efêmero. O homem, em sua cegueira, desdenha aquilo que o faria viver feliz, tanto quanto se pode ser neste mundo, satisfazendo o bem e criando em torno de si uma atmosfera de paz e de recolhimento.

Parte quarta

Além-túmulo

XXIX – O homem, ser psíquico
XXX – A hora final
XXXI – O julgamento
XXXII – A vontade e os fluidos
XXXIII – A vida no espaço
XXXIV – A erraticidade
XXXV – A vida superior
XXXVI – Os Espíritos inferiores
XXXVII – O inferno e os demônios
XXXVIII – Ação do homem sobre os Espíritos infelizes
XXXIX – Justiça, solidariedade, responsabilidade
XL – Livre-arbítrio e providência
XLI – Reencarnação

XXIX
O homem, ser psíquico

O homem, já o vimos, é um ser complexo. Nele se combinam três elementos para formar uma unidade viva, a saber:

O *corpo*, envoltório material temporário, que abandonamos na morte como vestuário usado.

O *perispírito*, invólucro fluídico permanente, invisível aos nossos sentidos naturais, que acompanha a alma em sua evolução infinita, e com ela se melhora e purifica.

A *alma*, princípio inteligente, centro da força, foco da consciência e da personalidade.

Estes três elementos – matéria, fluido, inteligência estreitamente ligados em nós para constituírem a vida, encontram-se na base da ordem universal, da qual são as substâncias fundamentais, os termos componentes. Fazem do homem uma miniatura do Universo, um microcosmo submetido às mesmas leis e encerrando as mesmas potências que este. Pode-se crer que o conhecimento perfeito do nosso ser conduzir-nos-ia, por analogia, à compreensão das leis superiores do Universo; mas o conhecimento absoluto do homem escapa ainda aos mais adiantados.

A alma, desprendida do corpo material e revestida do seu invólucro sutil, constitui o Espírito, ser fluídico, de forma humana, liberto das necessidades terrestres, invisível e impalpável em seu estado normal. O Espírito não é mais que um homem desencarnado. Todos tornaremos a ser Espíritos. A morte restitui-nos à vida do espaço; o nascimento faz-nos voltar ao mundo material, para recomeçar o combate da existência, a luta necessária ao nosso adiantamento. O corpo pode ser comparado à armadura com que o guerreiro se reveste antes da batalha e que abandona quando esta acaba.

Estabelecida, experimentalmente, a imortalidade pelas manifestações espíritas, resta determinar em que condições o Espírito prossegue a sua vida depois da morte, que situação lhe caberá no espaço. É o que exporemos nesta parte de nossa obra, inspirando-nos em trabalhos anteriores e em inumeráveis comunicações de Espíritos que, em todos os pontos do globo, nos têm iniciado nas alegrias e nas penas da existência de além-túmulo.

Esse demonstrativo não será, pois, o resultado de uma teoria da imaginação, a consequência de hipóteses mais ou menos plausíveis, porém, sim, o fruto das instruções dadas pelos Espíritos. Graças a eles, a vida futura, até então cheia de obscuridade e de incerteza para o homem, se esclarece e desenvolve como um quadro imenso. Torna-se, portanto, uma realidade: todos podemos ver, pelo exemplo dos que nos precederam, as situações respectivas que nos reservam nossas fraquezas ou nossos méritos. O alcance dessa revelação é considerável, porque imprime a nossos atos um impulso novo. Nas situações diversas que competem aos Espíritos, segundo o seu valor, vemos a aplicação da lei de justiça. Esta não é mais contestável. Por molas secretas, por uma disposição simples e sublime das coisas, ela regula tudo no Universo; esta certeza, satisfazendo-nos a razão, torna mais suportáveis os males da vida e fortifica-nos a fé no futuro.

XXX
A hora final

Que se passa no momento da morte e como se desprende o Espírito da sua prisão material? Que impressões, que sensações o esperam nessa ocasião temerosa? É isso o que interessa a todos conhecer, porque todos cumprem essa jornada. A vida foge-nos a todo instante: nenhum de nós escapará à morte.

Ora, o que todas as religiões e filosofias nos deixaram ignorar, os Espíritos, em multidão, no-lo vêm ensinar. Dizem-nos que as sensações que precedem e se seguem à morte são infinitamente variadas e dependentes sobretudo do caráter, dos méritos, da elevação moral do Espírito que abandona a Terra. A separação é quase sempre lenta, e o desprendimento da alma opera-se gradualmente. Começa, algumas vezes, muito tempo antes da morte, e só se completa quando ficam rotos os últimos laços fluídicos que unem o perispírito ao corpo. A impressão sentida pela alma revela-se penosa e prolongada quando esses laços são mais fortes e numerosos. Causa permanente da sensação e da vida, a alma experimenta todas as comoções, todos os despedaçamentos do corpo material.

Dolorosa, cheia de angústias para uns, a morte não é, para outros, senão um sono agradável seguido de um despertar silencioso. O desprendimento é fácil para aquele que previamente se desligou das coisas deste mundo, para aquele que aspira aos bens espirituais e que cumpriu os seus deveres. Há, ao contrário, luta, agonia prolongada no Espírito preso à

Terra, que só conheceu os gozos materiais e deixou de preparar-se para essa viagem.

Entretanto, em todos os casos, a separação da alma e do corpo é seguida de um tempo de perturbação, fugitivo para o Espírito justo e bom, que desde cedo despertou ante todos os esplendores da vida celeste; muito longo, a ponto de abranger anos inteiros, para as almas culpadas, impregnadas de fluidos grosseiros. Grande número destas últimas crê permanecer na vida corpórea, muito tempo mesmo depois da morte. Para estas, o perispírito é um segundo corpo carnal, submetido aos mesmos hábitos e, algumas vezes, às mesmas sensações físicas como durante a vida terrena.

Outros Espíritos de ordem inferior se acham mergulhados em uma noite profunda, em um completo insulamento no seio das trevas. Sobre eles pesa a incerteza, o terror. Os criminosos são atormentados pela visão terrível e incessante das suas vítimas.

A hora da separação é cruel para o Espírito que só acredita no nada. Agarra-se como desesperado a esta vida que lhe foge; no supremo momento insinua-se-lhe a dúvida; vê um mundo temível abrir-se para abismá-lo, e quer, então, retardar a queda. Daí, uma luta terrível entre a matéria, que se esvai, e a alma, que teima em reter o corpo miserável. Algumas vezes, ela fica presa até à decomposição completa, sentindo mesmo, segundo a expressão de um Espírito, "os vermes lhe corroerem as carnes".

Pacífica, resignada, alegre mesmo, é a morte do justo, a partida da alma que, tendo muito lutado e sofrido, deixa a Terra confiante no futuro.

Para esta, a morte é a libertação, o fim das provas. Os laços enfraquecidos que a ligam à matéria, destacam-se docemente; sua perturbação não passa de leve entorpecimento, algo semelhante ao sono.

Deixando sua residência corpórea, o Espírito, purificado pela dor e pelo sofrimento, vê sua existência passada recuar, afastar-se pouco a pouco com seus amargores e ilusões; depois, dissipar-se como as brumas que a aurora encontra estendidas sobre o solo e que a claridade do dia faz desaparecer. O Espírito acha-se, então, como que suspenso entre duas sensações: a das coisas materiais que se apagam e a da vida nova que se lhe desenha à frente. Entrevê essa vida como através de um véu, cheia de encanto misterioso, temida e desejada ao mesmo tempo. Após, expande-se a luz, não mais a luz solar que nos é conhecida, porém uma luz espiritual, radiante, por toda parte disseminada. Pouco a pouco o inunda, penetra-o, e, com ela, um tanto de vigor, de remoçamento e de serenidade. O Espírito mergulha nesse banho reparador. Aí se despoja de suas incertezas e de seus temores. Depois, seu olhar destaca-se da Terra, dos seres lacrimosos que cercam seu leito mortuário, e dirige-se para as alturas. Divisa os céus imensos e outros seres amados, amigos de outrora, mais jovens, mais vivos, mais belos que vêm recebê-lo, guiá-lo no seio dos espaços. Com eles caminha e sobe às regiões etéreas que seu grau de depuração permite atingir. Cessa, então, sua perturbação, despertam faculdades novas, começa o seu destino feliz.

A entrada em uma vida nova traz impressões tão variadas quanto o permite a posição moral dos Espíritos. Aqueles — e o número é grande — cujas existências se desenrolam indecisas, sem faltas graves nem méritos assinalados, acham-se, a princípio, mergulhados em um estado de torpor, em um acabrunhamento profundo; depois, um choque vem sacudir-lhes o ser. O Espírito sai, lentamente, de seu invólucro: como uma espada da bainha; recobra a liberdade, porém, hesitante, tímido, não se atreve a utilizá-la ainda, ficando cerceado pelo temor e pelo hábito aos laços em que viveu. Continua a sofrer e a chorar com os entes que o estimaram em vida. Assim corre o tempo, sem ele o medir; depois de muito, outros Espíritos auxiliam-no com seus conselhos, ajudando a dissipar sua perturbação, a libertá-lo das últimas cadeias terrestres e a elevá-lo para ambientes menos obscuros.

Em geral, o desprendimento da alma é menos penoso depois de uma longa moléstia, pois o efeito desta é desligar pouco a pouco os laços carnais. As mortes súbitas, violentas, sobrevindo quando a vida orgânica está em sua plenitude, produzem sobre a alma um despedaçamento doloroso e lançam-na em prolongada perturbação. Os suicidas são vítimas de sensações horríveis. Experimentam, durante anos, as angústias do último momento e reconhecem, com espanto, que não trocaram seus sofrimentos terrestres senão por outros ainda mais vivazes.

O conhecimento do futuro espiritual, o estudo das leis que presidem à desencarnação são de grande importância como preparativos à morte. Podem suavizar os nossos últimos momentos e proporcionar-nos fácil desprendimento, permitindo mais depressa nos reconhecermos no mundo novo que se nos desvenda.

XXXI
O julgamento

Uma lei tão simples em seus princípios quanto admirável em seus efeitos preside à classificação das almas no espaço.

Quanto mais sutis e rarefeitas são as moléculas constitutivas do perispírito tanto mais rápida é a desencarnação, tanto mais vastos são os horizontes que se rasgam ao Espírito. Devido ao seu peso fluídico e às suas afinidades, ele se eleva para os grupos espirituais que lhe são similares. Sua natureza e seu grau de depuração determinam-lhe nível e classe no meio que lhe é próprio. Com alguma exatidão tem-se comparado a situação dos Espíritos no espaço à dos balões cheios de gases de densidades diferentes que, em virtude de seus pesos específicos, se elevam a alturas diversas. Mas, cumpre que nos apressemos em acrescentar que o Espírito é dotado de liberdade e, portanto, não estando imobilizado em nenhum ponto, pode, dentro de certos limites, deslocar-se e percorrer os páramos etéreos.

Pode, em qualquer tempo, modificar suas tendências, transformar-se pelo trabalho ou pela prova, e, conseguintemente, elevar-se à vontade na escala dos seres.

É, pois, uma lei natural, análoga às leis da atração e da gravidade, a que fixa a sorte das almas depois da morte. O Espírito impuro, acabrunhado pela densidade de seus fluidos materiais, confina-se nas camadas inferiores da atmosfera, enquanto a alma virtuosa, de envoltório depurado e sutil, arremessa-se, alegre, rápida como o pensamento, pelo azul infinito.

É também em si mesmo – e não fora de si, é em sua própria consciência que o Espírito encontra sua recompensa ou seu castigo. Ele é seu próprio juiz. Caído o vestuário de carne, a luz penetra-o e sua alma aparece nua, deixando ver o quadro vivo de seus atos, de suas vontades, de seus desejos. Momento solene, exame cheio de angústia e, muitas vezes, de desilusão. As recordações despertam em tropel e a vida inteira desenrola-se com seu cortejo de faltas, de fraquezas, de misérias. Da infância à morte, tudo, pensamentos, palavras, ações, tudo sai da sombra, reaparece à luz, anima-se e revive. O ser contempla-se a si mesmo, revê, uma a uma, através dos tempos, suas existências passadas, suas quedas, suas ascensões, suas fases inumeráveis. Conta os estágios franqueados, mede o caminho percorrido, compara o bem e o mal realizados. Do fundo do passado obscuro, surgem, a seu apelo, como outros tantos fantasmas, as formas que revestiu através das vidas sucessivas. Em uma visão clara, sua recordação abraça as longas perspectivas das idades decorridas; evoca as cenas sanguinolentas, apaixonadas, dolorosas, as dedicações e os crimes; reconhece a causa dos processos executados, das expiações sofridas, o motivo da sua posição atual. Vê a correlação que existe, unindo suas vidas passadas aos anéis de uma longa cadeia desenrolando-se pelos séculos. Para si, o passado explica o presente e este deixa prever o futuro. Eis para o Espírito a hora da verdadeira tortura moral. Essa evocação do passado traz-lhe a sentença temível, a increpação da sua própria consciência, espécie de julgamento de Deus. Por mais lacerante que seja, esse exame é necessário porque pode ser o ponto de partida de resoluções salutares e da reabilitação.

O grau de depuração do Espírito, a posição que ocupa no Espaço representam a soma de seus progressos realizados e dão a medida do seu valor moral. É nisto que consiste a sentença infalível que lhe decide a sorte, sem apelo. Harmonia profunda! Simplicidade maravilhosa que as instituições humanas não poderiam reproduzir; o princípio de afinidade regula todas as coisas e fixa a cada qual o seu lugar. Nada de julgamento, nada de tribunal, apenas existe a lei imutável executando-se por si própria, pelo jogo natural das forças espirituais e segundo o emprego que delas faz a alma livre e responsável.

Todo pensamento tem uma forma, e essa forma, criada pela vontade, fotografa-se em nós como em um espelho onde as imagens se gravam por si mesmas. Nosso envoltório fluídico reflete e guarda, como em um registro, todos os fatos da nossa existência. Esse registro está fechado durante a vida, porque a carne é a espessa capa que nos oculta o seu conteúdo. Mas, por ocasião da morte, ele abre-se repentinamente e as suas páginas distendem-se aos nossos olhos.

O Espírito desencarnado traz, portanto, em si, visível para todos, seu céu ou seu inferno. A prova irrecusável da sua elevação ou da sua inferioridade está inscrita em seu corpo fluídico. Testemunhas benévolas ou terríveis, as nossas obras, os nossos desígnios justificam-nos ou acusam-nos, sem que coisa alguma possa fazer calar as suas vozes. Daí o suplício do mau que, acreditando estarem os seus pérfidos desejos, os seus atos culpáveis profundamente ocultos, os vê, então, brotar aos olhos de todos; daí os seus remorsos quando, sem cessar, repassam diante de si os anos ociosos e estéreis, as horas impregnadas no deboche e no crime, assim como as vítimas lacrimosas, sacrificadas a seus instintos brutais. Daí também a felicidade do Espírito elevado, que consagrou toda a sua vida a ajudar e a consolar seus irmãos.

Para distrair-se dos cuidados, das preocupações morais, o homem tem o trabalho, o estudo, o sono. Para o Espírito não há mais esses recursos. Desprendido dos laços corporais, acha-se incessantemente em face do quadro fiel e vivo do seu passado. Assim, os amargores e pesares contínuos, que então decorrem, despertam-lhe, na maior parte dos casos, o desejo de, em breve, tomar um corpo carnal para combater, sofrer e resgatar esse passado acusador.

XXXII
A vontade e os fluidos

Os ensinos que dos Espíritos recebemos a respeito de suas condições depois da morte fazem-nos melhor compreender as regras segundo as quais se transforma e progride o perispírito ou corpo fluídico.

Assim, como já em outra parte indicamos,[99] a mesma força que leva o ser, em sua evolução através dos séculos, a criar, para as suas necessidades e tendências, os órgãos precisos ao seu desenvolvimento; por uma ação análoga e paralela, também o incita a aperfeiçoar suas faculdades, a criar para si novos meios de manifestar-se, apropriados a seu estado fluídico, intelectual e moral.

O invólucro fluídico do ser depura-se, ilumina-se ou obscurece-se, segundo a natureza elevada ou grosseira dos pensamentos em si refletidos. Qualquer ato, qualquer pensamento repercute e grava-se no perispírito. Daí as consequências inevitáveis para a situação da própria alma, embora esta seja sempre senhora de modificar o seu estado pela ação contínua que exerce sobre seu invólucro.

A vontade é a faculdade soberana da alma, a força espiritual por excelência, e pode mesmo dizer-se que é a essência da sua personalidade. Seu poder sobre os fluidos é acrescido com a elevação do Espírito. No meio terrestre, seus efeitos sobre a matéria são limitados, porque o homem se ignora e não sabe utilizar-se das forças que estão em si; porém, nos mundos mais

---

[99] "A evolução perispiritual", cap. XXIII.

adiantados, o ser humano, que já tem aprendido a querer, impera sobre a natureza inteira, dirige facilmente os fluidos, produz fenômenos, metamorfoses que vão até ao prodígio. No espaço e nesses mundos, a matéria apresenta-se sob estados fluídicos de que apenas podemos ter uma ideia vaga. Assim como na Terra certas combinações químicas se produzem unicamente sob a influência da luz, assim também, nesses meios, os fluidos não se unem nem se ligam senão por um ato da vontade dos seres superiores.

Entretanto, a ação da vontade sobre a matéria entrou no domínio da experiência científica, graças ao estudo dos fenômenos magnéticos, feito por numerosos fisiologistas sob as denominações de hipnotismo e de sugestão mental. Já se têm visto experimentadores, por um ato direto da vontade, fazerem aparecer chagas e estigmas sobre o corpo de certos indivíduos, fazerem daí correr sangue ou humores e, em seguida, operarem o curativo por uma volição contrária. Assim, a vontade humana destrói e repara a bel-prazer os tecidos vivos; pode também modificar as substâncias materiais a ponto de comunicar-lhes propriedades novas, provocando a ebriedade com água simples, etc. Atua mesmo sobre os fluidos e cria objetos, corpos, que os hipnotizados veem, sentem, tocam, e que, para eles, têm uma existência positiva e obedecem a todas as leis da óptica. É isso o que resulta das pesquisas e dos trabalhos dos Drs. Charcot, Dumontpallier, Liébault, Bernheim, dos professores Liégeois, Delbœuf, entre outros, cujas demonstrações podem ser lidas em todas as revistas médicas.

Ora, se a vontade exerce tal influência sobre a matéria bruta e sobre os fluidos rudimentares, tanto melhor se compreenderá seu império sobre o perispírito e os progressos ou as desordens que nele determina, segundo a natureza de sua ação, tanto no curso da vida como após a desencarnação.

Todo ato da vontade, já o dissemos, reveste uma forma, uma aparência fluídica, que se grava no invólucro perispirítico. Torna-se evidente que, se esses atos fossem inspirados por paixões materiais, sua forma seria material e grosseira. As moléculas perispirituais, impregnadas, saturadas dessas formas, dessas imagens, materializam-se a seu contato, espessam-se cada vez mais, aproximam-se, condensam-se. Desde que as mesmas causas se reproduzam, os mesmos efeitos acumulam-se, a condensação acelera-se, os sentidos enfraquecem-se e atrofiam-se, as vibrações diminuem de força e reduzem-se. Por ocasião da morte acha-se o Espírito envolvido por fluidos opacos e pesados que não mais deixam passar as impressões do mundo exterior e tornam-se para a alma uma prisão e um túmulo. Esse é o castigo preparado pelo próprio Espírito; essa situação é obra sua e somente cessa quando aspirações mais elevadas, o arrependimento, a vontade de melhorar, vêm romper a cadeia material que o enjaula.

Efetivamente, se as paixões baixas e materiais perturbam, obscurecem o organismo fluídico, os pensamentos generosos, em um sentido oposto, as ações nobres apuram e dilatam as moléculas perispiríticas. Sabemos que as propriedades da matéria aumentam com seu grau de pureza. As experiências de William Crookes demonstraram que a rarefação dos átomos produz o estado radiante. A matéria, sob este aspecto sutil, inflama-se, torna-se luminosa, imponderável. O mesmo sucede com a substância perispiritual, pois esta é ainda matéria, porém em grau mais quintessenciado. Rarefazendo-se, ganha sutileza e sensibilidade; seu poder de irradiação e sua energia aumentam proporcionalmente e permitem-lhe que escape às atrações terrestres. O Espírito adquire, então, sentidos novos, com cujo auxílio poderá penetrar em meios mais puros, comunicar-se com seres mais etéreos. Essas faculdades, esses sentidos, que franqueiam o acesso das regiões felizes, podem ser conquistados e desenvolvidos por qualquer alma humana, visto todas possuírem os seus germes imperecíveis. As nossas vidas sucessivas, cheias de trabalhos e de esforços, têm por alvo fazer desabrochar em nós essas faculdades. Já neste mundo as vemos despontar em certos indivíduos que, por seu intermédio, entram em relações com o mundo oculto. Os médiuns em geral estão neste caso. Sem dúvida, o seu número aumentará com o progresso moral e a difusão da verdade. Pode-se prever que, um dia, a grande maioria dos entes humanos será apta a receber diretamente os ensinos desses seres invisíveis cuja existência ainda ontem negava.

Essa evolução paralela entre a matéria e o Espírito, pela qual o ser conquista seus órgãos, suas faculdades; pela qual se constrói a si mesmo e se aperfeiçoa sem cessar, mostra-nos ainda a solidariedade que liga as forças universais, o mundo das almas e o mundo dos corpos. Mostra-nos principalmente riquezas, inesgotáveis recursos que o ser pode criar por um uso metódico e perseverante da vontade, pois esta é a força suprema, é a própria alma exercendo seu império sobre as potências inferiores.

Para regular o nosso adiantamento, preparar o nosso futuro, fortificarmo-nos ou nos rebaixarmos, é bastante fazer uso da vontade. Não há acaso nem fatalidade, mas, sim, forças e leis. Utilizar, governar umas, observar outras, eis o segredo de toda a grandeza e elevação. Os resultados produzidos entre nós pela vontade perturbam a imaginação dos mundanos e provocam a admiração dos sábios.[100] Tudo isso é, entretanto, pouca coisa ao lado dos efeitos obtidos nesses meios superiores em que, por determinação do Espírito, todas as forças se combinam e entram em ação. E se, nessa ordem de ideias, elevássemos ainda mais o nosso pensamento, não chegaríamos, por analogia, a entrever como a vontade divina, atuando sobre a matéria cósmica, pode formar sóis, traçar as órbitas do mundo, criar os universos?

Sim, tudo pode a vontade exercida no sentido do bem e de acordo com as leis naturais. Muito também pode para o mal. Nossos maus pensamentos, nossos desejos impuros, nossos atos culpáveis, corrompem, por neles se refletirem os fluidos que nos rodeiam, e o contato destes produz mal-estar e impressões desagradáveis nas pessoas que de nós se aproximam, pois todo organismo sofre a influência dos fluidos ambientes. Do mesmo modo, sentimentos de ordem elevada, pensamentos de amor, exortações calorosas vão penetrar os seres que nos cercam, sustentá-los e vivificá-los. Assim se explica o império exercido sobre as multidões pelos grandes missionários e pelas almas eminentes. Embora os maus também assim possam exercer a sua influência funesta, podemos sempre conjurar esta última por volições em sentido inverso e através de resistência enérgica da nossa vontade.

Um conhecimento mais completo das potências da alma e da sua aplicação deverá modificar totalmente as nossas tendências e os nossos atos. Sabendo que todos os fatos da nossa vida se inscrevem conosco, testemunham pró ou contra nós, dirigiremos a cada um deles uma atenção mais escrupulosa. Esforçar-nos-emos desde então por desenvolver os nossos recursos latentes e por agir por nosso intermédio sobre os fluidos espalhados no espaço, de modo a depurá-los, a transformá-los para o bem de todos, a criar em torno de nós uma atmosfera límpida e pura, inacessível aos fluidos viciados. O Espírito que não age, que se deixa levar pelas influências materiais, fica débil e incapaz de perceber as sensações delicadas da vida espiritual. Acha-se em uma inércia completa depois da morte; as perspectivas do espaço não oferecem a seus sentidos velados senão a obscuridade

---

[100] A ordem de um magnetizador para que se realize um ato qualquer em certo tempo dado grava-se na memória do sonâmbulo, e, no dia e hora fixados, essa ordem executa-se fiel e automaticamente.

e o vácuo. O Espírito ativo, preocupado em exercer suas faculdades por um uso constante, adquire forças novas; sua vista abrange horizontes mais vastos, e o círculo de suas relações alarga-se gradualmente.

O pensamento, utilizado como força magnética, poderia reparar inúmeras desordens, destruir muitas chagas sociais. Projetando, resoluta e frequentemente, nossa vontade sobre os perversos, sobre os desgarrados, poderíamos consolar, convencer, aliviar, curar. Por esse exercício obter-se-iam não só resultados extraordinários para o melhoramento da espécie, mas também se poderia dar ao pensamento uma acuidade, uma força de penetração incalculáveis.

Graças a uma combinação íntima dos bons fluidos, sorvidos no reservatório ilimitado da Natureza, consegue-se, com a assistência dos Espíritos invisíveis, restabelecer a saúde comprometida, restituir a esperança e a energia dos desesperados. Pode-se mesmo, por um impulso regular e perseverante da vontade, agir a distância sobre os incrédulos, sobre os céticos e sobre os maus, abalar a sua obstinação, atenuar seu ódio, fazer penetrar um raio de verdade no entendimento dos mais hostis. Eis aí uma forma ignorada da sugestão mental, dessa potência invisível de que se servem a torto e a direito, mas que, utilizada no sentido do bem, transformaria o estado moral das sociedades.

A vontade, exercendo-se fluidicamente, desafia toda vigilância e todas as opressões. Opera na sombra e no silêncio, franqueia todos os obstáculos, penetra todos os meios. Mas, para que produza efeitos totais, é mister uma ação enérgica, poderosos impulsos, uma paciência que não esmoreça. Assim como uma gota d'água cava lentamente a mais dura pedra, assim também um pensamento incessante e generoso acaba por se insinuar no Espírito mais refratário.

A vontade insulada pode muito para o bem dos homens, mas que não seria de esperar de uma associação de pensamentos elevados, de um agrupamento de todas as vontades livres? As forças intelectuais, hoje divergentes, esterilizam-se e anulam-se reciprocamente. Daí vêm a perturbação e a incoerência das ideias modernas; mas, desde que o espírito humano, reconhecendo sua força, agrupe as vontades esparsas em um feixe comum a fim de convergi-las para o bem, para o belo, para o verdadeiro, nesse dia a Humanidade avançará ousadamente para as culminâncias eternas, e a face do mundo será renovada!

XXXIII
A vida no espaço

Segundo as diferentes doutrinas religiosas, a Terra é o centro do Universo e o céu estende-se como abóbada sobre nós. É na sua parte superior, dizem, que está a morada dos bem-aventurados; o inferno, habitação dos condenados, prolonga suas sombrias galerias nas próprias entranhas do globo.

A ciência moderna, de acordo com o ensino dos Espíritos, mostrando-nos o Universo semeado de inumeráveis mundos habitados, deu golpe mortal nessas teorias.

O céu está por toda parte; por toda parte, o incomensurável, o insondável, o infinito; por toda parte, um fervilhamento de sóis e de esferas, entre as quais o nosso planeta é apenas mesquinha parcela.

No meio dos espaços não existem moradas circunscritas para as almas. Tanto mais livres quanto mais puras forem, estas percorrem a imensidade e vão para onde as levam suas afinidades e simpatias. Os Espíritos inferiores, sobrecarregados pela densidade de seus fluidos, ficam ligados ao mundo onde viveram, circulando em sua atmosfera ou envolvendo-se entre os seres humanos.

As alegrias e as percepções do Espírito não procedem do meio que ele ocupa, mas de suas disposições pessoais e dos progressos realizados. Embora com o perispírito opaco e envolto em trevas, o Espírito atrasado pode encontrar-se com a alma radiante cujo invólucro sutil se presta às delicadas sensações, às mais extensas vibrações. Cada um traz em si sua glória ou sua miséria.

A condição dos Espíritos na vida de além-túmulo, sua elevação, sua felicidade, tudo depende da respectiva faculdade de sentir e de perceber, que é sempre proporcional ao seu grau evolutivo.

Aqui mesmo, na Terra, vemos os gozos intelectuais aumentarem com a cultura do Espírito. As obras literárias e artísticas, as belezas da civilização, as concepções sublimes do gênio humano são incompreensíveis ao selvagem e também a muitos dos nossos concidadãos. Assim, os Espíritos de ordem inferior, como cegos no meio da natureza resplandecente, ou como surdos em um concerto, permanecem indiferentes e insensíveis diante das maravilhas do infinito.

Esses Espíritos, envolvidos em fluidos espessos, sofrem as leis da atração e são inclinados para a matéria. Sob a influência dos apetites grosseiros, as moléculas do seu corpo fluídico fecham-se às percepções externas e os tornam escravos das mesmas forças naturais que governam a Humanidade.

Não há que insistir neste fato, porque ele é o fundamento da ordem e da justiça universais.

As almas colocam-se e agrupam-se no espaço segundo o grau de pureza do seu respectivo invólucro; a condição do Espírito está em relação direta com a sua constituição fluídica, que é a própria obra, a resultante do seu passado e de todos os seus trabalhos. Determinando a sua própria situação, acham, depois, a recompensa que merecem. Enquanto a alma purificada percorre a vasta e fulgente amplidão, repousa à vontade sobre os mundos e quase não vê limites ao seu voo, o Espírito impuro não pode afastar-se da vizinhança dos globos materiais.

Entre esses estados extremos, numerosos graus permitem que Espíritos similares se agrupem e constituam verdadeiras sociedades do invisível. A comunhão de sentimentos, a harmonia de pensamentos, a identidade de gostos, de vistas, de aspirações, aproximam e unem essas almas, de modo a formarem grandes famílias.

Sem fadigas, a vida do Espírito adiantado é essencialmente ativa. As distâncias não existem para ele, pois se transporta com a rapidez do pensamento. Seu invólucro, semelhante a tênue vapor, adquiriu tal sutileza que o torna invisível aos Espíritos inferiores. Vê, ouve, sente, percebe não mais pelos órgãos materiais que se interpõem entre nós e a Natureza, mas, sim, diretamente, sem intermediário, por todas as partes do seu ser. Suas percepções, por isso mesmo, são muito mais precisas e aumentadas que as nossas. O Espírito elevado desliza, por assim dizer, no seio de um oceano de sensações deliciosas. Constante variedade de quadros apresenta-se-lhe à vista, harmonias suaves acalentam-no e encantam; para ele, as cores são perfumes, são sons. Entretanto, por mais agradáveis que sejam essas impressões, pode subtrair-se a elas, e, se lhe aprouver, recolher-se-á, envolvendo-se num véu fluídico e insulando-se no seio dos espaços.

O Espírito adiantado está liberto de todas as necessidades materiais. Para ele, não têm razão de ser a nutrição e o sono. Ao abandonar a Terra, deixa para sempre os vãos cuidados, os sobressaltos, todas as quimeras que envenenam a existência corpórea. Os Espíritos inferiores levam consigo para além do túmulo os hábitos, as necessidades, as preocupações materiais. Não podendo elevar-se acima da atmosfera terrestre, voltam a compartilhar a vida dos entes humanos, intrometem-se nas suas lutas, trabalhos e prazeres. Suas paixões, seus desejos, sempre vivazes e aguçados pelo permanente contato da Humanidade, os acabrunham; a impossibilidade de os satisfazerem torna-se para eles causa de constantes torturas.

Os Espíritos não precisam da palavra para se fazerem compreender. O pensamento, refletindo-se no perispírito como imagem em espelho, permite-lhes permutarem suas ideias sem esforço, com uma rapidez vertiginosa. O Espírito elevado pode ler no cérebro do homem e conhecer os seus secretos desígnios. Nada lhe é oculto. Perscruta todos os mistérios da Natureza, pode explorar à vontade as entranhas do globo, o fundo dos oceanos, e assim apreciar os destroços das civilizações submersas. Atravessa os corpos por mais densos que sejam e vê abrirem-se diante de si os domínios impenetráveis à Humanidade.

XXXIV
A erraticidade

Enquanto as almas desprendidas das influências terrenas se constituem em grupos simpáticos, cujos membros se amam, se compreendem, vivem em perfeita igualdade, em completa felicidade, os Espíritos que ainda não puderam domar as suas paixões levam uma vida errante, desordenada, e que, sem lhes trazer sofrimentos, deixa-os, contudo, mergulhados na incerteza e na inquietação. É a isso que se chama erraticidade; é a condição da maioria dos Espíritos que viveram na Terra, nem bons nem maus, porém ainda fracos e muito inclinados às coisas materiais.

Encontram-se na erraticidade multidões imensas, sempre agitadas, sempre em busca de um estado melhor, que lhes foge. Numerosos Espíritos aí flutuam indecisos entre o justo e o injusto, entre a verdade e o erro, entre a sombra e a luz. Outros estão sepultados no insulamento, na obscuridade, na tristeza, sempre à procura de uma benevolência, de uma simpatia que podem encontrar.

A ignorância, o egoísmo, os vícios de toda espécie reinam ainda na erraticidade, onde a matéria exerce sempre sua influência. O bem e o mal aí se chocam. É de alguma sorte o vestíbulo dos espaços luminosos, dos mundos melhores. Todos aí passam e se demoram, mas para depois se elevarem.

O ensino dos Espíritos sobre a vida de além-túmulo faz-nos saber que no espaço não há lugar algum destinado à contemplação estéril, à beatitude ociosa. Todas as regiões do espaço estão povoadas por Espíritos laboriosos.

Por toda parte, bandos, enxames de almas sobem, descem, agitam-se no meio da luz ou na região das trevas. Em certos pontos, vê-se grande número de ouvintes recebendo instruções de Espíritos adiantados; em outros, formam-se grupos para festejarem os recém-vindos. Aqui, Espíritos combinam os fluidos, infundem-lhes mil formas, mil coloridos maravilhosos, preparam-nos para os delicados fins a que foram destinados pelos Espíritos superiores; ali, ajuntamentos sombrios, perturbados, reúnem-se ao redor dos globos e os acompanham em suas revoluções, influindo, assim, inconscientemente, sobre os elementos atmosféricos. Espíritos luminosos, mais velozes que o relâmpago, rompem essas massas para levarem socorro e consolação aos desgraçados que os imploram. Cada um tem o seu papel e concorre para a grande obra, na medida de seu mérito e de seu adiantamento. O Universo inteiro evolute. Como os mundos, os Espíritos prosseguem seu curso eterno, arrastados para um estado superior, entregues a ocupações diversas. Progressos a realizar, ciência a adquirir, dor a sufocar, remorsos a acalmar, amor, expiação, devotamento, sacrifício, todas essas forças, todas essas coisas os estimulam, os aguilhoam, os precipitam na obra; e, nessa imensidade sem limites, reinam incessantemente o movimento e a vida. A imobilidade, a inação é o retrocesso, é a morte. Sob o impulso da grande lei, seres e mundos, almas e sóis, tudo gravita e move-se na órbita gigantesca traçada pela vontade divina.

XXXV
A vida superior

A alma virtuosa, depois de haver vencido suas paixões, depois de abandonar o corpo, miserável instrumento de dor e de glória, vai, através da imensidade, juntar-se às suas irmãs do Espaço. Atraída por uma força irresistível, ela percorre regiões onde tudo é harmonia e esplendor; mas a linguagem humana é muito pobre para descrever o que aí se passa.

Entretanto, que alívio, que deliciosa alegria então experimenta, sentindo quebrada a pesada cadeia que a retinha à Terra, podendo abraçar a imensidão, mergulhar no espaço sem limites, librar-se além dos mundos! Não mais tem um corpo enfermo, sofredor e pesado como uma barra de chumbo; não mais terá fardo material para arrastar penosamente. Desembaraçada de suas cadeias, entra a irradiar e embriaga-se de espaço e de liberdade. A fealdade terrena e a decrepitude deram lugar a um corpo fluídico de aparência graciosa e de formas ideais, diáfano e brilhante. Aí encontra aqueles a quem amou na Terra, que a precederam na nova vida e agora parecem esperá-la. Então, comunica-se livremente com todos, suas expansões são repletas de felicidade, embora ainda um pouco anuviadas por tristes reminiscências da Terra e pela comparação da hora presente com um passado cheio de lágrimas. Outros Espíritos que perdera de vista em sua última encarnação, mas que se tinham tornado seus afeiçoados por provas suportadas em comum no decurso das idades, vêm também juntar-se aos primeiros. Todos os que compartilharam seus bons ou maus dias, todos os que com ela se engrandeceram, lutaram, choraram e sofreram correrão ao seu encontro, e sua memória, despertando-se desde então, ocasionará explosões de felicidade e venturas que a pena não sabe descrever.

Como resumir as impressões da vida radiante que se abre ao Espírito? A veste grosseira, o manto pesado que lhe constrangia os sentidos íntimos, despedaçando-se subitamente, tornam centuplicadas as suas percepções. O horizonte se lhe alarga e não tem mais limites. O infinito incomensurável, luminoso, desdobra-se às suas vistas com suas ofuscantes maravilhas, com seus milhões de sóis, focos multicores, safiras e esmeraldas, joias enormes, derramadas no azul e seguidas de seus suntuosos cortejos de esferas. Esses sóis, que aparecem aos homens como simples lampadários, o Espírito os contempla em sua real e colossal grandeza; vê-os mais poderosos que o luminar do nosso planeta; reconhece a força de atração que os prende, e distingue ainda, em longínquas profundezas, os astros maravilhosos que presidem às evoluções. Todos esses fachos gigantescos, ele os vê em movimento, gravitando, prosseguindo seu curso vagabundo, entrecruzando-se, como globos de fogo lançados no vácuo pela mão de um invisível jogador. Nós, perturbados sem cessar por vãos rumores, pelo confuso sussurro da colmeia humana, não podemos conceber a calma solene, o majestoso silêncio dos espaços, que enche a alma de um sentimento augusto, de um assombro que toca as raias do pavor.

Mas o Espírito puro e bom é inacessível ao temor. Esse infinito, frio e silencioso para os Espíritos inferiores, anima-se logo para ele e o faz ouvir sua voz poderosa. Livre da matéria, a alma percebe, aos poucos, as vibrações melodiosas do éter, as delicadas harmonias que descem das regiões celestes e compreende o ritmo imponente das esferas.

Esse cântico dos mundos, essas vozes do infinito que soam no silêncio ela os saboreia até se sentir arrebatar. Recolhida, inebriada, cheia de um sentimento grave e religioso, banha-se nas ondas do éter, contempla as profundezas siderais, as legiões de Espíritos, sombras ligeiras que flutuam e se agitam em esteiras de luz. Assiste à gênese dos mundos, vê a vida despertar-se e crescer na sua superfície, segue o desenvolvimento das humanidades que os povoam e, nesse grande espetáculo, verifica que em toda parte do Universo a atividade, o movimento e a vida ligam-se à ordem.

Qualquer que seja seu adiantamento, o Espírito que acaba de deixar a Terra não pode aspirar a viver indefinidamente dessa vida superior. Adstrito à reencarnação, essa vida não lhe é senão um tempo de repouso: uma compensação aos seus males, uma recompensa aos seus méritos. Apenas aí vai retemperar-se e fortificar-se para as lutas futuras. Porém, nas vidas que o esperam não terá mais as angústias e os cuidados da existência terrestre. O Espírito elevado é destinado a renascer em planetas mais bem dotados que o nosso. A escala grandiosa dos mundos tem inúmeros graus, dispostos para a ascensão progressiva das almas, que os devem transpor cada um por sua vez.

Nas esferas superiores à Terra o império da matéria é menor. Os males por esta originados atenuam-se, à medida que o ser se eleva e acabam por desaparecer. Lá, o ser humano não mais se arrasta penosamente sob a ação de pesada atmosfera; desloca-se de um lugar para outro com muita facilidade. As necessidades corpóreas são quase nulas e os trabalhos rudes, desconhecidos. Mais longa que a nossa, a existência aí se passa no estudo, na participação das obras de uma civilização aperfeiçoada, tendo por base a mais pura moral, o respeito aos direitos de todos, a amizade e a fraternidade. As guerras, as epidemias e os flagelos não têm acesso e os grosseiros interesses, causa das nossas ambições, não mais dividem os povos.

Esses dados sobre as condições de habitabilidade dos mundos são confirmados pela Ciência. Pela espectroscopia já se conseguiu analisar os seus elementos constitutivos; já se pesou a sua massa, calculando seu poder de atração. A Astronomia nos mostra as estações do ano, variando de duração e intensidade, segundo a inclinação dos globos sobre sua órbita, e ensina-nos que Saturno tem a densidade da madeira de bordo, Júpiter quase a da água, e que sobre Marte o peso dos corpos é menos de metade que na Terra. Ora, sendo a organização dos seres vivos a resultante das forças em ação sobre cada mundo, vemos que variedades de formas se originam desses fatos, que diferenças devem produzir-se nas manifestações da vida sobre os campos inumeráveis do espaço.

Chegará afinal um dia em que o Espírito, depois de haver percorrido o ciclo de suas existências terrestres, depois de se haver purificado através dos mundos, por seus renascimentos e migrações, vê terminar a série de suas encarnações e abrir-se a vida espiritual, definitivamente, a verdadeira vida da alma, donde o mal, as trevas e o erro estão banidos para sempre. A calma, a serenidade e a segurança profunda substituem os desgostos e as inquietações de outrora. A alma chegou ao término de suas provações, não mais terá sofrimento. Com que emoção rememora os fatos de sua vida, esparsos na sucessão dos tempos, sua longa ascensão, a conquista de seus méritos e de sua elevação! Que ensinamento nessa marcha grandiosa, no percurso da qual se constitui e se afirma a unidade de sua natureza, de sua personalidade imortal!

Compara os desassossegos de outras épocas, os cuidados e as dores do passado, com as aventuras do presente, e saboreia-as a longos tragos. Que inebriamento o de sentir-se viver no meio de Espíritos esclarecidos, pacientes e atenciosos; unir-se-lhes pelos laços de inalterável afeto; participar das suas aspirações, ocupações e gozos; de se saber compreendido, sustentado, amado por todos, livre das necessidades e da morte, na fruição de uma mocidade sobre a qual os séculos não fazem mossa! Depois, vai estudar, admirar, glorificar a obra infinita, aprofundar ainda os mistérios divinos; vai reconhecer por toda parte a beleza e a bondade celeste; identificar-se e saciar-se com elas; acompanhar os gênios superiores em seus trabalhos, em suas missões; compreender que chegará um dia a igualá-los; que subirá ainda mais e que a esperam, sempre e sempre, novas alegrias, novos trabalhos, novos progressos: tal é a vida eterna, magnífica, a vida do Espírito purificado pelo sofrimento.

* * *

Os céus elevados são a pátria da beleza ideal e perfeita em que todas as artes bebem a inspiração. Os Espíritos eminentes possuem em grau superior o sentimento do belo. Este é a fonte dos mais puros gozos, e todos sabem realizá-lo em seus trabalhos, diante dos quais empalidecem as obras-primas da Terra. Cada vez que uma nova manifestação do gênio se produz sobre o mundo, cada vez que a Arte se nos revela sob uma forma aperfeiçoada, pode dizer-se que um Espírito descido das altas esferas tomou corpo na Terra para iniciar os homens nos esplendores da beleza eterna. Para a alma superior, a Arte, sob seus múltiplos aspectos, é uma prece, uma homenagem prestada ao Princípio de todas as coisas.

O Espírito, pelo poder de sua vontade, opera sobre os fluidos do espaço, os combina, dispondo-os a seu gosto, dá-lhes as cores e as formas que convêm ao seu fim. É por meio desses fluidos que se executam obras que desafiam toda comparação e toda análise. Construções aéreas, de cores brilhantes, de zimbórios resplendentes: sítios imensos onde se reúnem em conselho os delegados do Universo; templos de vastas proporções de onde se elevam acordes de uma harmonia divina; quadros variados, luminosos: reproduções de vidas humanas, vidas de fé e de sacrifício, apostolados dolorosos, dramas do infinito. Como descrever magnificências que os próprios Espíritos se declaram impotentes para exprimir no vocabulário humano?

É nessas moradas fluídicas que se ostentam as pompas das festas espirituais. Os Espíritos puros, ofuscantes de luz, agrupam-se em famílias. Seu brilho e as cores variadas de seus invólucros permitem medir a sua elevação, determinar-lhes os atributos. Suaves e encantadores concertos, comparados aos quais os da Terra não são mais que ruídos discordantes; por cenários têm eles o espaço infinito, o espetáculo maravilhoso dos mundos que rolam na imensidão, unindo suas notas às vozes celestes, ao hino universal que sobe a Deus.

Todos esses Espíritos, associados em falanges inumeráveis, conhecem-se e amam-se. Os laços de família, os afetos que os uniam na vida material, quebrados pela morte, aí se reconstituem para sempre. Destacam-se dos diversos pontos do espaço e dos mundos superiores para comunicarem mutuamente os resultados de suas missões, de seus trabalhos, para se felicitarem pelos êxitos obtidos e coadjuvarem-se uns aos outros nas empresas difíceis. Nenhum pensamento oculto, nenhum sentimento de inveja tem ingresso nessas almas delicadas. O amor, a confiança e a sinceridade presidem a essas reuniões onde todos recolhem as instruções dos mensageiros divinos, onde se aceitam as tarefas que contribuem para elevá-los ainda mais. Uns seguem a observar o progresso e o desenvolvimento dos globos; outros encarnam nos diversos mundos para cumprir missões de devotamento, para instruir os homens na moral e na Ciência; outros ainda, os Espíritos guias ou protetores, ligam-se a alguma alma encarnada, a sustentam no rude caminho da existência, conduzem-na do nascimento à morte, durante muitas vidas sucessivas, vindo acolhê-la no termo de cada uma delas, quando entra no mundo invisível. Em todos os graus da hierarquia espiritual, as almas têm um papel a executar na obra imensa do progresso e concorrem para a realização das leis superiores.

Quanto mais o Espírito se purifica, mais intensa, mais ardente nele se torna a necessidade de amar, de atrair para a sua luz e para a sua felicidade, para a morada em que não se conhece a dor, tudo o que sofre, tudo o que luta e se agita nas baixas camadas da existência. Quando um desses Espíritos adota um de seus irmãos atrasados e torna-se seu protetor, seu guia, com que solicitude afetuosa lhe sustenta os passos, com que alegria contempla os seus progressos e com quanta dor vê as quedas que não pôde evitar! Assim como a criança descida do berço ensaia seus primeiros passos sob os olhares enternecidos da sua carinhosa mãe, assim também, sob a égide invisível de seu pai espiritual, o Espírito é assistido nos combates da vida terrestre.

Todos temos um desses gênios tutelares que nos inspira nas horas difíceis e dirige-nos pelo bom caminho. Daí a poética tradição cristã do anjo da guarda. Não há concepção mais grata e consoladora. Saber que temos um amigo fiel e sempre disposto a socorrer-nos, de perto como de longe, influenciando-nos a grandes distâncias ou conservando-se junto de nós nas provações; saber que ele nos aconselha por intuição e nos aquece com o seu amor, eis uma fonte inapreciável de força moral. O pensamento de que testemunhas benévolas e invisíveis veem todos os nossos atos, regozijando-se ou entristecendo-se, deve inspirar-nos mais sabedoria e circunspecção. É por essa proteção oculta que se fortificam os laços de solidariedade que ligam o mundo celeste à Terra, o Espírito livre ao homem, Espírito prisioneiro da carne. É por essa assistência contínua que se criam, de um a outro lado, as simpatias profundas, as amizades duradouras e desinteressadas. O amor que anima o Espírito elevado vai pouco a pouco se estendendo a todos os seres sem cessar, revertendo tudo para Deus, Pai das almas, foco de todas as potências efetivas.

**

Falamos da hierarquia.

Há, com efeito, uma entre os Espíritos, mas a sua base única é a virtude e as qualidades conquistadas pelo trabalho e pelo sofrimento. Sabemos que todos os Espíritos são iguais em princípio e destinados ao mesmo fim, diferindo somente no grau de adiantamento. Os graus da hierarquia espiritual começam no seio da vida animal e estendem-se até alturas inacessíveis às nossas concepções atuais. É uma graduação inumerável de potências, de luzes, de virtude, aumentando sempre da base ao vértice, caso haja aí vértice. É a espiral gigantesca do progresso desenrolando-se até ao Infinito, e cujas três grandes fases — vida material, vida espiritual e vida celeste —, reagindo reciprocamente, formam um todo que constitui o campo de evolução dos seres, a lendária escada de Jacob. Sobre essa escada imensa todos os seres são ligados por laços invisíveis, cada um sustentado e atraído por outro mais elevado. As almas superiores, que se manifestam aos homens, não parecem dotadas de todas as perfeições e, entretanto, essas, pelas suas qualidades, apenas atestam a existência de seres que lhes estão colocados tão acima quanto eles o estão de nós. Os graus se sucedem e se perdem em profundezas cheias de mistério.

A veste fluídica denuncia a superioridade do Espírito, é como um invólucro formado pelos méritos e qualidades adquiridas na sucessão de suas existências. Opaca e sombria na alma inferior, seu alvor aumenta de acordo com os progressos realizados. Torna-se a alma cada vez mais pura. Brilhante no Espírito elevado, ofusca nas almas superiores. Todo Espírito é um foco de luz, velado por longo tempo, comprimido, invisível, mas que se descobre com o seu valor moral, cresce lentamente, aumentando em penetração e intensidade. No começo, é como o fogo escondido sob cinzas, que se revela por fracas claridades, e, depois, ainda por uma chama tímida e vacilante. Um dia, tornar-se-á a auréola que se ativa, estende e rodeia, completamente, o Espírito que, então, resplandece como um sol ou como esses astros errantes que percorrem os abismos celestes, arrastando sua longa cauda de luz. Para obter esse esplendor, é necessário o mérito, filho de trabalhos longos, de obras fecundas, adquirido em um número de existências que se nos afigura a eternidade.

Subindo mais para as culminâncias que o pensamento não pode medir sem vertigem, não se chegaria a entrever por uma intuição o que é Deus, alma do Universo, prodigioso centro de luz? A visão direta de Deus, dizem, só pode ser sustentada pelos grandes Espíritos. A luz divina exprime a glória, o poder, a majestade do Eterno, e, por si própria, é a visão da verdade. Poucas almas, porém, podem contemplá-la sem véu, precisando haver uma pureza absoluta para se lhe suportar o deslumbramento esmagador.

A vida terrena suspende as propriedades irradiantes do Espírito. Durante o seu curso, a luz da alma se acha oculta sob a carne, como lâmpada acesa no fundo de um sepulcro.

Entretanto, em nós mesmos podemos verificar a sua existência; as nossas boas ações, os nossos rasgos de generosidade alimentam-na e avivam. Uma multidão inteira pode sentir o calor comunicativo de uma alma entusiástica. Em nossos momentos de expansão, de caridade e amor sentimos como que uma chama ou um raio emanando do nosso ser. É por essa luz íntima que se distinguem os oradores, os heróis, os apóstolos. É ela que inflama os auditórios, arrasta os povos e os faz realizarem grandes cometimentos. As forças espirituais revelam-se então aos olhos de todos e mostram o que se pode obter das potências psíquicas, postas em ação pela paixão do bem e do justo. A força da alma é superior a todas as forças materiais; é a própria luz: poderia levantar um mundo.

Possamos nós alimentar-te com boas obras, avivar-te a chama, transformar-te num grande facho que esclareça e aqueça tudo o que se aproximar de ti, um fanal para guiar os Espíritos céticos, errantes nas trevas, ó foco amoroso!

Tentamos dar uma ideia do que é a vida celeste definitiva, conforme o ensino dos Espíritos. Ela é o fim para o qual evolvem todas as almas, o meio em que todos os sonhos e projetos realizam-se, em que todas as aspirações satisfazem-se, o lugar onde as esperanças malogradas, as afeições desprezadas, os impulsos comprimidos pela vida material encontram-se em liberdade. Aí, as simpatias, as ternuras, as atrações puras unem-se e fundem-se num amor imenso, que liga todos os Espíritos e os faz viverem em comunhão perpétua, no seio da grande harmonia.

Para atingir, porém, as tais alturas, quase divinas, é preciso deixar sobre as vertentes que a elas conduzem os apetites, as paixões, os desejos; é necessário ser dilacerado pelos espinhos da matéria e purificado pela dor. É preciso adquirir a doçura, a resignação e a fé, aprender a sofrer sem murmurar, a chorar em silêncio, a desprezar os bens e as alegrias efêmeras do mundo e elevar suas aspirações aos bens que jamais findam. É indispensável deixar nas sepulturas terrestres muitos despojos deformados pelas privações, ter passado muitos trabalhos, suportado sem queixume humilhações e desprezos, sentir os golpes do mal, o peso do insulamento e da tristeza, ter esgotado, muitas vezes, o cálice profundo e amargo. Só o sofrimento, desenvolvendo as forças viris da alma, robustece-a para a luta e para a sua ascensão, amadurece e apura os sentimentos, abre as portas da bem-aventurança.

Espírito imortal, encarnado ou livre! Se queres transpor com rapidez a escala árdua e magnífica dos mundos, alcançar as regiões etéreas, atira para longe tudo o que torna arrastados os teus passos e pode obstar-te o voo. Deixa à Terra o que à Terra pertence, e só aspira aos tesouros eternos; trabalha, ora a Deus, consola, auxilia, ama, oh! ama até ao sacrifício, cumpre o teu dever a qualquer preço, mesmo que percas a vida. Só assim semearás o germe da tua felicidade futura.

XXXVI
Os Espíritos inferiores

O Espírito puro traz em si próprio sua luz e sua felicidade, que o seguem por toda parte e lhe integram o ser. Assim também o Espírito culpado consigo arrasta a própria noite, seu castigo, seu opróbrio. Pelo fato de não serem materiais, não deixam de ser ardentes os sofrimentos das almas perversas. O inferno é mais que um lugar quimérico, um produto de imaginação, um espantalho talvez necessário para conter os povos na infância, porém que, neste sentido, nada tem de real. É completamente outro o ensino dos Espíritos sobre os tormentos da vida futura; aí não figuram hipóteses.

Esses sofrimentos, com efeito, são-nos descritos por aqueles mesmos que os suportam, assim como outros vêm patentear-nos a sua ventura. Nada é imposto por uma vontade arbitrária; nenhuma sentença é pronunciada. O Espírito sofre as consequências naturais de seus atos, que, recaindo sobre ele próprio, o glorificam ou acabrunham. O ser padece na vida de além-túmulo não só pelo mal que fez, mas também por sua inação e fraqueza. Enfim, essa vida é obra sua: tal qual ele a produziu. O sofrimento é inerente ao estado de imperfeição, mas atenua-se com o progresso e desaparece quando o Espírito vence a matéria.

A punição do Espírito mau continua não só na vida espiritual, mas, ainda, nas encarnações sucessivas que o levam a mundos inferiores, onde a existência é precária e a dor reina soberanamente; mundos que podemos qualificar de infernos.

A Terra, em certos pontos de vista, deve entrar nessa categoria. Ao redor desses orbes, galés rolando na imensidade, flutuam legiões sombrias de Espíritos imperfeitos, esperando a hora da reencarnação.

Vimos quanto é penosa, prolongada, cheia de perturbação e angústia, a fase do desprendimento corporal para o Espírito entregue às más paixões. A ilusão da vida terrena prossegue para ele durante anos. Incapaz de compreender o seu estado e de quebrar os laços que o tolhem, nunca elevando sua inteligência e seu sentimento além do círculo estreito de sua existência, continua a viver, como antes da morte, escravizado aos seus hábitos, às suas inclinações, indignando-se porque seus companheiros parecem não mais vê-lo nem ouvi-lo, errante, triste, sem rumo, sem esperança, nos lugares que lhe foram familiares. São as *almas penadas*, cuja presença já de há muito se tem suspeitado em certas residências, e cuja realidade é demonstrada diariamente por muitas e ruidosas manifestações.

A situação do Espírito depois da morte é resultante das aspirações e gostos que ele desenvolveu em si. Aquele que concentrou todas as suas alegrias, toda a sua ventura nas coisas deste mundo, nos bens terrestres, sofre cruelmente desde que disso se vê privado. Cada paixão tem em si mesmo a sua punição. O Espírito que não soube libertar-se dos apetites grosseiros e dos desejos brutais torna-se destes um joguete, um escravo. Seu suplício é estar atormentado por eles sem os poder saciar.

Pungente é a desolação do avarento, que vê dispersar-se o ouro e os bens que amontoou. A estes se apega apesar de tudo, entregue a uma terrível ansiedade, a transportes de indescritível furor.

Igualmente digna de piedade é a situação dos grandes orgulhosos, dos que abusaram da fortuna e de seus títulos, só pensando na glória e no bem-estar, desprezando os pequenos, oprimindo os fracos. Para eles não mais existem os cortesãos servis, a criadagem desvelada, os palácios, os costumes suntuosos. Privados de tudo o que lhes fazia a grandeza na Terra, a solidão e o abandono esperam-no no espaço. Se as massas novamente os seguem é para lhes confundir o orgulho e acabrunhá-los de zombarias.

Mais tremenda ainda é a condição dos Espíritos cruéis e rapaces, dos criminosos de qualquer espécie que sejam, dos que fizeram correr sangue ou calcaram a justiça aos pés. Os lamentos de suas vítimas, as maldições das viúvas e dos órfãos soam aos seus ouvidos durante um tempo que se lhes afigura a eternidade. Sombras irônicas e ameaçadoras os rodeiam e os perseguem sem descanso.

Não pode haver para eles um retiro assaz profundo e oculto; em vão, procuram o repouso e o esquecimento. A entrada numa vida obscura, a miséria, o abatimento, a escravidão somente lhes poderão atenuar os males.

Nada iguala a vergonha, o terror da alma que, diante de si, vê elevar-se sem cessar as suas existências culpadas, as cenas de assassínios e de espoliação, pois se sente descoberta, penetrada por uma luz que faz reviver as suas mais secretas recordações. A lembrança, esse aguilhão incandescente, a queima e despedaça.

Quando se experimenta esse sofrimento, devemos compreender e louvar a Providência divina, que, no-lo poupando durante a vida terrena, nos dá assim, com a calma de Espírito, uma liberdade maior de ação, para trabalharmos em nosso aperfeiçoamento.

Os egoístas, os homens exclusivamente preocupados com seus prazeres e interesses, preparam também um penoso futuro. Só tendo amado a si próprios, não tendo ajudado, consolado, aliviado pessoa alguma, do mesmo modo não encontram nem simpatias nem auxílios nem socorro nessa nova vida. Insulados, abandonados, para eles o tempo corre uniforme, monótono e lento. Experimentam triste enfado, uma incerteza cheia de angústias. O arrependimento de haverem perdido tantas horas, desprezado uma existência, o ódio dos interesses miseráveis que os absorveram, tudo isso devora e consome essas almas. Sofrem na erraticidade até que um pensamento caridoso os toque e luza em sua noite como um raio de esperança; até que, pelos conselhos de um Espírito, rompam, por sua vontade, a rede fluídica que os envolve e decidam-se a entrar em melhor caminho.

A situação dos suicidas tem analogia com a dos criminosos; muitas vezes, é ainda pior. O suicídio é uma covardia, um crime cujas consequências são terríveis. Segundo a expressão de um Espírito, o suicida *não foge ao sofrimento senão para encontrar a tortura*. Cada um de nós tem deveres, uma missão a cumprir na Terra, provas a suportar para nosso próprio bem e elevação. Procurar subtrair-se, libertar-se dos males terrestres antes do tempo marcado é violar a lei natural, e cada atentado contra essa lei traz para o culpado uma violenta reação. O suicídio não põe termo aos sofrimentos físicos nem morais. O Espírito fica ligado a esse corpo carnal que esperava destruir; experimenta, lentamente, todas as fases de sua decomposição; as sensações dolorosas multiplicam-se, em vez de diminuírem. Longe de abreviar sua prova, ele a prolonga indefinidamente; seu mal-estar, sua perturbação persistem por muito tempo depois da destruição do invólucro carnal. Deverá enfrentar novamente as provas às quais supunha poder escapar com a morte e que foram geradas pelo seu passado. Terá de suportá-las em piores condições, refazer, passo a passo, o caminho semeado de obstáculos, e para isso sofrerá uma encarnação mais penosa ainda que aquela à qual pretendeu fugir.

São espantosas as torturas dos que acabam de ser supliciados, e as descrições que delas nos fazem certos assassinos célebres podem comover os corações mais duros, mostrando à justiça humana os tristes efeitos da pena de morte. A maioria desses infelizes acha-se entregue a uma excitação aguda, a sensações atrozes que os tornam furiosos. O horror de seus crimes, a visão de suas vítimas, que parecem persegui-los e trespassá-los como uma espada, alucinações e sonhos horrendos, tal é a sorte que os aguarda.

Muitos, buscando um derivativo a seus males, lançam-se aos encarnados de tendências semelhantes e os impelem ao crime. Outros, devorados pelo fogo inextinguível dos remorsos, procuram, sem tréguas, um refúgio que não podem encontrar. Sob seus passos, ao seu redor, por toda parte, eles julgam ver cadáveres, figuras ameaçadoras e lagos de sangue.

Os Espíritos maus sobre os quais recai o peso acabrunhador de suas faltas não podem prever o futuro; nada sabem das leis superiores. Os fluidos que os envolvem privam-nos de toda relação com os Espíritos elevados que queiram arrancá-los à sua inércia, às suas inclinações, pois isso lhes é difícil por causa de sua natureza grosseira, quase material, e do limitado campo de suas percepções; resulta daí uma ignorância completa da própria sorte e uma tendência para acreditarem que são eternos os seus sofrimentos. Alguns, imbuídos ainda de prejuízos católicos, supõem e dizem viver no inferno. Devorados pela inveja e pelo ódio, muitos, a fim de se distraírem de suas aflições, procuram os homens fracos e inclinados ao mal. Apegam-se a eles e insuflam-lhes funestas aspirações. Destes excessos, porém, advêm-lhes, pouco a pouco, novos sofrimentos. A reação do mal causado prende-os numa rede de fluidos mais sombrios. As trevas se fazem mais completas; um círculo estreito forma-se e à sua frente levanta-se o dilema da reencarnação penosa, dolorosa.

Mais calmos são aqueles a quem o arrependimento tocou e que, resignados, veem chegar o tempo das provas ou estão resolvidos a satisfazer a eterna justiça. O remorso, como uma pálida claridade, esclarece vagamente sua alma, permite que os bons Espíritos falem ao seu entendimento, animando-os e aconselhando-os.

XXXVII
O inferno e os demônios

Baseando-se nos casos de obsessão, nas manifestações ruidosas dos Espíritos frívolos e zombeteiros, a Igreja entendeu dever atribuir aos demônios todos os fenômenos do Espiritismo e condená-los como inúteis ou perigosos.

Antes de refutar essa interpretação, convém lembrar que o Catolicismo acolheu do mesmo modo todas as grandes descobertas, todos os progressos consideráveis que assinalam os fastos da História. Raras são as conquistas científicas que não foram julgadas como obras diabólicas. Era, pois, de esperar que fossem repelidas pelo poder sacerdotal as instruções dos Espíritos que o vinham aluir.

O mundo invisível, já o dissemos, é um véu espesso que cobre a Humanidade. Os Espíritos são apenas almas, mais ou menos perfeitas, entes humanos desencarnados, e nossas relações com eles devem ser reguladas com tanta reserva e prudência quanto na convivência com os nossos semelhantes.

Ver no Espiritismo somente manifestações de Espíritos inferiores equivale a notar na Humanidade unicamente o mal. O ensino dos Espíritos elevados tem aclarado o caminho da vida, resolvido os obscuros problemas do futuro, fortificado a fé vacilante, restabelecido a justiça sobre bases inabaláveis. Graças a eles, uma multidão de incrédulos e de ateus tem sido levada a crer em Deus e na imortalidade:

homens ignorantes e viciosos são atraídos, aos milhares, para o bem e para a verdade.

Será isso obra do demônio? Seria Satanás, se com efeito existisse, tão cego que trabalhasse em detrimento dos seus interesses?

É necessária alguma perspicácia para distinguir a natureza dos Espíritos e conhecer, em nossas relações com eles, a parte que se deve conservar ou rejeitar. Jesus disse: "Conhece-se a árvore pelo seu fruto". A linguagem e as instruções dos Espíritos elevados são sempre impregnadas de dignidade, de sabedoria e de caridade; visam ao progresso moral do homem e desprendem-se de tudo que é material. As comunicações dos Espíritos atrasados pecam pelas qualidades contrárias; abundam em contradições e tratam, geralmente, de assuntos vulgares, sem alcance moral. Os Espíritos levianos ou inferiores entregam-se, de preferência, às manifestações físicas.

O Espiritismo traz à Humanidade um ensino proporcional às suas necessidades intelectuais; vem restabelecer em sua primitiva pureza, explicar, completar a doutrina do Evangelho; arrancá-la ao Espírito de especulação, aos interesses de classes, restituir-lhe sua verdadeira missão e sua influência sobre as almas; por isso ele é considerado com espanto por todos aqueles a quem vai perturbar o sossego e enfraquecer a autoridade.

Com o correr dos tempos, a doutrina do Cristo tem sido alterada e, hoje, apenas exerce uma ação enfraquecida, insuficiente, sobre os costumes e caracteres. Agora, o Espiritismo vem tomar e prosseguir a tarefa confiada ao Cristianismo. É aos Espíritos que cabe, de agora em diante, a missão de restabelecer todas as coisas, de penetrar nos meios mais humildes como nos mais esclarecidos, e de, em legiões inumeráveis, trabalhar para a regeneração das sociedades humanas. A teoria dos demônios e do inferno eterno não mais pode ser admitida por nenhum homem sensato. Satanás é, simplesmente, um mito. Criatura alguma é votada eternamente ao mal.

XXXVIII
Ação do homem sobre os Espíritos infelizes

A nossa indiferença para com as manifestações espíritas não nos privaria somente do conhecimento do futuro de além-túmulo, pois nos desviaria também da possibilidade de agir sobre os Espíritos infelizes, de amenizar-lhes a sorte, tornando-lhes mais fácil a reparação de suas faltas. Os Espíritos atrasados, tendo mais afinidade com os homens do que com os Espíritos puros, em virtude de sua constituição fluídica ainda grosseira, são, por isso mesmo, mais acessíveis à nossa influência. Entrando em comunicação com eles, podemos preencher uma generosa missão, instruí-los, moralizá-los e, ao mesmo tempo, melhorarmos, sanearmos o meio fluídico em que todos vivemos. Os Espíritos sofredores ouvem o nosso apelo e as nossas evocações. Os nossos pensamentos, simpáticos, envolvendo-os como uma corrente elétrica e atraindo-os a nós, permitem que conversemos com eles por meio dos médiuns. O mesmo dá-se com as almas que deixam este mundo. As nossas evocações despertam a atenção dos Espíritos e facultam-lhe o desapego corpóreo; as nossas preces ardentes são como um jato luminoso que os esclarece e vivifica.

É-lhes agradável perceber que não estão abandonados a si próprios na imensidade, que há ainda na Terra seres que se interessam pela sua sorte e desejam a sua felicidade. E, quando mesmo esta não possa ser alcançada por preces, contudo, elas não deixam de ser salutares, arrancando-os ao desespero, dando-lhes as forças fluídicas necessárias para lutarem contra as influências perniciosas e ajudando-os a subirem mais alto.

Não devemos, entretanto, esquecer que as relações com os Espíritos inferiores exigem uma certa segurança de vistas, de tato e de energia; daí os bons efeitos que se podem esperar. É preciso uma verdadeira superioridade moral para dominar tais Espíritos, para reprimir os seus desmandos e dirigi-los ao caminho reto; e essa superioridade não se adquire senão por uma vida isenta de paixões materiais, pois, em tal caso, os fluidos depurados do evocador atuam eficazmente sobre os fluidos dos Espíritos atrasados. Além disso, é necessário um conhecimento prático do mundo invisível para podermos nos guiar com segurança no meio das contradições e dos erros que pululam nas comunicações dos Espíritos levianos. Em consequência da sua natureza imperfeita, eles só possuem conhecimentos muito restritos; veem e julgam as coisas diferentemente; muitos conservam as opiniões e os preconceitos da vida terrena. O critério e a clarividência tornam-se, portanto, indispensáveis a quem se dirigir nesse dédalo.

O estudo dos fenômenos espíritas e as relações com o mundo invisível apresentam muitas dificuldades e, mesmo, perigos ao homem ignorante e frívolo, que pouco se tenha preocupado com o lado moral da questão. Aquele que, descuidando-se de estudar a ciência e a filosofia dos Espíritos, penetra bruscamente no domínio do invisível, entregando-se, sem reserva, às suas manifestações, desde logo se acha em contato com milhares de seres cujos atos e palavras ele não tem meio algum de aferir. Sua ignorância entregá-lo-á desarmado à influência deles, pois a sua vontade vacilante, indecisa, não poderá resistir às sugestões de que se fez alvo. Fraco, apaixonado, sua imperfeição faz com que atraia Espíritos iguais a si, que o assediam sem o menor escrúpulo de enganar. Nada sabendo sobre as leis morais, insulado no seio de um mundo onde a alucinação e a realidade confundem-se, terá tudo a temer: a mentira, a ironia, a obsessão.

A princípio, foi considerável a parte que os Espíritos inferiores tomaram nas manifestações, e isso tinha sua razão de ser. Em um meio material como o nosso, só as manifestações ruidosas, os fenômenos de ordem física poderiam impressionar os homens e arrancá-los à indiferença por tudo que não diga respeito aos seus interesses imediatos. É isso que justifica o predomínio das mesas giratórias, das pancadas, das pedradas, etc. Esses fenômenos vulgares, produzidos por Espíritos submetidos à influência da matéria, eram apropriados às exigências da causa e ao estado mental daqueles de quem se queria despertar a atenção. Não se os deverá atribuir aos Espíritos superiores, pois estes só se manifestaram ulteriormente e por processos menos grosseiros, sobretudo com o auxílio de médiuns escreventes, auditivos e sonambúlicos.

Depois dos fatos materiais, que se dirigiam aos sentidos, os Espíritos têm falado à inteligência, aos sentimentos e à razão. Esse aperfeiçoamento gradual dos meios de comunicação mostra-nos os grandes recursos de que dispõem os poderes invisíveis, as combinações profundas e variadas que sabem pôr em jogo para estimular o homem no caminho do progresso e no conhecimento dos seus destinos.

XXXIX
Justiça, solidariedade, responsabilidade

Tanto no moral como no físico, tudo se encadeia e se liga no Universo. Na ordem dos fatos, desde o mais simples ao mais complexo, tudo é regulado por uma lei; cada efeito se prende a uma causa e cada causa engendra um efeito que lhe é idêntico. Daí, no domínio moral, o princípio de justiça, a sanção do bem e do mal, a lei distributiva, que dá a cada um segundo as suas obras. Assim como as nuvens formadas pela vaporização solar se resolvem fatalmente em chuva, assim também as consequências dos atos praticados recaem inevitavelmente sobre seus autores. Cada um desses atos, cada uma das volições do nosso pensamento, segundo a força que os impulsiona, executa sua evolução e volta com os seus efeitos, bons ou maus, para a fonte que os produziu. O mal, do mesmo modo que o bem, torna ao seu ponto de partida em razão da afinidade de sua substância. Há faltas que produzem seus efeitos mesmo no curso da vida terrena. Outras, mais graves, só fazem sentir suas consequências na vida espiritual e, muitas vezes até, nas encarnações ulteriores.

A pena de talião nada tem de absoluto, mas não é menos verdade que as paixões e malefícios do ser humano produzem resultados, sempre idênticos, aos quais ele não pode subtrair-se. O orgulhoso prepara para si um futuro de humilhações, o egoísta cria o vácuo ou a indiferença, e duras privações esperam os sensuais. É a punição inevitável, o remédio eficaz que deve curar o mal em sua origem. Tal lei cumprir-se-á por si própria, sem haver necessidade de alguém constituir-se algoz dos seus semelhantes.

O arrependimento, em ardente apelo à Misericórdia divina, pondo-nos em comunicação com as potências superiores, devem emprestar-nos a força necessária para percorrermos a via dolorosa, o caminho de provas delineado pelo nosso passado; porém, nada, a não ser a expiação, apagará as nossas faltas. Só o sofrimento, esse grande educador, poderá reabilitar-nos.

A lei de justiça não é mais que o funcionamento da ordem moral universal, as penas e os castigos representam a reação da Natureza ultrajada e violentada em seus princípios eternos. As forças do Universo são solidárias, repercutem e vibram unissonamente. Toda potência moral reage sobre aquele que a infringir e proporcionalmente ao seu modo de ação. Deus não fere a pessoa alguma; apenas deixa ao tempo o cuidado de fazer dimanar os efeitos de suas causas. O homem é, portanto, o seu próprio juiz, porque, segundo o uso ou o abuso de sua liberdade, torna-se feliz ou desditoso. Às vezes, o resultado de seus atos faz-se esperar. Vemos neste mundo criminosos calcarem sua consciência, zombarem das leis, viverem e morrerem cercados de respeito, ao mesmo tempo que pessoas honestas são perseguidas pela adversidade e pela calúnia! Daí, a necessidade das vidas futuras, em cujo percurso o princípio de justiça encontra a sua aplicação e onde o estado moral do ser encontra o seu equilíbrio. Sem esse complemento necessário, não haveria motivo para a existência atual, e quase todos os nossos atos ficariam sem punição.

Realmente, a ignorância é o mal soberano donde procedem todos os outros. Se o homem visse distintamente a consequência do seu modo de proceder, sua conduta seria outra. Conhecendo a lei moral e sua aplicação inevitável, não mais tentaria transgredi-la, do mesmo modo que nada faz por opor-se à gravitação natural dos corpos ou a outra qualquer lei física.

Essas ideias novas fortalecem ainda mais os laços que nos unem à grande família das almas. Encarnadas ou desencarnadas, todas as almas são irmãs. Geradas pela grande mãe, a Natureza, e por seu pai comum, que é Deus, elas perseguem destinos análogos, devendo-se todas um mútuo auxílio. Por vezes, protegidas e protetoras, coadjuvam-se na marcha do progresso, e, pelos serviços prestados, pelas provas passadas em comum, fazem desabrochar em si os sentimentos de fraternidade e de amor, que são uma das condições da vida superior, uma das modalidades da existência feliz.

Os laços que nos prendem aos irmãos do espaço ligam-nos mais estreitamente ainda aos habitantes da Terra. Todos os homens, desde o mais selvagem até o mais civilizado, são Espíritos semelhantes pela origem e pelo fim que têm de atingir. Em seu conjunto, constituem uma sociedade, cujos membros são solidários e na qual cada um trabalhando pelo seu melhoramento particular participa do progresso e do bem geral. A lei de justiça, não sendo mais que a resultante dos atos, o encadeamento dos efeitos e das causas, explica-nos porque tantos males afligem a Humanidade. A história da Terra é uma urdidura de homicídios e de iniquidades. Ora, todos esses séculos ensanguentados, todas essas existências de desordens reúnem-se na vida presente como afluentes no leito de um rio. Os Espíritos que compõem a sociedade atual nada mais são que homens de outrora, que vieram sofrer as consequências de suas vidas anteriores, com as responsabilidades daí provenientes. Formada de tais elementos, como poderia a Humanidade viver feliz? As gerações são solidárias através dos tempos; vapores de suas paixões envolvem-nas e seguem-nas até ficarem completamente purificadas. Essa consideração faz-nos sentir mais intensamente ainda a necessidade de melhorar o meio social, esclarecendo os nossos semelhantes sobre a causa dos males comuns e criando em torno de nós, por esforços coletivos, uma atmosfera mais sã e pura. Enfim, o homem deve aprender a medir o alcance de seus atos, a extensão de sua responsabilidade, a sacudir essa indiferença que fecunda as misérias sociais e envenena moralmente este planeta, onde talvez tenha de renascer muitas vezes. É necessário que um influxo renovador se estenda sobre os povos e produza essas convicções onde se originam as vontades firmes e inabaláveis. É preciso também todos saberem que o império do mal não é eterno, que a justiça não é uma palavra vã, pois ela governa os mundos e, sob o seu nível poderoso, todas as almas se curvam na vida futura, todas as resistências e rebeliões se anulam.

Da ideia superior de justiça dimanam, portanto, a igualdade, a solidariedade e a responsabilidade dos seres. Esses princípios unem-se e fundem-se em um todo, em uma lei única que domina e rege o Universo inteiro: o progresso na liberdade. Essa harmonia, essa coordenação poderosa das leis e das coisas não dará da vida e dos destinos humanos uma ideia maior e mais consoladora que as concepções niilistas ou do nada? Nessa imensidade, onde tudo é regido por leis sábias e profundas, onde a equidade se mostra mesmo nos menores detalhes, onde nenhum ato útil fica sem proveito, nenhuma falta sem castigo, nenhum sofrimento sem compensação, o ser sente-se ligado a tudo que vive. Trabalhando para si e para todos, desenvolve livremente suas forças, vê aumentarem suas luzes e multiplicarem sua felicidade.

Comparem-se essas perspectivas com as insípidas teorias materialistas, com esse universo horrível onde os seres se agitam, sofrem e passam, sem afeições, sem rumo, sem esperança, percorrendo vidas efêmeras, como pálidas sombras, saídas do nada, para sumirem-se na noite e no silêncio eterno. Digam qual dessas concepções oferece mais possibilidades de sustentar o homem em suas dores, de modificar seu caráter, e de arrastá-lo para os altos cimos!

XL
Livre-arbítrio e providência

A questão do livre-arbítrio é uma das que mais têm preocupado filósofos e teólogos. Conciliar a vontade, a liberdade do homem com o exercício das leis naturais e a vontade divina, afigurava-se tanto mais difícil quanto a fatalidade cega parecia, aos olhos de muitos, pesar sobre o destino humano. O ensino dos Espíritos veio elucidar esse problema. A fatalidade aparente, que semeia males pelo caminho da vida, não é mais que a consequência do nosso passado, que um efeito voltado sobre a sua causa; é o complemento do programa que aceitamos antes de renascer, atendendo assim aos conselhos dos nossos guias espirituais, para nosso maior bem e elevação.

Nas camadas inferiores da criação a alma ainda não se conhece. Só o instinto, espécie de fatalidade, a conduz, e só nos seus tipos mais evoluídos é que aparecem, como o despontar da aurora, os primeiros rudimentos das faculdades do homem. Entrando na Humanidade, a alma desperta para a liberdade moral. Seu discernimento e sua consciência desenvolvem-se cada vez mais à proporção que percorre essa nova e imensa jornada. Colocada entre o bem e o mal, compara e escolhe livremente. Esclarecida por suas decepções e seus sofrimentos, é no seio das provas que obtém a experiência e firma a sua estrutura moral.

Dotada de consciência e de liberdade, a alma humana não pode recair na vida inferior, animal. Suas encarnações sucedem-se na escala dos mundos até que ela tenha adquirido os três bens imorredouros, alvo de seus longos trabalhos: a sabedoria, a ciência e o amor, cuja posse liberta--a, para sempre, dos renascimentos e da morte, franqueando-lhe o acesso à vida celeste.

Pelo uso do seu livre-arbítrio, a alma fixa o próprio destino, prepara as suas alegrias ou dores. Jamais, porém, no curso de sua marcha — na provação amargurada ou no seio da luta ardente das paixões —, lhe será negado o socorro divino. Nunca deve esmorecer, pois, por mais indigna que se julgue; desde que em si desperta a vontade de voltar ao bom caminho, à estrada sagrada, a Providência dar-lhe-á auxílio e proteção.

A Providência é o Espírito superior, é o anjo velando sobre o infortúnio, é o consolador invisível, cujas inspirações reaquecem o coração gelado pelo desespero, cujos fluidos vivificantes sustentam o viajor prostrado pela fadiga; é o farol aceso no meio da noite, para a salvação dos que erram sobre o mar tempestuoso da vida. A Providência é, ainda, principalmente, o Amor divino derramando-se a flux sobre suas criaturas. Que solicitude, que previdência nesse amor! Não foi para a alma somente, para modelar a sua vida e servir de cenário aos seus progressos, que ela suspendeu os mundos no espaço, inflamou os sóis, preparou os continentes e formou os mares? Só para a alma toda essa grande obra foi executada, só para ela é que forças naturais combinam-se e universos desabrocham no seio das nebulosas.

A alma é criada para a felicidade, mas, para poder apreciar essa felicidade, para conhecer-lhe o justo valor, deve conquistá-la por si própria e, para isso, precisa desenvolver as potências encerradas em seu íntimo. Sua liberdade de ação e sua responsabilidade aumentam com a própria elevação, porque, quanto mais se esclarece, mais pode e deve conformar o exercício de suas forças pessoais com as leis que regem o Universo.

A liberdade do ser se exerce, portanto, dentro de um círculo limitado: de um lado, pelas exigências da lei natural, que não pode sofrer alteração alguma e mesmo nenhum desarranjo na ordem do mundo; de outro, por seu próprio passado, cujas consequências lhe refluem através dos tempos, até à completa reparação. Em caso algum o exercício da liberdade humana pode obstar à execução dos planos divinos; do contrário, a ordem das coisas seria a cada instante perturbada. Acima de nossas percepções limitadas e variáveis, a ordem imutável do Universo prossegue e mantém-se. Quase sempre julgamos um mal aquilo que para nós é o verdadeiro bem.

Se a ordem natural das coisas tivesse de amoldar-se aos nossos desejos, que horríveis alterações daí não resultariam?

O primeiro uso que o homem fizesse da liberdade absoluta seria para afastar de si as causas de sofrimento e para se assegurar, desde logo, uma vida de felicidade. Ora, se há males que a inteligência humana tem o dever de conjurar, de destruir — por exemplo, os que são provenientes da condição terrestre —, outros há, inerentes à nossa natureza moral, que somente dor e compressão podem vencer; tais são os vícios. Nestes casos, torna-se a dor uma escola, ou, antes, um remédio indispensável: as provas sofridas não são mais que distribuição equitativa da justiça infalível. Portanto, é a ignorância dos fins a que Deus visa que nos faz recriminar a ordem do mundo e suas leis. Criticamo-las porque desconhecemos o modo por que se cumprem.

O destino é resultante, através de vidas sucessivas, de nossas próprias ações e livres resoluções.

No estado de Espírito, quando somos mais esclarecidos sobre as nossas imperfeições e estamos preocupados com os meios de atenuá-las, aceitamos a vida material sob forma e condições que mais nos parecem apropriadas a esse cometimento. Os fenômenos do hipnotismo e da sugestão mental explicam-nos o que sucede em tal caso, sob a influência dos nossos protetores espirituais. No estado de sonambulismo, a alma, sob a sugestão do magnetizador, obriga-se a executar tal ou qual ato em um tempo dado. Voltando ao estado de vigília sem haver conservado aparentemente recordação alguma desse compromisso, ela executa, sem discrepância de um ponto, tudo o que havia prometido. Do mesmo modo, o homem não parece ter guardado memória das resoluções tomadas antes de renascer; mas, chegando a ocasião, colocar-se-á ele à frente dos acontecimentos premeditados, a fim de executar a parte que lhe compete e que se torna necessária ao seu progresso e à observância da inevitável lei.

XLI
Reencarnação

Não terminaremos este estudo da vida no espaço sem indicar, de modo sumário, por que regras se efetua a reencarnação.

Todas as almas que não puderam libertar-se das influências terrestres devem renascer neste mundo para trabalhar em seu melhoramento; é o caso da imensa maioria. Como as outras fases da vida dos seres, a reencarnação está sujeita a leis imutáveis. O grau de pureza do perispírito, a afinidade molecular que determina a classificação dos Espíritos no espaço fixam as condições da reencarnação. Os semelhantes atraem-se. É em virtude desse fato, dessa lei de atração e de harmonia que os Espíritos da mesma ordem, de caracteres e tendências análogas aproximam-se, seguem-se durante múltiplas existências, encarnando conjuntamente e constituindo famílias homogêneas.

Quando chega a ocasião de reencarnar, o Espírito sente-se arrastado por uma força irresistível, por uma misteriosa afinidade, para o meio que lhe convém. É um momento terrível, de angústia, mais formidável que o da morte, pois esta não passa de libertação dos laços carnais, de uma entrada em vida mais livre, mais intensa, enquanto a reencarnação, pelo contrário, é a perda dessa vida de liberdade, é um apoucamento de si mesmo, a passagem dos claros espaços para a região obscura, a descida para um abismo de sangue, de lama, de miséria, onde o ser vai ficar sujeito a necessidades tirânicas e inumeráveis. Por isso é mais penoso, mais doloroso renascer que morrer; e o desgosto, o terror, o abatimento profundo do Espírito, ao entrar neste mundo tenebroso, são fáceis de conceber-se.

A reencarnação realiza-se por aproximação graduada, por assimilação das moléculas materiais ao perispírito, o qual se reduz, se condensa, tornando-se progressivamente mais pesado, até que, por adjunção suficiente de matéria, constitui um invólucro carnal, um corpo humano.

O perispírito torna-se, portanto, um molde fluídico, elástico, que calca sua forma sobre a matéria. Daí dimanam as condições fisiológicas do renascimento. As qualidades ou defeitos do molde reaparecem no corpo físico, que não é, na maioria dos casos, senão imperfeita e grosseira cópia do perispírito.

Desde que começa a assimilação molecular que deve produzir o corpo, o Espírito fica perturbado; um torpor, uma espécie de abatimento invadem-no aos poucos. Suas faculdades vão-se velando uma após outra, a memória desaparece, a consciência fica adormecida, e o Espírito como que é sepultado em opressiva crisálida.

Entrando na vida terrestre, a alma, durante um longo período, tem de preparar esse organismo novo, de adaptá-lo às funções necessárias. Somente depois de vinte ou trinta anos de esforços instintivos é que recupera o uso de suas faculdades, embora limitadas ainda pela ação da matéria; e, então, poderá prosseguir, com alguma segurança, a travessia perigosa da existência.

O homem mundano chora e lamenta-se à beira dos túmulos, essas portas abertas sobre o infinito. Se estivesse familiarizado com as Leis divinas, era sobre os berços que ele deveria gemer. O vagido do recém-nascido não será um lamento do Espírito, diante das tristes perspectivas da vida?

As leis inflexíveis da Natureza, ou, antes, os efeitos resultantes do passado, decidem a sua reencarnação. O Espírito inferior, ignorante dessas leis, pouco cuidadoso de seu futuro, sofre maquinalmente a sua sorte e vem tomar o seu lugar na Terra sob o impulso de uma força que nem mesmo procura conhecer. O Espírito adiantado inspira-se nos exemplos que o cercam na vida fluídica, recolhe os avisos de seus guias espirituais, pesa as condições boas ou más de sua reaparição neste mundo, prevê os obstáculos, as dificuldades da jornada, traça o seu programa e toma fortes resoluções com o propósito de executá-las. Só volta à carne quando está seguro do apoio dos invisíveis, que o devem auxiliar em sua nova tarefa. Neste caso, o Espírito não mais sofre exclusivamente o peso da fatalidade. Sua escolha pode exercer-se em certos limites, de modo a acelerar sua marcha.

Por isso, o Espírito esclarecido dá preferência a uma existência laboriosa, a uma vida de luta e abnegação. Sabe que, graças a ela, seu avançamento será rápido. A Terra é o verdadeiro purgatório. É preciso renascer e sofrer para despojar-se dos últimos vestígios da animalidade, para apagar as faltas e os crimes do passado. Daí as enfermidades cruéis, as longas e dolorosas moléstias, o idiotismo, a perda da razão.

O abuso das altas faculdades, o orgulho e o egoísmo expiam-se pelo renascimento em organismos incompletos, em corpos disformes e sofredores. O Espírito aceita essa imolação passageira, porque, a seus olhos, ela é o preço da reabilitação, o único meio de adquirir a modéstia, a humildade; concordam em privar-se momentaneamente dos talentos, dos conhecimentos que fizeram sua glória, e desce a um corpo impotente, dotado de órgãos defeituosos, para tornar-se um objeto de compaixão e de zombaria. Respeitemos os idiotas, os enfermos, os loucos. Que a dor seja sagrada para nós!

Nesses sepulcros de carne um Espírito vela, sofre, e, em sua tessitura íntima, tem consciência de sua miséria, de sua abjeção. Temamos, por nossos excessos, merecer-lhes a sorte. Mas, esses dons da inteligência, que ela abandona para humilhar-se, a alma os achará depois da morte, porque são propriedade sua, e jamais perderá o que adquiriu por seus esforços. Reencontrá-los-á e, com eles, as qualidades, as virtudes novas colhidas no sacrifício, e que farão sua coroa de luz no seio dos espaços.

Assim, tudo se apaga, tudo se resgata. Os pensamentos, os desejos criminosos têm sua repercussão na vida fluídica, mas as faltas consumadas na carne precisam ser expiadas da carne. Todas as nossas existências são correlatas; o bem e o mal refletem-se através dos tempos. Se embusteiros e perversos parecem muitas vezes terminar suas vidas na abundância e na paz, fiquemos certos de que a hora da justiça soará e que recairão sobre eles os sofrimentos de que foram a causa. Resigna-te, pois, ó homem, e suporta com coragem as provas inevitáveis, porém fecundas, que suprimem nódoas e preparam-te um futuro melhor. Imita o lavrador, que sempre caminha para a frente, curvado sob um sol ardente ou crestado pela geada, e cujos suores regam o solo, o solo que, como o teu coração, é sulcado pela charrua destorroadora, mas do qual brotará o trigo dourado que fará a tua felicidade.

Evita os desfalecimentos, porque te reconduzirão ao jugo da matéria, fazendo-te contrair novas dívidas que pesariam em tuas vidas futuras. Sê bom, sê virtuoso, a fim de não te deixares apanhar pela temível engrenagem que se chama *consequência dos atos*. Foge aos prazeres aviltantes, às discórdias e às vãs agitações da multidão. Não é nas discussões estéreis, nas rivalidades, na cobiça das honras e bens de fortuna que encontrarás a sabedoria, o contentamento de ti próprio; mas, sim, no trabalho, na prática da caridade, na meditação, no estudo concentrado em face da Natureza, esse livro admirável que tem a assinatura de Deus.

Parte quinta

O caminho reto

XLII – A vida moral
XLIII – O dever
XLIV – Fé, esperança, consolações
XLV – Orgulho, riqueza e pobreza
XLVI – O egoísmo
XLVII – A caridade
XLVIII – Doçura, paciência, bondade
XLIX – O amor
L – Resignação na adversidade
LI – A prece
LII – Trabalho, sobriedade, continência
LIII – O estudo
LIV – A educação
LV – Questões sociais
LVI – A lei moral

XLII
A vida moral

Gravados em si todo ser humano traz os rudimentos da lei moral. É neste mundo mesmo que ela recebe um começo de sanção. Qualquer ato bom acarreta para o seu autor uma satisfação íntima, uma espécie de ampliação da alma; as más ações, pelo contrário, trazem, muitas vezes, amargores e desgostos em sua passagem. Mas essa sanção, tão variável segundo os indivíduos, é muito vaga, muito insuficiente do ponto de vista da justiça absoluta. Eis por que as religiões transferiram para a vida futura, para as penas e recompensas que ela nos reserva, a sanção capital de nossos atos. Ora, tais dados, carecendo de base positiva, foram postos em dúvida pela maioria das massas, pois, embora tivessem eles exercido uma séria influência sobre as sociedades da Idade Média, já agora não bastam para desviar o homem dos caminhos da sensualidade.

Antes do drama do Gólgota, Jesus havia anunciado aos homens um outro consolador, o Espírito de Verdade, que devia restabelecer e completar o seu ensino. Esse Espírito de Verdade veio e falou à Terra, por toda parte fez ouvir a sua voz.

Dezoito séculos depois da morte do Cristo, havendo-se derramado pelo mundo a liberdade de palavra e de pensamento, tendo a Ciência sondado os céus, desenvolvendo-se a inteligência humana, a hora foi julgada favorável. Legiões de Espíritos vieram ensinar a seus irmãos da Terra a lei do progresso infinito e realizar a promessa de Jesus, restaurando a sua doutrina, comentando as suas parábolas.

O Espiritismo dá-nos a chave do Evangelho e explica seu sentido obscuro ou oculto. Mais ainda: traz-nos a moral superior, a moral definitiva, cuja grandeza e beleza revelam sua origem sobre-humana.

Para que a verdade se espalhe simultaneamente por todos os povos, para que ninguém a possa desnaturar, destruir, não é mais um homem, não é mais um grupo de apóstolos que se encarrega de fazê-la conhecida da Humanidade. As vozes dos Espíritos proclamam-na sobre todos os pontos do mundo civilizado e, graças a esse caráter universal, permanente, essa revelação desafia todas as hostilidades, todas as inquisições. Pode-se destruir o ensino de um homem, falsificar, aniquilar suas obras, mas quem poderá atingir e repelir os habitantes do espaço? Estes aplanarão todas as dificuldades e levarão a preciosa semente até às mais escuras regiões. Daí a potência, a rapidez de expansão do Espiritismo, sua superioridade sobre todas as doutrinas que o precederam e que lhe prepararam a vinda.

Assim, pois, a moral espírita edifica-se sobre os testemunhos de milhões de almas que, em todos os lugares, vêm, pela interferência dos médiuns, revelar a vida de além-túmulo, descrever suas próprias sensações, suas alegrias, suas dores.

A moral independente, essa que os materialistas tentaram edificar, vacila, ao sabor dos ventos, por falta de base. A moral das religiões, como incentivo, adstringe-se sobretudo ao terror, ao receio dos castigos infernais: sentimento falso, que só pode rebaixar e deprimir. A filosofia dos Espíritos vem oferecer à Humanidade uma sanção moral consideravelmente elevada, um ideal eminente, nobre e generoso. Não há mais suplícios eternos; a consequência dos atos recai sobre o próprio ser que os pratica.

O Espírito encontra-se em todos os lugares tal como ele mesmo se fez. Se violenta a lei moral, obscurece sua consciência e suas faculdades, materializa-se, agrilhoa-se com suas próprias mãos. Mas, atendendo à lei do bem, dominando as paixões brutais, fica aliviado e vai-se aproximando dos mundos felizes.

Sob tais aspectos, a lei moral impõe-se como obrigação a todos os que não descuram dos seus próprios destinos. Daí a necessidade de uma higiene da alma que se aplique a todos os nossos atos e conserve nossas forças espirituais em estado de equilíbrio e harmonia. Se convém submetermos o corpo, este invólucro mortal, este instrumento perecível, às prescrições da lei física que o mantêm em função, urge desde já vigiarmos o estado dessa alma que somos nós, como *eu* indestrutível e de cuja condição depende a nossa sorte futura. O Espiritismo fornece-nos os elementos para essa higiene da alma.

O conhecimento do porquê da existência é de consequências incalculáveis para o melhoramento e a elevação do homem. Quem sabe onde vai pisa firme e imprime a seus atos um impulso vigoroso.

As doutrinas negativistas obscurecem a vida e conduzem, logicamente, ao sensualismo e à desordem. As religiões, fazendo da existência uma obra de salvação pessoal, muito problemática, consideram-na de um ponto de vista egoísta e acanhado.

Com a filosofia dos Espíritos, modifica-se, alarga-se a perspectiva. O que nos cumpre procurar já não é a felicidade terrestre, pois neste mundo a felicidade não passa de uma quimera, mas, sim, a melhoria contínua. O meio de a realizarmos é a observação da lei moral em todas as suas formas.

Com esse ideal, a sociedade é indestrutível: desafia todas as vicissitudes, todos os acontecimentos. Avigora-se nos infortúnios e encontra sempre meios para, no seio da adversidade, superar-se a si mesma. Privada de ideal, acalentada pelos sofismas dos sensualistas, a sociedade só poderá esperar o enfraquecimento; sua fé no progresso e na justiça extingue-se com sua noção de virilidade; muito em breve, será um corpo sem alma e, fatalmente, tornar-se-á vítima dos seus inimigos.

Ditoso quem, nesta vida cheia de trevas e embustes, caminha corajosamente para o fim almejado, para o ideal que descortina, que conhece e do qual está certo. Ditoso quem, inspirado em boas obras, se sente impelido por um sopro do Altíssimo. Os prazeres são-lhe indiferentes; as tentações da carne, as miragens enganosas da fortuna não mais dispõem de ascendência sobre ele. Viajor em marcha, só aspira ao seu alvo, e para ele se lança!

XLIII
O dever

O dever é o conjunto das prescrições da lei moral, a regra pela qual o homem deve conduzir-se nas relações com seus semelhantes e com o Universo inteiro. Figura nobre e santa, o dever paira acima da Humanidade, inspira os grandes sacrifícios, os puros devotamentos, os grandes entusiasmos. Risonho para uns, temível para outros, inflexível sempre, ergue-se perante nós, apontando a escadaria do progresso, cujos degraus se perdem em alturas incomensuráveis.

O dever não é idêntico para todos; varia segundo nossa condição e saber. Quanto mais nos elevamos tanto mais a nossos olhos ele adquire grandeza, majestade, extensão. Seu culto é sempre agradável ao virtuoso, e a submissão às suas leis é fértil em alegrias íntimas, inigualáveis.

Por mais obscura que seja a condição do homem, por mais humilde que pareça a sua sorte, o dever domina-lhe e enobrece a vida, esclarece a razão, fortifica a alma. Ele nos traz essa calma interior, essa serenidade de Espírito, mais preciosa que todos os bens da Terra e que podemos experimentar no próprio seio das provações e dos reveses. Não depende de nós desviar os acontecimentos, porque o nosso destino deve seguir os seus trâmites rigorosos; mas sempre podemos, mesmo através de tempestades, firmar essa paz de consciência, esse contentamento íntimo que o cumprimento do dever acarreta.

Todos os Espíritos superiores têm profundamente enraizado em si o sentimento do dever; é sem esforços que seguem a própria rota. É por uma tendência natural, resultante dos progressos adquiridos, que se afastam das coisas vis e orientam os impulsos do ser para o bem. O dever torna-se, então, uma obrigação de todos os momentos, a condição imprescindível da existência, um poder ao qual nos sentimos indissoluvelmente ligados para a vida e para a morte.

O dever oferece múltiplas formas: há o dever para conosco, que consiste em nos respeitarmos, em nos governarmos com sabedoria, em não querermos, em não realizarmos senão o que for útil, digno e belo; há o dever profissional, que exige o cumprimento consciencioso das obrigações de nossos encargos; há o dever social, que nos convida a amar os homens, a trabalhar por eles, a servir fielmente ao nosso país e à Humanidade; há o dever para com Deus... O dever não tem limites. Sempre podemos melhorar. É, aliás, na imolação de si própria que a criatura encontra o mais seguro meio de se engrandecer e de se depurar.

A honestidade é a essência do homem moral; é desgraçado aquele que daí se afastar. O homem honesto faz o bem pelo bem, sem procurar aprovação nem recompensa. Desconhecendo o ódio, a vingança, esquece as ofensas e perdoa aos seus inimigos. É benévolo para com todos, protetor para com os humildes. Em cada ser humano vê um irmão, seja qual for seu país, seja qual for sua fé. Tolerante, ele sabe respeitar as crenças sinceras, desculpa as faltas dos outros, sabe realçar-lhes as qualidades; jamais é maledicente. Usa com moderação dos bens que a vida lhe concede, consagra-os ao melhoramento social e, quando na pobreza, de ninguém tem inveja ou ciúme.

A honestidade perante o mundo nem sempre é honestidade de acordo com as Leis divinas. A opinião pública, é certo, tem seu valor; torna mais suave a prática do bem, mas não devemos considerá-la infalível. Sem dúvida que o sábio não a desdenha; mas, quando é injusta ou insuficiente, ele também sabe caminhar avante e calcula o seu dever por uma medida mais exata. O mérito e a virtude são algumas vezes desconhecidos na Terra; as apreciações da sociedade quase sempre são influenciadas por paixões e interesses materiais. Antes de tudo, o homem honesto busca o julgamento e o aplauso da sua própria consciência.

Aquele que soube compreender todo o alcance moral do ensino dos Espíritos tem do dever uma concepção ainda mais elevada. Está ciente de que a responsabilidade é correlativa ao saber, que a posse dos segredos de além-túmulo impõe-lhe a obrigação de trabalhar com energia para o seu próprio melhoramento e para o de seus irmãos.

As vozes dos Espíritos têm feito vibrar ecos em si, têm despertado forças que jazem entorpecidas na maior parte dos homens e que o impelem poderosamente na sua marcha ascensional. Torna-se o ludíbrio dos maus, porque um nobre ideal o anima e atormenta ao mesmo tempo; mas, ainda assim, ele não o trocaria por todos os tesouros de um império. A prática da caridade então lhe é fácil; ensina-o a desenvolver sua sensibilidade e suas qualidades afetivas. Compassivo e bom, ele sente todos os males da Humanidade, quer derramar por seus companheiros de infortúnio as esperanças que o sustêm, desejaria enxugar todas as lágrimas, curar todas as feridas, extinguir todas as dores.

***

A prática constante do dever leva-nos ao aperfeiçoamento. Para apressá-lo, convém que estudemos primeiramente a nós mesmos, com atenção, e submetamos os nossos atos a um exame escrupuloso, porque ninguém pode remediar o mal sem antes o conhecer.

Podemos estudar-nos em outros homens. Se algum vício, algum defeito terrível em outrem nos impressiona, procuremos ver com cuidado se existe em nós germe idêntico; e, se o descobrirmos, empenhemo-nos por arrancá-lo.

Consideremos nossa alma pela sua realidade, isto é, como obra admirável, porém imperfeita e que, por isso mesmo, temos o dever de embelezar e ornar incessantemente. Esse sentimento da nossa imperfeição tornar-nos-á mais modestos, afastará de nós a presunção, a tola vaidade.

Submetamo-nos a uma disciplina rigorosa. Assim como ao arbusto se dá a forma e a direção convenientes, assim também devemos regular as tendências do nosso ser moral. O hábito do bem facilita a sua prática. Só os primeiros esforços são penosos; por isso, e antes de tudo, aprendamos a dominar-nos. As primeiras impressões são fugitivas e volúveis; a vontade é o fundo sólido da alma. Saibamos governar a nossa vontade, assenhorear-nos dessas impressões, e jamais nos deixemos dominar por elas.

O homem não deve isolar-se de seus semelhantes. Convém, entretanto, escolher suas relações, seus amigos, empenhar-se por viver num meio honesto e puro onde só reinem boas influências.

Evitemos as conversas frívolas, os assuntos ociosos, que conduzem à maledicência. Digamos sempre a verdade, quaisquer possam ser os resultados. Retemperemo-nos frequentemente no estudo e no recolhimento, porque assim a alma encontra novas forças e novas luzes. Possamos dizer, ao fim de cada dia: Fiz hoje obra útil, alcancei alguma vantagem sobre mim mesmo, assisti, consolei desgraçados, esclareci meus irmãos, trabalhei por torná-los melhores; tenho cumprido o meu dever!

XLIV
Fé, esperança, consolações

A fé é a confiança da criatura em seus destinos, é o sentimento que a eleva à infinita Potestade, é a certeza de estar no caminho que vai ter à verdade. A fé cega é como farol cujo vermelho clarão não pode traspassar o nevoeiro; a fé esclarecida é foco elétrico que ilumina com brilhante luz a estrada a percorrer.

Ninguém adquire essa fé sem ter passado pelas tribulações da dúvida, sem ter padecido as angústias que embaraçam o caminho dos investigadores. Muitos param em esmorecida indecisão e flutuam longo tempo entre opostas correntezas. Feliz quem crê, sabe, vê e caminha firme. A fé então é profunda, inabalável, e habilita-o a superar os maiores obstáculos. Foi neste sentido que se disse que a fé transporta montanhas, pois, como tais, podem ser consideradas as dificuldades que os inovadores encontram no seu caminho, ou seja, as paixões, a ignorância, os preconceitos e o interesse material.

Geralmente se considera a fé como mera crença em certos dogmas religiosos, aceitos sem exame. Mas a verdadeira fé está na convicção que nos anima e nos arrebata para os ideais elevados. Há a fé em si próprio, em uma obra material qualquer, a fé política, a fé na pátria. Para o artista, para o pensador, a fé é o sentimento do ideal, é a visão do sublime fanal aceso pela mão divina nos alcantis eternos, a fim de guiar a Humanidade ao bem e à verdade.

É cega a fé religiosa que anula a razão e se submete ao juízo dos outros, que aceita um corpo de doutrina verdadeiro ou falso, e dele se torna totalmente cativa. Na sua impaciência e nos seus excessos, a fé cega recorre facilmente à perfídia, à subjugação, conduzindo ao fanatismo. Ainda sob este aspecto, é a fé um poderoso incentivo, pois tem ensinado os homens a se humilharem e a sofrerem. Pervertida pelo espírito de domínio, tem sido a causa de muitos crimes, mas, em suas consequências funestas, também deixa transparecer suas grandes vantagens.

Ora, se a fé cega pôde produzir tais efeitos, que não realizará a fé esclarecida pela razão, a fé que julga, discerne e compreende? Certos teólogos exortam-nos a desprezar a razão, a renegá-la, a rebatê-la. Deveremos por isso repudiá-la, mesmo quando ela nos mostra o bem e o belo? Esses teólogos alegam os erros em que a razão caiu e parecem, lamentavelmente, esquecer que foi a razão que descobriu esses erros e ajudou-nos a corrigi-los.

A razão é uma faculdade superior, destinada a esclarecer-nos sobre todas as coisas. Como todas as outras faculdades, desenvolve-se e engrandece pelo exercício. A razão humana é um reflexo da razão eterna. *É Deus em nós*, disse São Paulo. Desconhecer-lhe o valor e a utilidade é menosprezar a natureza humana, é ultrajar a própria Divindade. Querer substituir a razão pela fé é ignorar que ambas são solidárias e inseparáveis, que se consolidam e vivificam uma à outra. A união de ambas abre ao pensamento um campo mais vasto: harmoniza as nossas faculdades e traz-nos a paz interna.

A fé é mãe dos nobres sentimentos e dos grandes feitos. O homem profundamente firme e convicto é imperturbável diante do perigo, do mesmo modo que nas tribulações. Superior às lisonjas, às seduções, às ameaças, ao bramir das paixões, ele ouve uma voz ressoar nas profundezas da sua consciência, instigando-o à luta, encorajando-o nos momentos perigosos.

Para produzir tais resultados, necessita a fé repousar na base sólida que lhe oferecem o livre-exame e a liberdade de pensamento. Em vez de dogmas e mistérios, cumpre-lhe reconhecer tão-somente princípios decorrentes da observação direta, do estudo das leis naturais. Tal é o caráter da fé espírita.

A filosofia dos Espíritos vem oferecer-nos uma fé racional e, por isso mesmo, robusta. O conhecimento do mundo invisível, a confiança numa lei superior de justiça e progresso imprime a essa fé um duplo caráter de calma e segurança.

Efetivamente, que poderemos temer, quando sabemos que a alma é imortal e quando, após os cuidados e consumições da vida, além da noite sombria em que tudo parece afundar-se, vemos despontar a suave claridade dos dias infindáveis?

Essencializados da ideia de que esta vida não é mais que um instante no conjunto da existência integral, suportaremos, com paciência, os males inevitáveis que ela engendra. A perspectiva dos tempos que se nos abrem dar-nos-á o poder de dominar as mesquinharias presentes e de nos colocarmos acima dos vaivéns da fortuna. Assim, sentir-nos-emos mais livres e mais bem armados para a luta.

O espírita conhece e compreende a causa de seus males; sabe que todo sofrimento é legítimo e aceita-o sem murmurar; sabe que a morte nada aniquila, que os nossos sentimentos perduram na vida de além-túmulo e que todos os que se amaram na Terra tornam a encontrar-se, libertos de todas as misérias, longe desta lutuosa morada; conhece que só há separação para os maus. Dessas crenças resultam-lhe consolações que os indiferentes e os céticos ignoram. Se, de uma extremidade a outra do mundo, todas as almas comungassem nessa fé poderosa, assistiríamos à maior transformação moral que a História jamais registrou.

Mas essa fé, poucos ainda a possuem. O Espírito de Verdade tem falado à Terra, mas insignificante número o tem ouvido atentamente. Entre os filhos dos homens, não são os poderosos os que o escutam, e, sim, os humildes, os pequenos, os deserdados, todos os que têm sede de esperança. Os grandes e os afortunados têm rejeitado os seus ensinos, como há dezenove séculos repeliram o próprio Cristo. Os membros do clero e as associações sábias coligaram-se contra esse "desmancha-prazeres", que vinha comprometer os interesses, o repouso e derruir-lhes as afirmações. Poucos homens têm a coragem de se desdizerem e de confessarem que se enganaram. O orgulho escraviza-os totalmente! Preferem combater toda a vida esta verdade ameaçadora que vai arrasar suas obras efêmeras. Outros, muito secretamente, reconhecem a beleza, a magnitude desta doutrina, mas se atemorizam ante suas exigências morais. Agarrados aos prazeres, almejando viver a seu gosto, indiferentes à existência futura, afastam de seus pensamentos tudo quanto poderia induzi-los a repudiar hábitos que, embora reconheçam como perniciosos, não deixam de ser afagados. Que amargas decepções irão colher por causa dessas loucas evasivas!

A nossa sociedade, absorvida completamente pelas especulações, pouco se preocupa com o ensino moral. Inúmeras opiniões contraditórias chocam-se; no meio desse confuso turbilhão da vida, o homem poucas vezes se detém para refletir.

Mas todo ânimo sincero, que procura a fé e a verdade, há de encontrá-la na revelação nova. Um influxo celeste estender-se-á sobre ele a fim de guiá-lo para esse sol nascente, que um dia iluminará a Humanidade inteira.

XLV
Orgulho, riqueza e pobreza

De todos os males o orgulho é o mais temível, pois deixa em sua passagem o germe de quase todos os vícios. É uma hidra monstruosa, sempre a procriar e cuja prole é bastante numerosa. Desde que penetra as almas, como se fossem praças conquistadas, ele de tudo se assenhoreia, instala-se à vontade e fortifica-se até se tornar inexpugnável.

Ai de quem se deixou apanhar pelo orgulho! Melhor fora ter deixado arrancar do próprio peito o coração do que deixá-lo insinuar-se. Não poderá libertar-se desse tirano senão a preço de terríveis lutas, depois de dolorosas provações e de muitas existências obscuras, depois de numerosos insultos e humilhações, porque nisso somente é que está o remédio eficaz para os males que o orgulho engendra.

Este cancro é o maior flagelo da Humanidade. Dele procedem todos os transtornos da vida social, as rivalidades das classes e dos povos, as intrigas, o ódio, a guerra. Inspirador de loucas ambições, o orgulho tem coberto de sangue e ruínas este mundo, e é ainda ele que origina os nossos padecimentos de além-túmulo, pois seus efeitos ultrapassam a morte e alcançam nossos destinos longínquos. O orgulho não nos desvia somente do amor de nossos semelhantes, pois também nos estorva todo aperfeiçoamento, engodando-nos, por meio da superestima, a respeito de nosso valor ou cegando-nos sobre os nossos defeitos. Só o exame rigoroso de nossos atos e pensamentos pode induzir-nos a frutuosa reforma. E como se submeterá o orgulhoso a esse exame? De todos os homens ele é quem menos se conhece. Enfatuado e presumido, coisa alguma pode desenganá-lo, porque evita o quanto serviria para esclarecê-lo, aborrece-o a contradição e só se compraz no convívio dos aduladores.

Assim como o verme estraga um belo fruto, assim o orgulho corrompe as obras mais meritórias. Não raro as torna nocivas a quem as pratica, pois todo o bem realizado com ostentação e com secreto desejo de aplausos e lauréis depõe contra o próprio autor. Na vida espiritual, as intenções, as causas ocultas que nos inspiraram reaparecem como testemunhas; acabrunham o orgulhoso e fazem desaparecer-lhe os ilusórios méritos.

O orgulho encobre-nos toda a verdade. Para estudar frutuosamente o Universo e suas leis, é necessário, antes de tudo, a simplicidade, a sinceridade, a inteireza do coração e do Espírito, virtudes estas desconhecidas ao orgulhoso. É-lhe insuportável que tantos entes e tantas coisas o tornem subalterno. Para si, nada existe além daquilo que está ao seu alcance; tampouco admite que seu saber e sua compreensão sejam limitados.

O homem simples, humilde em sentimentos, rico em qualidades morais, embora seja inferior em faculdades, apossar-se-á mais depressa da verdade do que o soberbo ou presunçoso da ciência terrestre que se revolta contra a lei que o rebaixa e derrui o seu prestígio.

O ensino dos Espíritos patenteia-nos a triste situação dos orgulhosos na vida de além-túmulo. Os humildes e pequenos deste mundo acham-se aí exaltados; os soberbos os vaidosos aí são apoucados e humilhados. É que uns levaram consigo o que constitui a verdadeira supremacia: as virtudes, as qualidades adquiridas pelo sofrimento; ao passo que outros tiveram de largar, no momento da morte, todos os seus títulos, todos os bens de fortuna e seu vão saber, tudo o que neste mundo lhes formava a glória; e sua felicidade esvaiu-se como fumo. Chegam ao espaço pobres, esbulhados; e este súbito desnudamento, contrastando com o passado de esplendor, desconsola-os e sobremodo os mortifica. Avistam, então, na luz, esses a quem haviam desprezado e pisoteado aqui na Terra. O mesmo terá de suceder nas reencarnações futuras. O orgulho e a voraz ambição não se podem abater e suprimir senão por meio de existências atribuladas, de trabalho e de renúncia, no decorrer das quais a alma orgulhosa reflete, reconhece a sua fraqueza e, pouco a pouco, vai-se permeando a melhores sentimentos.

Orgulho, riqueza e pobreza

Com um pouco de reflexão e sensatez evitaríamos esses males. Por que consentir que o orgulho nos invada e domine, quando apenas basta refletir sobre o pouco que somos? Será o corpo, os nossos adornos físicos que nos inspiram a vaidade? A beleza é de pouca duração; uma só enfermidade pode destruí-la. Dia por dia, o tempo tudo consome e, dentro em pouco, só ruínas restarão: o corpo tornar-se-á então algo repugnante. Será a nossa superioridade sobre a Natureza? Se o mais poderoso, o mais bem dotado de nós, for transportado pelos elementos desencadeados; se se achar insulado e exposto às cóleras do oceano; se estiver no meio dos furores do vento, das ondas ou dos fogos subterrâneos, toda a sua fraqueza então se patenteará!

Assim, todas as distinções sociais, os títulos e as vantagens da fortuna medem-se pelo seu justo valor. Todos são iguais diante do perigo, do sofrimento e da morte. Todos os homens, desde o mais altamente colocado até o mais miserável, são construídos da mesma argila. Revestidos de andrajos ou de suntuosos hábitos, os seus corpos são animados por Espíritos da mesma origem e todos reunir-se-ão na vida futura. Aí somente o valor moral é que os distingue. O que tiver sido grande na Terra pode tornar-se um dos últimos no espaço; o mendigo, talvez aí, venha a revestir uma brilhante roupagem. Não desprezemos, pois, a ninguém. Não sejamos vaidosos com os favores e vantagens que fenecem, pois não podemos saber o que nos está reservado para o dia seguinte.

* * *

Se Jesus prometeu aos humildes e aos pequenos a entrada nos reinos celestes, é porque a riqueza e o poder engendram, muitíssimas vezes, o orgulho; no entanto, uma vida laboriosa e obscura é o tônico mais eficaz para o progresso moral. No cumprimento dos deveres cotidianos o trabalhador é menos assediado pelas tentações, pelos desejos e más paixões; pode entregar-se à meditação, desvendar sua consciência; o homem mundano, ao contrário, fica absorvido pelas ocupações frívolas, pela especulação e pelo prazer.

Tantos e tão fortes são os vínculos com que a riqueza nos prende à Terra que a morte nem sempre consegue quebrá-los a fim de nos libertar. Daí as angústias que o rico sofre na vida futura. É, portanto, fácil de compreender que, efetivamente, nada nos pertence nesta Terra. Esses bens que tanto prezamos só aparentemente nos pertencem. Centenas, ou, por outra, milhares de homens antes de nós supuseram possuí-los; milhares de outros depois de nós acalentar-se-ão com essas mesmas ilusões, mas todos têm de abandoná-los cedo ou tarde. O próprio corpo humano é um empréstimo da Natureza, e ela sabe perfeitamente no-lo retomar quando lhe convém. As únicas aquisições duráveis são as de ordem intelectual e moral.

    Da paixão pelos bens materiais surgem quase sempre a inveja e o ciúme. Desde que esses males se implantem em nós, podemos considerar-nos sem repouso e sem paz. A vida torna-se um tormento perpétuo. Os felizes sucessos e a opulência alheia excitam ardentes cobiças no invejoso, inspiram-lhe a febre abrasadora da ganância. O seu alvo é suplantar os outros, é adquirir riquezas que nem mesmo sabe fruir. Haverá existência mais lastimável? Não será um suplício de todos os instantes o correr-se atrás de venturas quiméricas, o entregar-se a futilidades que geram o desespero quando se esvaem?

    Entretanto, a riqueza por si só não é um grande mal; torna-se boa ou ruim, conforme a utilidade que lhe damos. O necessário é que não inspire nem orgulho nem insensibilidade moral. É preciso que sejamos senhores da fortuna e não seus escravos, e que mostremos que lhe somos superiores, desinteressados e generosos. Em tais condições, essa provação tão arriscada torna-se fácil de suportar. Assim, ela não entibia os caracteres, não desperta essa sensualidade quase inseparável do bem-estar.

    A prosperidade é perigosa por causa das tentações, da fascinação que exerce sobre os Espíritos. Entretanto, pode tornar-se origem de um grande bem, quando regulada com critério e moderação.

    Com a riqueza podemos contribuir para o progresso intelectual da Humanidade, para a melhoria das sociedades, criando instituições de beneficência ou escolas, fazendo que os deserdados participem das descobertas da Ciência e das revelações do belo em todas as suas formas. Mas a riqueza deve também assistir aqueles que lutam contra as necessidades, que imploram trabalho e socorro.

    Consagrar esses recursos à satisfação exclusiva da vaidade e dos sentidos é perder uma existência, é criar por si mesmo penosos obstáculos.

    O rico deverá prestar contas do depósito que lhe foi confiado para o bem de todos. Quando a lei inexorável e o grito da consciência se erguerem contra ele, nesse novo mundo, onde o ouro não tem mais influência, o que responderá à acusação de haver desviado, em seu único proveito, aquilo com que devia apaziguar a fome e os sofrimentos alheios? Inevitavelmente, ficará envergonhado e confuso.

Orgulho, riqueza e pobreza

Quando um Espírito não se julga suficientemente prevenido contra as seduções da riqueza, deverá afastar-se dessa prova perigosa, dar preferência a uma vida simples, que o isole das vertigens da fortuna e da grandeza. Se, apesar de tudo, a sorte do destino designá-lo a ocupar uma posição elevada neste mundo, ele não deverá regozijar-se, pois, desde então, são muito maiores as suas responsabilidades e os seus compromissos. Mas também não deve lastimar-se, no caso de ser colocado entre as classes inferiores da sociedade. A tarefa dos humildes é a mais meritória; são estes os que suportam todo o peso da civilização, é do seu trabalho que a Humanidade vive e se alimenta. O pobre deve ser sagrado para todos, porque foi nessa condição que Jesus quis nascer e morrer; da pobreza também saíram Epicteto, Francisco de Assis, Michelangelo, Vicente de Paulo, e tantos outros grandes Espíritos que viveram neste mundo. Eles sabiam que o trabalho, as privações e o sofrimento desenvolvem as forças viris da alma e que a prosperidade aniquila-as. Pelo desprendimento das coisas humanas, uns acharam a santificação, outros encontraram a potência que caracteriza o gênio.

A pobreza ensina a nos compadecermos dos males alheios e, fazendo-nos melhor compreendê-los, une-nos a todos os que sofrem; dá valor a mil coisas indiferentes aos que são felizes. Quem desconhece tais princípios, fica sempre ignorando um dos lados mais sensíveis da vida.

Não invejemos os ricos, cujo aparente esplendor oculta muitas misérias morais. Não esqueçamos de que sob o cilício da pobreza ocultam-se as virtudes mais sublimes, a abnegação, o Espírito de sacrifício. Não esqueçamos jamais que é pelo trabalho, pelo sofrimento e pela imolação contínua dos pequenos que as sociedades vivem, protegem-se e renovam-se.

XLVI
O egoísmo

O egoísmo é irmão do orgulho e procede das mesmas causas. É uma das mais terríveis enfermidades da alma, é o maior obstáculo ao melhoramento social. Por si só ele neutraliza e torna estéreis quase todos os esforços que o homem faz para atingir o bem. Por isso, a preocupação constante de todos os amigos do progresso, de todos os servidores da justiça deve ser a de combatê-lo.

O egoísmo é a persistência em nós desse individualismo feroz que caracteriza o animal, como vestígio do estado de inferioridade pelo qual todos já passamos. Mas, antes de tudo, o homem é um ser social. Está destinado a viver com os seus semelhantes; nada pode fazer sem o concurso destes. Abandonado a si mesmo, ficaria impotente para satisfazer suas necessidades, para desenvolver suas qualidades.

Depois de Deus, é à sociedade que ele deve todos os benefícios da existência, todos os proventos da civilização. De tudo aproveita, mas precisamente esse gozo, essa participação dos frutos da obra comum lhe impõe também o dever de cooperar nela. Estreita solidariedade liga-o a esta sociedade, como parte integrante e mutuante. Permanecer inativo, improdutivo, inútil, quando todos trabalham, seria ultraje à lei moral e quase um roubo; seria o mesmo que lucrar com o trabalho alheio ou recusar restituir um empréstimo que se tomou.

Como parte integrante da sociedade, o que o atingir também atinge a todos. É por essa compreensão dos laços sociais, da lei de solidariedade que se mede o egoísmo que está em nós. Aquele que souber viver em seus semelhantes e por seus semelhantes não temerá os ataques do egoísmo. Nada fará sem primeiro saber se aquilo que produz é bom ou mau para os que o rodeiam, sem indagar, com antecedência, se os seus atos são prejudiciais ou proveitosos à sociedade que integra. Se parecerem vantajosos para si só e prejudiciais para os outros, sabe que em realidade eles são maus para todos, e por isso se abstém escrupulosamente.

A avareza é uma das mais repugnantes formas do egoísmo, pois demonstra a baixeza da alma que, monopolizando as riquezas necessárias ao bem comum, nem mesmo sabe delas aproveitar-se. O avarento, por seu amor pelo ouro, por seu ardente desejo de adquirir, empobrece os semelhantes e torna-se também indigente; pois, ainda maior que essa prosperidade aparente, acumulada sem vantagem para pessoa alguma, é a pobreza que lhe fica, por ser tão lastimável como a do maior dos desgraçados e merecer a reprovação de todos.

Nenhum sentimento elevado, coisa alguma do que constitui a nobreza da criatura pode germinar na alma de um avarento. A inveja e a cupidez que o atormentam sentenciam-lhe uma existência penosa um futuro mais miserável ainda. Nada lhe iguala o desespero, quando vê, de além-túmulo, seus tesouros serem repartidos ou dispersados.

Vós que procurais a paz do coração, fugi desse mal repugnante e desprezível. Mas, não caiais no excesso contrário. Não desperdiceis coisa alguma. Sabei usar de vossos recursos com critério e moderação.

O egoísmo traz em si o seu próprio castigo. O egoísta só vê a sua pessoa no mundo, é indiferente a tudo o que lhe for estranho. Por isso são cheias de aborrecimento as horas de sua vida. Encontra o vácuo por toda parte, na existência terrestre assim como depois da morte, porque, homens ou Espíritos, todos lhe fogem.

Aquele que, pelo contrário, aproveitando-se do trabalho já encetado por outros, sabe cooperar, na medida de suas forças, para a obra social, e vive em comunhão com seus semelhantes, fazendo-os compartilhar de suas faculdades e de seus bens, ou espalhando ao seu redor tudo o que tem de bom em si, esse se sente mais feliz. Está consciente de ter obedecido à lei e sabe que é um membro útil à sociedade. Interessa-lhe tudo o que se realiza no mundo, tudo o que é grande e belo sensibiliza-o e comove; sua alma vibra em harmonia com todos os Espíritos esclarecidos e generosos; o aborrecimento e o desânimo não têm nele acesso.

O egoísmo

Nosso papel não é, pois, o da abstenção, mas, sim, o de pugnar continuamente pela causa do bem e da verdade. Não é sentado nem deitado que nos cumpre contemplar o espetáculo da vida humana em suas perpétuas renovações: é de pé, como campeão ou como soldado, pronto a participar de todos os grandes trabalhos, a penetrar em novos caminhos, a fecundar o patrimônio comum da Humanidade.

Embora se encontre em todas as classes sociais, o egoísmo é mais apanágio do rico que do pobre: Muitíssimas vezes a prosperidade esfria o coração; no entanto, o infortúnio, fazendo conhecer o peso da dor, ensina-nos a compartilhar dos males alheios. O rico saberá ao menos a preço de que trabalhos, de que duros labores se obtêm as mil coisas necessárias ao seu luxo?

Jamais nos sentemos a uma mesa bem servida sem primeiro pensar naqueles que passam fome.

Tal pensamento tornar-nos-á sóbrios, comedidos em apetites e gostos. Meditemos nos milhões de homens curvados sob os ardores do estio ou debaixo de duras intempéries e que, em troca de deficiente salário, retiram do solo os produtos que alimentam nossos festins e ornam nossas moradas. Lembremo-nos de que, para iluminar os nossos lares com resplandecente luz ou para fazer brotar chama benfeitora em nossas cozinhas, homens, nossos semelhantes, capazes como nós de amar, de sentir, trabalham nas entranhas da terra, longe do céu azul ou do alegre sol, e, de picareta em punho, levam toda a vida a perfurar a espessa crosta deste planeta. Saibamos que, para ornar os salões com espelhos, com cristais brilhantes, para produzir os inumeráveis objetos que constituem o nosso bem-estar, outros homens, aos milhares, semelhantes ao demônio em volta de uma fogueira, passam sua vida no calor calcinante das grandes fornalhas das fundições, privados de ar, extenuados, consumidos antes do tempo, só tendo por perspectiva uma velhice achacosa e desamparada. Sim, saibamo-lo, todo esse conforto de que gozamos com indiferença é comprado com o suplício dos humildes e com o esmagamento dos fracos. Que esse pensamento se grave em nós, que nos siga e nos obsidie; como uma espada de fogo, ele enxotará o egoísmo dos nossos corações e forçar-nos-á a consagrar nossos bens, lazeres e faculdades à melhoria da sorte dessas criaturas.

Não haverá paz entre os homens, não haverá segurança, felicidade social enquanto o egoísmo não for vencido, enquanto não desaparecerem os privilégios, essas perniciosas desigualdades, a fim de cada um participar, pela medida de seus méritos e de seu trabalho, do bem-estar de todos. Não pode haver paz nem harmonia sem justiça. Enquanto o egoísmo de uns se nutrir dos sofrimentos e das lágrimas de outros, enquanto as exigências do *eu* sufocarem a voz do dever, o ódio perpetuar-se-á sobre a Terra, as lutas de interesse dividirão os ânimos, tempestades surgirão no seio das sociedades.

Graças, porém, ao conhecimento do nosso futuro, a ideia de solidariedade acabará por prevalecer. A lei da reencarnação, a necessidade de renascer em condições modestas, servirão como aguilhões a estimular o egoísta. Diante dessas perspectivas, o sentimento exagerado da personalidade atenuar-se-á para dar lugar a uma noção mais exata da situação e papel do homem no Universo. Sabendo-nos ligados a todas as almas, solidários no seu adiantamento e felicidade, interessar-nos-emos com ardor pela sua condição, pelos seus progressos, pelos seus trabalhos.

E, à medida que esse sentimento se estender pelo mundo, as instituições, as relações sociais melhorarão, a fraternidade, essa palavra repetida banalmente por tantos lábios, descerá aos corações e tornar-se-á uma realidade. Então nos sentiremos viver nos outros, para fruir de suas alegrias e sofrer de seus males. Não mais haverá queixume sem eco, uma só dor sem consolação. A grande família humana, forte, pacífica e unida, adiantar-se-á com passo rápido para os seus belos destinos.

XLVII
A caridade

Ao encontro das religiões exclusivistas, que tomaram por preceito: *fora da Igreja não há salvação,* como se, pelo seu ponto de vista puramente humano, pudessem decidir da sorte dos seres na vida futura, Allan Kardec colocou as seguintes palavras no frontispício das suas obras: *fora da caridade não há salvação.* Efetivamente, os Espíritos ensinam-nos que a caridade é a virtude por excelência e que só ela nos dá a chave dos destinos elevados.

"É necessário amar os homens", assim repetem eles as palavras em que o Cristo havia condensado todos os mandamentos da lei mosaica.

Mas, objetam, os homens não se amam. Muita maldade aninha-se neles, e a caridade é bem difícil de praticar a seu favor.

Se assim os julgamos, não será porque nos é mais agradável considerar unicamente o lado mau de seu caráter, de seus defeitos, paixões e fraquezas, esquecendo, muitas vezes, que disso também não estamos isentos, e que, se eles têm necessidade da nossa caridade, nós não precisamos menos da sua indulgência?

Entretanto, não é só o mal que reina no mundo. Há no homem também boas qualidades e virtudes, mas há, sobretudo, sofrimentos. Se desejarmos ser caritativos, como devemos sê-lo em nosso próprio interesse e no da ordem social, não deveremos inclinar-nos a apreciações sobre os nossos semelhantes, à maledicência, à difamação; não deveremos ver no homem mais que um companheiro de provas ou um irmão na luta pela vida. Vejamos os males que ele sofre em todas as classes da sociedade. Quem não oculta um queixume, um desgosto no fundo da própria alma; quem não suporta o peso das mágoas, das amarguras? Se nos colocássemos neste ponto de vista para considerar o próximo, em breve nossa malquerença transformar-se-ia em simpatia.

Ouvem-se, por exemplo, muitas vezes, recriminações contra a grosseria e as paixões brutais das classes operárias, contra a avidez e as reivindicações de certos homens do povo. Reflete-se então maduramente sobre a triste educação recebida, sobre os maus exemplos que os rodearam desde a infância? A carestia da vida, as necessidades imperiosas de cada dia impõem-lhes uma tarefa pesada e absorvente. Nenhum descanso, nenhum tempo existe para esclarecer-lhes a inteligência. São-lhes desconhecidas as doçuras do estudo, os gozos da arte. Que sabem eles sobre as leis morais, sobre o seu próprio destino, sobre o mecanismo do Universo? Poucos raios consoladores se projetam nessas trevas. Para esses, a luta terrível contra a necessidade é de todos os instantes. A crise, a enfermidade e a negra miséria os ameaçam, os inquietam sem cessar. Qual o caráter que não se exasperaria no meio de tantos males? Para suportá-los com resignação é preciso um verdadeiro estoicismo, uma força da alma tanto mais extraordinária quanto mais instintiva for. Em vez de atirar pedras contra esses infortunados, empenhemo-nos em aliviar seus males; em enxugar suas lágrimas, em trabalhar com ardor para que neste mundo se faça uma distribuição mais equitativa dos bens materiais e dos tesouros do pensamento. Ainda não se conhece suficientemente o valor que podem ter sobre esses infelizes uma palavra animadora, um sinal de interesse, um cordial aperto de mão. Os vícios do pobre desgostam-nos e, entretanto, que desculpa ele não merece por causa da sua miséria! Mas, em vez de desculpá-los, fazemos por ignorar suas virtudes, que são muito mais admiráveis pelo simples fato de surgirem do lodaçal.

Quantas dedicações obscuras entre esses pobres! Quantas lutas heroicas e perseverantes contra a adversidade! Meditemos sobre as inumeráveis famílias que medram sem apoio, sem socorro; pensemos em tantas crianças privadas do necessário, em todas essas criaturas que tiritam de frio e fome dentro de úmidos e sombrios albergues ou nas mansardas desoladas. Quantos encargos para a mulher do povo, para a mãe de família em tais condições, assim que o inverno cobre a terra, quando a lareira está sem fogo, a mesa sem alimentos e o leito gelado, com farrapos substituindo o cobertor vendido ou hipotecado em troca de um bocado de pão! Seu sacrifício não será de todos os momentos? E, no entanto, seu pobre coração comove-se à vista das dores do próximo! Não deveria o ocioso opulento envergonhar-se de ostentar riquezas no meio de tantos sofrimentos? Que responsabilidade esmagadora para ele, se, no seio da sua abundância, esquece esses a quem oprime!

Sem dúvida, muitas coisas repugnantes, muitas imundícies misturam-se às cenas da vida dessas criaturas. Queixumes e blasfêmias, embriaguez e alcovitice, crianças desapiedadas e pais cruéis, todas essas deformidades aí se confundem; mas, ainda assim, sob esse exterior repelente, é sempre a alma humana que sofre, a alma nossa irmã, cada vez mais digna de interesse e de afeição.

Arrancá-la desse pântano lodoso, reaquecê-la, esclarecê-la, fazendo-a subir de degrau em degrau a escada da reabilitação, eis a grande tarefa! Tudo se purifica ao fogo da caridade. Era esse fogo que abrasava o Cristo, Vicente de Paulo, Fénelon e muitos outros. Era no seu imenso amor pelos fracos e desamparados que também se encontrava a origem da sua abnegação sublime.

Sucede o mesmo com todos os que têm a faculdade de muito amar e de muito sofrer. Para eles, a dor é como que uma iniciação na arte de consolar e aliviar os outros. Sabem elevar-se acima dos seus próprios males para só verem os de seus semelhantes e para procurar remediá-los. Daí, os grandes exemplos dessas almas eminentes que, assediadas por tormentos, por agonia dolorosa, encontram ainda os meios de curar as feridas dos que se deixam vencer no combate da vida.

A caridade, porém, tem outras formas pelas quais se exerce, independente da solicitude pelos desgraçados. A caridade material ou a beneficência podem aplicar-se a certo número dos nossos semelhantes, sob a forma de socorro, apoio e animação. A caridade moral deve abranger todos os que participam da nossa existência neste mundo. Não mais consiste em esmolas, porém, sim, numa benevolência que deve envolver todos os homens, desde o mais bem dotado em virtude até o mais criminoso, e bem assim regular as nossas relações com eles.

A verdadeira caridade é paciente e indulgente. Não se ofende nem desdenha pessoa alguma; é tolerante e, mesmo procurando dissuadir, o faz sempre com doçura, sem maltratar, sem atacar ideias enraizadas.

Esta virtude, porém, é rara. Um certo fundo de egoísmo leva-nos, muitas vezes, a observar, a criticar os defeitos do próximo, sem primeiro repararmos nos nossos próprios. Existindo em nós tanta podridão, empregamos ainda a nossa sagacidade em fazer sobressair as qualidades ruins dos nossos semelhantes. Por isso não há verdadeira superioridade moral sem caridade e modéstia. Não temos o direito de condenar nos outros as faltas a que nós mesmos estamos expostos; e, embora a elevação moral já nos tenha isentado dessas fraquezas, devemos lembrar-nos de que tempo houve quando nos debatíamos contra a paixão e o vício.

Há poucos homens que não tenham maus hábitos a corrigir, impulsos caprichosos a modificar. Lembremo-nos de que seremos julgados com a mesma medida de que nos servirmos para com os nossos semelhantes. As opiniões que formamos sobre eles são quase sempre reflexo da nossa própria natureza. Sejamos mais prontos a escusar do que a censurar. Muitas vezes nos arrependemos de um julgamento precipitado. Evitemos, portanto, qualquer apreciação pelo lado mau.

Nada é mais funesto para o futuro da alma do que as más intenções, do que essa maledicência incessante que alimenta a maior parte das conversas. O eco das nossas palavras repercute na vida futura, a atmosfera dos nossos pensamentos malignos forma uma espécie de nuvem em que o Espírito é envolvido e obumbrado. Abstenhamo-nos dessas críticas, dessas apreciações dolosas, dessas palavras zombeteiras que envenenam o futuro. Acautelemo-nos da maledicência como de uma peste; retenhamos em nossos lábios qualquer palavra mordaz que esteja prestes a ser proferida, porque de tudo isso depende a nossa felicidade.

* * *

O homem caridoso faz o bem ocultamente; e, enquanto este encobre as suas boas ações, o vaidoso proclama o pouco que faz. "Que a mão esquerda ignore o que faz a direita", disse Jesus. "Aquele que fizer o bem com ostentação já recebeu a sua recompensa."

Beneficiar ocultamente, ser indiferente aos louvores humanos, é mostrar uma verdadeira elevação de caráter, é colocar-se acima dos julgamentos de um mundo transitório e procurar a justificação dos seus atos na vida que não acaba.

Nessas condições, a ingratidão e a injustiça não podem atingir aquele que fora caritativo. Ele faz o bem porque é do seu dever e sem esperar nenhuma recompensa. Não procura auferir vantagens; deixa à lei o cuidado de fazer decorrer as consequências dos seus atos, ou, antes, nem pensa nisso. É generoso sem cálculo. Para tornar-se agradável aos outros, sabe privar-se do que lhe é necessário, plenamente convencido de que não terá nenhum mérito dispondo do que for supérfluo.

Eis por que o óbolo do pobre, o denário da viúva, o pedaço de pão que o proletário divide com seu companheiro de infortúnio têm mais valor que as larguezas do rico. Há mil maneiras de nos tornarmos úteis, de irmos em socorro dos nossos irmãos. O pobre, em sua parcimônia, pode ainda ir em auxílio de outro mais necessitado do que ele. Nem sempre o ouro seca todas as lágrimas ou cura todas as feridas. Há males sobre os quais uma amizade sincera, uma ardente simpatia ou uma afeição operam melhor que todas as riquezas.

Sejamos generosos com esses que têm sucumbido na luta das paixões e foram desviados para o mal, sejamos liberais com os pecadores, com os criminosos e endurecidos. Porventura sabemos quais as fases cruéis por que eles passaram, quais os sofrimentos que suportaram antes de falir? Teriam essas almas o conhecimento das leis superiores como sustentáculo na hora do perigo? Ignorantes, irresolutas, agitadas pelo sopro da desgraça, poderiam elas resistir e vencer? Lembremo-nos de que a responsabilidade é proporcional ao saber e que muito será pedido àquele que já possui o conhecimento da verdade. Sejamos piedosos para com os que são pequenos, débeis ou aflitos, para com esses a quem sangram as feridas da alma ou do corpo. Procuremos os ambientes onde as dores fervilham, os corações se partem, onde as existências se esterilizam no desespero e no esquecimento. Desçamos aos abismos da miséria, a fim de levar consolações animadoras, palavras que reconfortem, exortações que vivifiquem, a fim de fazer luzir a esperança, esse sol dos infelizes. Esforcemo-nos por arrancar daí alguma vítima, por purificá-la, salvá-la do mal, abrir-lhe uma via honrosa. Só pelo devotamento e pela afeição encurtaremos as distâncias e preveniremos os cataclismos sociais, extinguindo o ódio que transborda do coração dos deserdados.

Tudo o que fizermos pelos nossos irmãos gravar-se-á no grande livro fluídico, cujas páginas se expandem através do espaço, páginas luminosas onde se inscrevem nossos atos, nossos sentimentos, nossos pensamentos. E esses créditos ser-nos-ão regiamente pagos nas existências futuras.

Nada fica perdido ou esquecido. Os laços que unem as almas na extensão dos tempos são tecidos com os benefícios do passado. A sabedoria eterna tudo dispôs para o bem das criaturas. As boas obras realizadas neste mundo tornam-se, para aquele que as produziu, fonte de infinitos gozos no futuro.

A perfeição do homem resume-se a duas palavras: Caridade e Verdade. A caridade é a virtude por excelência, pois sua essência é divina. Irradia sobre os mundos, reanima as almas como um olhar, como um sorriso do Eterno. Ela se avantaja a tudo, ao sábio e ao próprio gênio, porque nestes ainda há alguma coisa de orgulho, e às vezes são contestados ou mesmo desprezados. A caridade, porém, sempre doce e benevolente, reanima os corações mais endurecidos e desarma os Espíritos mais perversos, inundando-os com o amor.

XLVIII
Doçura, paciência, bondade

Se o orgulho é o germe de uma multidão de vícios, a caridade produz muitas virtudes. Desta derivam a paciência, a doçura, a prudência. Ao homem caridoso é fácil ser paciente e afável, perdoar as ofensas que lhe fazem. A misericórdia é companheira da bondade. Para uma alma elevada, o ódio e a vingança são desconhecidos. Paira acima dos mesquinhos rancores, é do alto que observa as coisas. Compreende que os agravos humanos são provenientes da ignorância e por isso não se considera ultrajada nem guarda ressentimentos. Sabe que perdoando, esquecendo as afrontas do próximo aniquila todo germe de inimizade, afasta todo motivo de discórdia futura, tanto na Terra como no espaço.

A caridade, a mansuetude e o perdão das injúrias tornam-nos invulneráveis, insensíveis às vilanias e às perfídias: promovem nosso desprendimento progressivo das vaidades terrestres e habituam-nos a elevar nossas vistas para as coisas que não possam ser atingidas pela decepção.

Perdoar é o dever da alma que aspira à felicidade. Quantas vezes nós mesmos temos necessidade desse perdão? Quantas vezes não o temos pedido? Perdoemos a fim de sermos perdoados, porque não poderíamos obter aquilo que recusamos aos outros. Se desejamos vingar-nos, que isso se faça com boas ações. Desarmamos o nosso inimigo desde que lhe retribuímos o mal com o bem. Seu ódio transformar-se-á em espanto e o espanto, em admiração. Despertando-lhe a consciência obscurecida, tal lição pode produzir-lhe uma impressão profunda. Por esse modo, talvez tenhamos, pelo esclarecimento, arrancado uma alma à perversidade.

O único mal que devemos salientar e combater é o que se projeta sobre a sociedade. Quando esse se apresenta sob a forma de hipocrisia, simulação ou embuste, devemos desmascará-lo, porque outras pessoas poderiam sofrê-lo; mas será bom guardarmos silêncio quanto ao mal que atinge nossos únicos interesses ou nosso amor-próprio.

A vingança, sob todas as suas formas, o duelo, a guerra, são vestígios da selvageria, herança de um mundo bárbaro e atrasado. Aquele que entreviu o encadeamento grandioso das leis superiores, do princípio de justiça cujos efeitos se repercutem através das idades, esse poderá pensar em vingar-se?

Vingar-se é cometer duas faltas, dois crimes de uma só vez; é tornar-se tão culpado quanto o ofensor. Quando nos atingirem o ultraje ou a injustiça, imponhamos silêncio à nossa dignidade ofendida, pensemos nesses a quem, num passado obscuro, nós mesmos lesamos, afrontamos, espoliamos, e suportemos então a injúria presente como uma reparação. Não percamos de vista o alvo da existência que tais acidentes poderiam fazer-nos olvidar. Não abandonemos a estrada firme e reta; não deixemos que a paixão nos faça escorregar pelos declives perigosos que poderiam conduzir-nos à bestialidade; encaminhemo-nos com ânimo robustecido. A vingança é uma loucura que nos faria perder o fruto de muitos progressos, recuar pelo caminho percorrido. Algum dia, quando houvermos deixado a Terra, talvez abençoemos esses que foram inflexíveis e intolerantes para conosco, que nos despojaram e nos cumularam de desgostos; abençoá-los-emos porque das suas iniquidades surgiu nossa felicidade espiritual. Acreditavam fazer o mal e, entretanto, facilitaram nosso adiantamento, nossa elevação, fornecendo-nos a ocasião de sofrer sem murmurar, de perdoar e de esquecer.

A paciência é a qualidade que nos ensina a suportar com calma todas as impertinências. Consiste em extinguirmos toda sensação, tornando-nos indiferentes, inertes para as coisas mundanas, procurando nos horizontes futuros as consolações que nos levam a considerar fúteis e secundárias todas as tribulações da vida material.

A paciência conduz à benevolência. Como se fossem espelhos, as almas reenviam-nos o reflexo dos sentimentos que nos inspiram. A simpatia produz o amor; a sobranceria origina a rispidez.

Doçura, paciência e bondade

Aprendamos a repreender com doçura e, quando for necessário, aprendamos a discutir sem excitação, a julgar todas as coisas com benevolência e moderação. Prefiramos os colóquios úteis, as questões sérias, elevadas; fujamos às dissertações frívolas e bem assim de tudo o que apaixona e exalta.

Acautelemo-nos da cólera, que é o despertar de todos os instintos selvagens amortecidos pelo progresso e pela civilização, ou, mesmo, uma reminiscência de nossas vidas obscuras. Em todos os homens ainda subsiste uma parte de animalidade que deve ser por nós dominada à força de energia, se não quisermos ser submetidos, assenhoreados por ela. Quando nos encolerizamos, esses instintos adormecidos despertam e o homem torna-se fera. Então, desaparece toda a dignidade, todo o raciocínio, todo o respeito a si próprio. A cólera cega-nos, faz-nos perder a consciência dos atos e, em seus furores, pode induzir-nos ao crime.

Está no caráter do homem prudente o possuir-se sempre a si mesmo, e a cólera é um indício de pouca sociabilidade e muito atraso. Aquele que for suscetível de exaltar-se, deverá velar com cuidado as suas impressões, abafar em si o sentimento de personalidade, evitar fazer ou resolver qualquer coisa quando estiver sob o império dessa terrível paixão.

Esforcemo-nos por adquirir a bondade, qualidade inefável, auréola da velhice, a bondade, doce foco onde se reaquecem todas as criaturas e cuja posse vale essa homenagem de sentimentos oferecida pelos humildes e pelos pequenos aos seus guias e protetores.

A indulgência, a simpatia e a bondade apaziguam os homens, congregando-os, dispondo-os a atender confiantes aos bons conselhos; no entanto, a severidade dissuade-os e afugenta. A bondade permite-nos uma espécie de autoridade moral sobre as almas, oferece-nos mais probabilidade de comovê-las, de reconduzi-las ao bom caminho. Façamos, pois, dessa virtude um archote com o auxílio do qual levaremos luz às inteligências mais obscuras, tarefa delicada, mas que se tornará fácil com um sentimento profundo de solidariedade, com um pouco de amor por nossos irmãos.

XLIX
O amor

O amor é a celeste atração das almas e dos mundos, a potência divina que liga os Universos, governa-os e fecunda; o amor é o olhar de Deus!

Não se designe com tal nome a ardente paixão que atiça os desejos carnais. Esta não passa de uma imagem, de um grosseiro simulacro do amor. O amor é o sentimento superior em que se fundem e se harmonizam todas as qualidades do coração; é o coroamento das virtudes humanas, da doçura, da caridade, da bondade; é a manifestação na alma de uma força que nos eleva acima da matéria, até alturas divinas, unindo todos os seres e despertando em nós a felicidade íntima, que se afasta extraordinariamente de todas as volúpias terrestres.

Amar é sentir-se viver em todos e por todos, é consagrar-se ao sacrifício, até a morte, em benefício de uma causa ou de um ser. Se quiserdes saber o que é amar, considerai os grandes vultos da Humanidade e, acima de todos, o Cristo, o amor encarnado, o Cristo, para quem o amor era toda a moral e toda a religião. Não disse Ele: *Amai os vossos inimigos?*

Por essas palavras, o Cristo não exige da nossa parte uma afeição que nos seja impossível, mas sim a ausência de todo ódio, de todo desejo de vingança, uma disposição sincera para ajudar nos momentos precisos àqueles que nos atribulam, estendendo-lhes um pouco de auxílio.

Uma espécie de misantropia, de lassidão moral por vezes afasta do resto da Humanidade os bons Espíritos. É necessário reagir contra essa tendência para o insulamento; devemos considerar tudo o que há de grande e belo no ser humano, devemos recordar-nos de todos os sinais de afeto, de todos os atos benévolos de que temos sido objeto. Que poderá ser o homem separado dos seus semelhantes, privado da família e da pátria? Um ente inútil e desgraçado. Suas faculdades estiolam-se, suas forças se enfraquecem, a tristeza invade-o. Não se pode progredir isoladamente. É imprescindível viver com os outros homens, ver neles companheiros necessários. O bom humor constitui a saúde da alma. Deixemos o nosso coração abrir-se às impressões sãs e fortes. Amemos para sermos amados!

Se nossa simpatia deve abranger a todos os que nos rodeiam, seres e coisas, a tudo o que nos ajuda a viver e mesmo a todos os membros desconhecidos da grande família humana, que amor profundo, inalterável, não devemos aos nossos genitores: ao pai, cuja solicitude manteve a nossa infância, que por muito tempo trabalhou em aplanar a rude vereda da nossa vida; à mãe, que nos acalentou e nos reaqueceu em seu seio, que velou com ansiedade os nossos primeiros passos e as nossas primeiras dores! Com que carinhosa dedicação não deveremos rodear-lhes a velhice, reconhecer-lhes o afeto e os cuidados assíduos!

À pátria também devemos o nosso concurso e o nosso sacrifício. Ela recolhe e transmite a herança de numerosas gerações que trabalharam e sofreram para edificar uma civilização de que recebemos os benefícios ao nascer. Como guarda dos tesouros intelectuais acumulados pelas idades, ela vela pela sua conservação, pelo seu desenvolvimento; e, como mãe generosa, os distribui por todos os seus filhos. Esse patrimônio sagrado, ciências e artes, leis, instituições, ordem e liberdade, todo esse acervo produzido pelo pensamento e pelas mãos dos homens, tudo o que constitui a riqueza, a grandeza, o gênio da nação, é compartilhado por todos. Saibamos cumprir os nossos deveres para com a pátria na medida das vantagens que auferimos. Sem ela, sem essa civilização que ela nos lega, não seríamos mais que selvagens.

Veneremos a memória desses que têm contribuído com suas vigílias e com seus esforços para reunir e aumentar essa herança; veneremos a memória dos heróis que têm defendido a pátria nas ocasiões críticas, de todos esses que têm, até a hora da morte, proclamado a verdade, servido à justiça, e que nos transmitiram, tingidas pelo seu sangue, as liberdades, os progressos que agora gozamos.

O amor

* * *

O amor, profundo como o mar, infinito como o Céu, abraça todas as criaturas. Deus é o seu foco. Assim como o Sol se projeta, sem exclusões, sobre todas as coisas e reaquece a Natureza inteira, assim também o amor divino vivifica todas as almas; seus raios, penetrando através das trevas do nosso egoísmo, vão iluminar com trêmulos clarões os recônditos de cada coração humano. Todos os seres foram criados para amar. As partículas da sua moral, os germes do bem que em si repousam, fecundados pelo foco supremo, expandir-se-ão algum dia, florescerão até que todos sejam reunidos numa única comunhão do amor, numa só fraternidade universal.

Quem quer que sejais, vós que ledes estas páginas, sabei que nos encontraremos algum dia, quer neste mundo, nas existências vindouras, quer em esfera mais elevada ou na imensidade dos espaços; sabei que somos destinados a nos influenciarmos no sentido do bem, a nos ajudarmos na ascensão comum. Filhos de Deus, membros da grande família dos Espíritos, marcados na fronte com o sinal da imortalidade, todos somos irmãos e estamos destinados a conhecermo-nos, a unirmo-nos na santa harmonia das leis e das coisas, longe das paixões e das grandezas ilusórias da Terra. Enquanto esperamos esse dia, que meu pensamento se estenda sobre vós como testemunho de terna simpatia; que ele vos ampare nas dúvidas, vos console nas dores, vos conforte nos desfalecimentos, e que se junte ao vosso próprio pensamento para pedir ao Pai comum que nos auxilie a conquistar um futuro melhor.

L
Resignação na adversidade

O sofrimento é lei em nosso mundo. Em todas as condições, em todas as idades, sob todos os climas, o homem tem padecido, a Humanidade tem derramado lágrimas. Apesar dos progressos sociais, milhões de seres gravitam ainda sob o jugo da dor. As classes elevadas também não têm sido isentas desses males. Entre os Espíritos cultivados as impressões são mais dolorosas, porque a sensibilidade está mais esmerada, mais apurada. O rico, assim como o pobre, sofre material e moralmente. De todos os pontos do globo o clamor humano sobe ao Espaço.

Mesmo no seio da abundância, um sentimento de desânimo, uma vaga tristeza apodera-se por vezes das almas delicadas. Sentem que neste mundo é irrealizável a felicidade e que, aqui, apenas se pode perceber dela um pálido reflexo. O Espírito aspira a vidas e mundos melhores; uma espécie de intuição diz-lhe que na Terra não existe tudo. Para o homem que segue a filosofia dos Espíritos, essa vaga intuição transforma-se em absoluta certeza. Sabe onde vai, conhece o porquê dos seus males, qual a causa do sofrimento. Além das sombras e das angústias da Terra, entrevê a aurora de uma nova vida.

Para apreciar os bens e os males da existência, para saber em que consiste a verdadeira desgraça, em que consiste a felicidade, é necessário nos elevarmos acima do círculo acanhado da vida terrena. O conhecimento do futuro e da sorte que nos aguarda permite medir as consequências dos nossos atos e sua influência sobre os tempos vindouros.

Observada sob este ponto de vista, a desgraça, para o ser humano, já não é mais o sofrimento, a perda dos entes que lhe são caros, as privações, a miséria; a desgraça será então tudo o que manchar, tudo o que aniquilar o adiantamento, tudo o que lhe for um obstáculo. A desgraça, para aquele que só observar os tempos presentes, pode ser a pobreza, as enfermidades, a moléstia. Para o Espírito que paira no alto, ela será o amor do prazer, o orgulho, a vida inútil e culposa. Não se pode julgar uma coisa sem se ver tudo o que dela decorre, e eis por que ninguém pode compreender a vida sem conhecer o seu alvo e as leis morais. As provações, purificando a alma, preparam sua ascensão e felicidade; no entanto, as alegrias deste mundo, as riquezas, as paixões entibiam-na e atiram-na para uma outra vida de amargas decepções. Assim, aquele que é oprimido pela adversidade pode esperar e erguer um olhar confiante para o Céu; desde que resgata a sua dívida, conquista a liberdade; porém, esse que se compraz na sensualidade constrói a sua própria prisão, acumula novas responsabilidades que pesarão extraordinariamente sobre as suas vidas futuras.

A dor, sob suas múltiplas formas, é o remédio supremo para as imperfeições, para as enfermidades da alma. Sem ela não é possível a cura. Assim como as moléstias orgânicas são muitas vezes resultantes dos nossos excessos, assim também as provas morais que nos atingem são consequentes das nossas faltas passadas. Cedo ou tarde, essas faltas recairão sobre nós com suas deduções lógicas. É a lei de justiça, de equilíbrio moral. Saibamos aceitar os seus efeitos como se fossem remédios amargos, operações dolorosas que devem restituir a saúde, a agilidade ao nosso corpo. Embora sejamos acabrunhados pelos desgostos, pelas humilhações e pela ruína, devemos sempre suportá-los com paciência. O lavrador rasga o seio da terra para daí fazer brotar a messe dourada. Assim a nossa alma, depois de desbastada, também se tornará exuberante em frutos morais.

Pela ação da dor, larga tudo o que é impuro e mau, todos os apetites grosseiros, vícios e paixões, tudo o que vem da terra e deve para ela voltar. A adversidade é uma grande escola, um campo fértil em transformações. Sob seu influxo, as paixões más convertem-se pouco a pouco em paixões generosas, em amor do bem. Nada fica perdido. Mas, essa transformação é lenta e dificultosa, pois só pode ser operada pelo sofrimento, pela luta constante contra o mal, pelo nosso próprio sacrifício. Graças a estes, a alma adquire a experiência e a sabedoria. Os seus frutos verdes e amargos

Resignação na adversidade

convertem-se, sob a ação regeneradora da prova, sob os raios do sol divino, em frutos doces, aromáticos, amadurecidos, que devem ser colhidos em mundos superiores.

A ignorância das leis universais faz-nos ter aversão aos nossos males. Se compreendêssemos quanto esses males são necessários ao nosso adiantamento, se soubéssemos saboreá-los em seu amargor, não mais nos pareceriam um fardo. Porém, todos odiamos a dor e só apreciamos a sua utilidade quando deixamos o mundo onde se exerce o seu império. Ela faz jorrar de nós tesouros de piedade, de carinho e afeição. Esses que não a têm conhecido estão sem méritos; sua alma foi preparada muito superficialmente. Nesses, coisa alguma está enraizada: nem o sentimento nem a razão. Visto não terem passado pelo sofrimento, permanecem indiferentes, insensíveis aos males alheios.

Em nossa cegueira, estamos quase sempre prontos a amaldiçoar as nossas vidas obscuras, monótonas e dolorosas; mas, quando elevamos nossa vista acima dos horizontes limitados da Terra, quando discernimos o verdadeiro motivo das existências, compreendemos que todas elas são preciosas, indispensáveis para domar os Espíritos orgulhosos, para nos submeter a essa disciplina moral, sem o que não há progresso algum.

Livres em nossas ações, isentos de males, de cuidados, deixar-nos-íamos impulsionar pelo sopro das paixões, deixar-nos-íamos arrebatar pelo temperamento. Longe de trabalharmos pela nossa melhoria, nada mais faríamos do que amontoar faltas novas sobre as faltas passadas; no entanto, comprimidos pelo sofrimento, em existências humildes, habituamo-nos à paciência, ao raciocínio, adquirimos essa calma de pensamento indispensável àquele que quiser ouvir a voz da razão.

É no crisol da dor que se depuram as grandes almas. Às vezes, sob nossa vista, anjos de bondade vêm tragar o cálice de amargura, como exemplificação aos que são assustados pelos tormentos da paixão. A prova é uma reparação necessária, aceita com conhecimento de causa por muitos dentre nós. Oxalá assim pensemos nos momentos de desânimo, e que o espetáculo dos males suportados com essas grandes resignações nos dê a força de conservarmo-nos fiéis aos nossos próprios compromissos, às resoluções viris que tomamos antes de encarnar.

A nova fé resolveu o grande problema da depuração pela dor. As vozes dos Espíritos animam-nos nas ocasiões críticas. Esses mesmos que suportaram todas as agonias da existência terrestre dizem-nos hoje:

> Padeci, e só os sofrimentos é que me tornaram feliz. Resgataram muitos anos de luxo e de ociosidade. A dor levou-me a meditar, a orar e, no meio dos inebriamentos do prazer, jamais a reflexão salutar deixou de penetrar minha alma, jamais a prece deixou de ser balbuciada pelos meus lábios. Abençoadas sejam as minhas provações, pois finalmente elas me abriram o caminho que conduz à sabedoria e à verdade.[101]

Eis a obra do sofrimento! Não será essa a maior de todas as obras que se efetuam na Humanidade? Ela se executa em silêncio, secretamente, porém os seus resultados são incalculáveis. Desprendendo a alma de tudo o que é vil, material e transitório eleva-a, impulsionando-a para o futuro, para os mundos que são a sua herança. Fala-lhe de Deus e das leis eternas. Certamente, é belo ter um fim glorioso, morrer jovem, lutando por seu país. A História registrará o nome dos heróis, e as gerações renderão à sua memória um justo tributo de admiração. Mas, uma longa vida de dores, de males suportados pacientemente, é muito mais fecunda para o adiantamento do Espírito. Sem dúvida que a História não falará então a vosso respeito. Todas essas vidas obscuras e mudas, existências de luta silenciosa e de recolhimento, tombam no olvido, mas, esses que as enfrentaram encontram na luz espiritual a recompensa. Só a dor pode abrandar o nosso coração, avivar os fogos da nossa alma. É o cinzel que lhe dá proporções harmônicas, que lhe apura os contornos e a faz resplandecer em sua perfeita beleza. Uma obra de sacrifício, lenta, contínua, produz maiores efeitos que um ato sublime, porém insulado.

Consolai-vos, pois, vós todos que sofreis, esquecidos na sombra de males cruéis, e vós que sois desprezados por causa da vossa ignorância e das vossas faculdades acanhadas. Sabei que entre vós se acham Espíritos eminentes, que abandonaram por algum tempo as suas faculdades brilhantes, aptidões e talentos, e quiseram reencarnar como ignorantes para se humilharem. Muitas inteligências estão veladas pela expiação, mas, no momento da morte, esses véus cairão, deixando eclipsados os orgulhosos que antes as desdenhavam. Não devemos desprezar pessoa alguma. Sob humildes e disformes aparências, mesmo entre os idiotas e os loucos, grandes Espíritos ocultos na matéria expiam um passado tenebroso.

Oh! vidas simples e dolorosas, embebidas de lágrimas, santificadas pelo dever; vidas de lutas e de renúncia, existências de sacrifício para a fa-

---

[101] Comunicação mediúnica recebida pelo autor.

mília, para os fracos, para os pequenos, mais meritórias que as dedicações célebres, vós sois outros tantos degraus que conduzem a alma à felicidade. É a vós, é às humilhações, é aos obstáculos de que estais semeadas que a alma deve sua pureza, sua força, sua grandeza. Vós somente, nas angústias de cada dia, nas imolações da matéria, conferis à alma a paciência, a resolução, a constância, todas as sublimidades da virtude, para então se obter essa coroa, essa auréola esplêndida, prometida no espaço para a fronte dos que sofrem, lutam e vencem!

* * *

Se há prova cruel, essa é a perda dos entes amados; é quando, um após outro, os vemos desaparecer, levados pela morte, é quando a solidão se faz pouco a pouco em torno de nós, cheia de silêncio e trevas. É quando a velhice, gelada, muda, se adianta e vai colocando o sinal em nossa fronte, amortecendo os nossos olhos, enrijando os nossos músculos, curvando-nos ao seu peso, é quando vem, em seguida, a tristeza, o desgosto de tudo e uma grande sensação de fadiga, uma necessidade de repouso, uma espécie de sede do nada. Oh! nessa hora atribulada, nesse crepúsculo da vida, como se rejuvenesce e reconforta o lampadário que brilha na alma do crente, a fé no futuro infinito, nas novas vidas renascentes, a fé na justiça, na suprema Bondade!

Essas partidas de todos os que nos são caros são outros tantos avisos solenes; arrancam-nos do egoísmo, mostram-nos a puerilidade das nossas preocupações materiais, das nossas ambições terrestres, e convidam a nos prepararmos para essa grande viagem.

A perda de uma mãe é irreparável. Quanto vácuo em nós, ao nosso redor, assim que essa amiga, a melhor, a mais antiga e mais certa de todas, desce ao túmulo; assim que esses olhos, que nos contemplaram com amor, se fecham para sempre; assim que esses lábios, que tantas vezes repousaram sobre nossa fronte, se esfriam! O amor de uma mãe não será o que há de mais puro, de mais desinteressado? Não será como que um reflexo da bondade de Deus?

A morte dos filhos também é fonte de amargos dissabores. Um pai, uma mãe não poderiam, sem grande mágoa, ver desaparecer o objeto da sua afeição. É nessas ocasiões que a filosofia dos Espíritos é de grande auxílio. Aos nossos pesares, à nossa dor de ver essas existências promissoras tão cedo interrompidas ela responde que a morte prematura é, muitas vezes, um bem para o Espírito que parte e se acha livre dos perigos e das seduções da Terra. Essa vida tão curta — para nós inexplicável mistério — tinha sua razão de ser. A alma confiada aos nossos cuidados, às nossas carícias veio para completar a obra que deixara inacabada em encarnação anterior. Não vemos as coisas senão pelo prisma humano, e daí resultam os erros. A passagem desses entes sobre a Terra ter-nos-á sido útil, fazendo brotar do nosso coração essas santas emoções da paternidade, esses sentimentos delicados que nos eram desconhecidos, porém que, produzindo o enternecimento, nos tornarão melhores. Ela formará laços assaz poderosos que nos liguem a esse mundo invisível, onde todos nos deveremos reunir... É nisso que consiste a beleza da Doutrina dos Espíritos. Assim, esses seres não estão perdidos para nós. Deixam-nos por um instante, mas, finalmente, deveremos juntar-nos a eles.

Mas, que digo eu, a nossa separação só é aparente. Essas almas, esses filhos, essa mãe bem-amada estão perto de nós. Seus fluidos, seus pensamentos envolvem-nos; seu amor protege-nos. Podemos mesmo comunicar-nos com eles, recebermos suas animações, seus conselhos. Sua afeição para conosco não ficou desvanecida, pois a morte tornou-a mais profunda, mais esclarecida. Eles exortam-nos a desviar para longe essa tristeza vã, essas mágoas estéreis, cujo espetáculo os torna infelizes. Suplicam-nos que trabalhemos com coragem e perseverança para o nosso melhoramento, a fim de tornarmos a encontrá-los, de nos reunirmos a eles na vida espiritual.

* * *

É um dever lutar contra a adversidade. Abandonar-nos, deixar-nos levar pela preguiça, sofrer sem reagir aos males da vida seria uma covardia. Mas, quando os nossos esforços se tornam supérfluos, quando tudo é inevitável, chega então o momento de apelarmos à resignação. Nenhum poder seria capaz de desviar de nós as consequências do passado. Revoltar-nos contra a lei moral seria tão insensato como o querermos resistir às leis de extensão e gravidade. Um louco pode procurar lutar contra a ordem imutável das coisas, mas o Espírito sensato acha na provação os meios de retemperar, de fortificar as suas qualidades viris. A alma intrépida aceita os males do destino, mas, pelo pensamento, eleva-se acima deles e daí faz um degrau para atingir a virtude.

As aflições mais cruéis, as mais profundas, quando são aceitas com essa submissão, que é o consentimento da razão e do coração, indicam, geralmente, o término dos nossos males, o pagamento da última fração do nosso débito. É o momento decisivo em que nos cumpre permanecer firmes, fazendo apelo a toda a nossa resolução, a toda a nossa energia moral, a fim de sairmos vitoriosos da prova e recolhermos os benefícios que ela nos oferece.

Muitas vezes, nos momentos críticos, o pensamento da morte vem visitar-nos. Não é repreensível o solicitar a morte, ela, porém, só é realmente desejável quando se triunfa de todas as paixões. Para que desejar a morte, quando, não estando ainda curados os nossos vícios, precisamos novamente voltar para nos purificar em penosas encarnações? Nossas faltas são como túnica de Nesso apegada ao nosso ser, e de que somente nos poderemos desembaraçar pelo arrependimento e pela expiação.

A dor reina sempre como soberana sobre o mundo; todavia, um exame atento mostra-nos com que sabedoria e previdência a vontade divina regulou os seus efeitos. Gradativamente, a Natureza encaminha-se para uma ordem de coisas menos terrível, menos violenta. Nas primeiras idades do nosso planeta, a dor era a única escola, o único aguilhão para os seres. Mas, pouco a pouco, atenua-se o sofrimento; males medonhos — a peste, a lepra, a fome — desaparecem. Já os tempos em que vivemos são menos ásperos do que os do passado. O homem domou os elementos, reduziu as distâncias, conquistou a Terra. A escravidão não mais existe. Tudo evolve, tudo progride. Lentamente, mas com segurança, o mundo e a própria Natureza aprimoram-se. Tenhamos confiança na potência diretora do Universo. Nosso Espírito acanhado não poderia julgar o conjunto dos meios de que ela se serve. Só Deus tem noção exata dessa cadência rítmica, dessa alternativa necessária da vida e da morte, da noite e do dia, da alegria e da dor, de que se destacam, finalmente, a felicidade e o aperfeiçoamento das suas criaturas. Deixemos-lhe, pois, o cuidado de fixar a hora da nossa partida e esperemo-la sem desejá-la e sem temê-la.

* * *

Enfim, o ciclo das provas está percorrido; o justo sente que o termo está próximo. As coisas da Terra empalidecem pouco a pouco aos seus olhos. O Sol parece-lhe suave, as flores, sem cor, o caminho, mais desbastado. Cheio de confiança, vê aproximar-se a morte. Não será ela a calma após a tempestade, o porto depois de travessia procelosa?

Como é grande o espetáculo oferecido à alma resignada que se apresta para deixar a Terra após uma vida dolorosa! Atira um último olhar sobre seu passado; revê, numa espécie de penumbra, os desprezos suportados, as lágrimas concentradas, os gemidos abafados, os sofrimentos corajosamente sustentados. Docemente, sente-se desprender dos laços que a prendiam a este mundo. Vai abandonar seu corpo de lama, deixar para bem longe todas as podridões materiais. Que poderia temer? Não deu ela provas de abnegação, não sacrificou seus interesses à verdade, ao dever? Não esgotou, até o fim, o cálice purificador?

Também vê o que a espera. As imagens fluídicas dos seus atos de sacrifício e de renúncia, seus pensamentos generosos, tudo a precedeu, assinalando, como balizas brilhantes, a estrada da sua ascensão. São esses os tesouros da vida nova.

Ela distingue tudo isso e seu olhar eleva-se ainda mais alto, lá, onde ninguém vai senão com a luz na fronte, o amor e a fé no coração.

Perante esse espetáculo, uma alegria celeste penetra-a; quase lastima não ter sofrido por mais tempo. Uma derradeira prece, uma espécie de grito de alegria irrompe das profundezas do seu ser e sobe ao Pai e ao seu Mestre bem-amados. Os ecos no espaço perpetuam esse grito de liberdade, ao qual se juntam os cânticos dos Espíritos felizes que, em multidão, se apressam a recebê-la.

LI
A prece

A prece deve ser uma expansão íntima da alma para com Deus, um colóquio solitário, uma meditação sempre útil, muitas vezes fecunda. É, por excelência, o refúgio dos aflitos, dos corações magoados. Nas horas de acabrunhamento, de pesar íntimo e de desespero, quem não achou na prece a calma, o reconforto e o alívio a seus males? Um diálogo misterioso se estabelece entre a alma sofredora e a potência evocada. A alma expõe suas angústias, seus desânimos; implora socorro, apoio, indulgência. E, então, no santuário da consciência, uma voz secreta responde: é a voz daquele donde dimana toda a força para as lutas deste mundo, todo o bálsamo para as nossas feridas, toda a luz para as nossas incertezas. E essa voz consola, reanima, persuade; traz-nos a coragem, a submissão, a resignação estoicas. E, então, erguemo-nos menos tristes, menos atormentados; um raio de sol divino luziu em nossa alma, fez despontar nela a esperança.

Há homens que desdenham a prece, que a consideram banal e ridícula. Esses jamais oraram, ou, talvez, nunca tenham sabido orar. Ah! sem dúvida, se só se trata de padres-nossos proferidos sem convicção, de responsos tão vãos quanto intermináveis, de todas essas orações classificadas e numeradas que os lábios balbuciam, mas nas quais o coração não toma parte, pode-se compreender tais críticas; porém, nisso não consiste a prece. A prece é uma elevação acima de todas as coisas terrestres, um ardente apelo às potências superiores, um impulso, um voo para as regiões que não são perturbadas pelos murmúrios, pelas agitações do mundo material, e onde o ser bebe as inspirações que lhe são necessárias. Quanto maior for seu alcance, tanto mais sincero é seu apelo, tanto mais distintas e esclarecidas se revelam as harmonias, as vozes, as belezas dos mundos superiores. É como uma janela que se abre para o invisível, para o infinito, e pela qual ela percebe mil impressões consoladoras e sublimes. Impregna-se, embriaga-se e retempera-se nessas impressões, como num banho fluídico e regenerador.

Nos colóquios da alma com a Potência suprema a linguagem não deve ser preparada ou organizada com antecedência; sobretudo, não deve ser uma fórmula, cujo tamanho é proporcional ao seu importe monetário, pois isso seria uma profanação e quase um sacrilégio. A linguagem da prece deve variar segundo as necessidades, segundo o estado do espírito humano. É um grito, um lamento, uma efusão, um cântico de amor, um manifesto de adoração, ou um exame de seus atos, um inventário moral que se faz sob a vista de Deus, ou ainda um simples pensamento, uma lembrança, um olhar erguido para o Céu.

Não há horas para a prece. Sem dúvida, é conveniente elevar-se o coração a Deus no começo e no fim do dia. Mas, se não vos sentirdes motivados, não oreis; é melhor não fazer nenhuma prece do que orar somente com os lábios. Em compensação, quando sentirdes vossa alma enternecida, agitada por um sentimento profundo, pelo espetáculo do infinito, deveis fazer a prece, mesmo que seja à beira dos oceanos, sob a claridade do dia, ou debaixo da cúpula brilhante das noites; no meio dos campos e dos bosques sombreados, no silêncio das florestas, pouco importa; é grande e boa toda causa que, produzindo lágrimas em nossos olhos ou dobrando os nossos joelhos, faz também emergir em nosso coração um hino de amor, um brado de admiração para com a Potência eterna que guia os nossos passos por entre os abismos.

Seria um erro julgar que tudo podemos obter pela prece, que sua eficácia implique em desviar as provações inerentes à vida. A lei de imutável justiça não se curva aos nossos caprichos. Os males que desejaríamos afastar de nós são, muitas vezes, a condição necessária do nosso progresso. Se fossem suprimidos, o efeito disso seria tornar estéril a nossa vida. De outro modo, como poderia Deus atender a todos os desejos que os homens exprimem nas suas preces? A maior parte destes seria incapaz de discernir o que convém, o que é proveitoso. Alguns pedem a fortuna, ignorando que esta, dando um vasto campo às suas paixões, seria uma desgraça para eles.

A prece

Na prece que diariamente dirige ao Eterno, o sábio não pede que o seu destino seja feliz; não deseja que a dor, as decepções, os reveses lhe sejam afastados. Não! O que ele implora é o conhecimento da lei para poder melhor cumpri-la; o que ele solicita é o auxílio do Altíssimo, o socorro dos Espíritos benévolos, a fim de suportar dignamente os maus dias. E os bons Espíritos respondem ao seu apelo. Não procuram desviar o curso da justiça ou entravar a execução dos decretos divinos. Sensíveis aos sofrimentos humanos, que conheceram e suportaram, eles trazem a seus irmãos da Terra a inspiração que os sustém contra as influências materiais; favorecem esses nobres e salutares pensamentos, esses impulsos do coração que, levando-os para altas regiões, os libertam das tentações e das armadilhas da carne. A prece do sábio, feita com recolhimento profundo, isolada de toda preocupação egoísta, desperta essa intuição do dever, esse superior sentimento do verdadeiro, do bem e do justo, que o guiam através das dificuldades da existência e o mantêm em comunicação íntima com a grande harmonia universal.

Mas, a Potência soberana não só representa a justiça; é também a bondade, imensa, infinita e caritativa. Ora, por que não obteríamos por nossas preces tudo o que a bondade pode conciliar com a justiça? Podemos pedir apoio e socorro nas ocasiões de angústia, mas somente Deus pode saber o que é mais conveniente para nós e, na falta daquilo que lhe pedimos, enviar-nos-á proteção fluídica e resignação.

* * *

Logo que uma pedra fende as águas, vê-se-lhes a superfície vibrar em ondulações concêntricas. Assim também o fluido universal vibra pelas nossas preces e pelos nossos pensamentos, com a diferença de que as vibrações das águas são limitadas, enquanto as do fluido universal se sucedem ao infinito. Todos os seres, todos os mundos estão banhados nesse elemento, assim como nós o estamos na atmosfera terrestre. Daí resulta que o nosso pensamento, quando é atuado por grande força de impulsão, por uma vontade perseverante, vai impressionar as almas a distâncias incalculáveis. Uma corrente fluídica se estabelece entre umas e outras e permite que os Espíritos elevados nos influenciem e respondam aos nossos chamados, mesmo que estejam nas profundezas do espaço.

Também sucede o mesmo com todas as almas sofredoras. A prece opera nelas qual magnetização à distância. Penetra através dos fluidos espessos e sombrios que envolvem os Espíritos infelizes; atenua suas mágoas e tristezas. É a flecha luminosa, a flecha de ouro rasgando as trevas. É a vibração harmônica que dilata e faz rejubilar-se a alma oprimida. Quanta consolação para esses Espíritos ao sentirem que não estão abandonados, quando veem seres humanos interessando-se ainda por sua sorte! Sons, alternativamente poderosos e ternos, elevam-se como um cântico na extensão e repercutem com tanto maior intensidade quanto mais amorosa for a alma donde emanam. Chegam até eles, comovem-nos e penetram profundamente. Essa voz longínqua e amiga dá-lhes a paz, a esperança e a coragem. Se pudéssemos avaliar o efeito produzido por uma prece ardente, por uma vontade generosa e enérgica sobre os desgraçados, os nossos votos seriam muitas vezes a favor dos deserdados, dos abandonados do espaço, desses em quem ninguém pensa e que estão mergulhados em sombrio desânimo.

Orar pelos Espíritos infelizes, orar com compaixão, com amor, é uma das mais eficazes formas de caridade. Todos podem exercê-la, todos podem facilitar o desprendimento das almas, abreviar o tempo da perturbação por que elas passam depois da morte, atuando por um impulso caloroso do pensamento, por uma lembrança benévola e afetuosa. A prece facilita a desagregação corporal, ajuda o Espírito a libertar-se dos fluidos grosseiros que o ligam à matéria. Sob a influência das ondulações magnéticas projetadas por uma vontade poderosa, o torpor cessa, o Espírito se reconhece e assenhoreia-se de si próprio.

A prece por outrem, pelos nossos parentes, pelos infortunados e enfermos, quando feita com sentimentos sinceros e ardente fé, pode também produzir efeitos salutares. Mesmo quando as leis do destino lhe sejam um obstáculo, quando a provação deva ser cumprida até ao fim, a prece não é inútil. Os fluidos benéficos que traz em si acumulam-se para, no momento da morte, recaírem sobre o perispírito do ser amado.

"Reuni-vos para orar", disse o Apóstolo.[102] A prece feita em comum é um feixe de vontades, de pensamentos, de raios, de harmonias e de perfumes que se dirige mais poderosamente ao seu alvo. Pode adquirir uma força irresistível, uma força capaz de agitar, de abalar as massas fluídicas. Que alavanca poderosa para a alma entusiasta, que dá ao seu impulso tudo quanto há de grandioso, de puro e de elevado em si! Nesse estado, seus pensamentos irrompem como corrente impetuosa, de abundantes e po-

---

[102] Atos, 12:12.

tentes eflúvios. Tem-se visto, algumas vezes, a alma em prece desprender-se do corpo e, inebriada pelo êxtase, seguir o pensamento fervoroso que se projetou como seu precursor através do infinito. O homem traz em si um motor incomparável, de que apenas sabe tirar medíocre proveito. Entretanto, para fazê-lo agir bastam duas coisas: a fé e a vontade.

Considerada sob tais aspectos, a prece perde todo o caráter místico. O seu alvo não é mais a obtenção de uma graça, de um favor, mas, sim, a elevação da alma e o relacionamento desta com as potências superiores, fluídicas e morais. A prece é o pensamento inclinado para o bem, é o fio luminoso que liga os mundos obscuros aos mundos divinos, os Espíritos encarnados às almas livres e radiantes. Desdenhá-la seria desprezar a única força que nos arranca ao conflito das paixões e dos interesses, que nos transporta acima das coisas transitórias e nos une ao que é fixo, permanente e imutável no Universo. Em vez de repelirmos a prece, por causa dos abusos ridículos e odiosos de que foi objeto, não será melhor nos utilizarmos dela com critério e medida? É com recolhimento e sinceridade, é com sentimento que se deve orar. Evitemos as fórmulas banais usadas em certos meios. Nessas espécies de exercícios espirituais, apenas a nossa boca se move, pois a alma conserva-se muda. No fim de cada dia, antes de nos entregarmos ao repouso, perscrutemos a nós mesmos, examinemos cuidadosamente as nossas ações. Saibamos condenar o que for mau, a fim de o evitarmos, e louvemos o que houvermos feito de bom e útil. Solicitemos da Sabedoria suprema que nos ajude a realizar em nós e ao nosso redor a beleza moral e perfeita. Longe das coisas mundanas, elevemos os nossos pensamentos. Que nossa alma se eleve, alegre e amorosa, para o Eterno. Ela descerá então dessas alturas com tesouros de paciência e de coragem, que tornarão fácil o cumprimento dos seus deveres e da sua tarefa de aperfeiçoamento.

E se, em nossa incapacidade para exprimir os sentimentos, é absolutamente necessário um texto, uma fórmula, digamos:

Meu Deus, vós que sois grande, que sois tudo, deixai cair sobre mim, humilde, sobre mim, eu que não existo senão pela vossa vontade, um raio de divina luz. Fazei que, penetrado do vosso amor, me seja fácil fazer o bem e que eu tenha aversão ao mal; que, animado pelo desejo de vos agradar, meu Espírito vença os obstáculos que se opõem à vitória da verdade sobre o erro, da fraternidade sobre o egoísmo; fazei que, em cada companheiro de provações, eu veja um irmão, assim como vedes um filho em cada um dos seres que de vós emanam e para vós devem voltar. Dai-me o amor pelo trabalho, que é o dever de todos sobre a Terra, e, com o auxílio do archote que colocaste ao meu alcance, esclarecei-me sobre as imperfeições que retardam meu adiantamento nesta vida e na vindoura.[103]

....

Unamos nossas vozes às do infinito. Tudo ora, tudo celebra a alegria de viver, desde o átomo que se agita na Lua até o astro imenso que flutua no éter. A adoração dos seres forma um concerto prodigioso que se expande no espaço e sobe a Deus. É a saudação dos filhos ao Pai, é a homenagem prestada pelas criaturas ao Criador. Interrogai a Natureza no esplendor dos dias de sol, na calma das noites estreladas. Escutai as grandes vozes dos oceanos, os murmúrios que se elevam do seio dos desertos e da profundeza dos bosques, os acentos misteriosos que se desprendem da folhagem, repercutem nos desfiladeiros solitários, sobem as planícies, os vales, franqueiam as alturas e espalham-se pelo Universo. Por toda parte, em todos os lugares, concentrando-vos, ouvireis o cântico admirável que a Terra dirige à Grande Alma. Mais solene ainda é a prece dos mundos, o canto suave e profundo que faz vibrar a imensidade e cuja significação sublime somente os Espíritos elevados podem compreender.

---

[103] Prece inédita, ditada, com o auxílio de uma mesa, pelo Espírito Jerônimo de Praga, a um grupo de operários.

LII
Trabalho, sobriedade, continência

O trabalho é uma lei para as humanidades planetárias, assim como para as sociedades do espaço. Desde o ser mais rudimentar até os Espíritos angélicos que velam pelos destinos dos mundos, cada um executa sua obra, sua parte, no grande concerto universal.

Penoso e grosseiro para os seres inferiores, o trabalho suaviza-se à medida que o Espírito se purifica. Torna-se uma fonte de gozos para o Espírito adiantado, insensível às atrações materiais, exclusivamente ocupado com estudos elevados.

É pelo trabalho que o homem doma as forças cegas da Natureza e preserva-se da miséria; é por ele que as civilizações se formam, que o bem-estar e a Ciência se difundem.

O trabalho é a honra, é a dignidade do ser humano. O ocioso que se aproveita, sem nada produzir, do trabalho dos outros não passa de um parasita. Quando o homem está ocupado com sua tarefa, as paixões aquietam-se. A ociosidade, pelo contrário, instiga-as, abrindo-lhes um vasto campo de ação. O trabalho é também um grande consolador, é um preservativo salutar contra as nossas aflições, contra as nossas tristezas. Acalma as angústias do nosso Espírito e fecunda a nossa inteligência. Não há dor moral, decepções ou reveses que não encontrem nele um alívio; não há vicissitudes que resistam à sua ação prolongada. O trabalho é sempre um refúgio seguro na prova, um verdadeiro amigo na tribulação. Não produz o desgosto da vida. Mas quão digna de piedade é a situação daquele a quem as enfermidades condenam à imobilidade, à inação! E quando esse ser experimenta a grandeza, a santidade do trabalho, quando, acima do seu interesse próprio, vê o interesse geral, o bem de todos e nisso também quer cooperar, eis então uma das mais cruéis provas que podem estar reservadas ao ser vivente.

Tal é, no espaço, a situação do Espírito que faltou aos seus deveres e desperdiçou a sua vida. Compreendendo muito tarde a nobreza do trabalho e a vileza da ociosidade, sofre por não poder então realizar o que sua alma concebe e deseja.

O trabalho é a comunhão dos seres. Por ele nos aproximamos uns dos outros, aprendemos a auxiliarmo-nos, a unirmo-nos; daí à fraternidade só há um passo. A Antiguidade romana havia desonrado o trabalho, fazendo dele uma condição de escravatura. Disso resultou sua esterilidade moral, sua corrupção, suas insípidas doutrinas.

A época atual tem uma concepção da vida muito diferente. Encontra-se já satisfação no trabalho fecundo e regenerador. A filosofia dos Espíritos reforça ainda mais essa concepção, indicando-nos na lei do trabalho o germe de todos os progressos, de todos os aperfeiçoamentos, mostrando-nos que a ação dessa lei estende-se à universalidade dos seres e dos mundos. Eis por que estávamos autorizados a dizer: Despertai, ó vós todos que deixais dormitar as vossas faculdades e as vossas forças latentes! Levantai-vos e mãos à obra! Trabalhai, fecundai a terra, fazei ecoar nas oficinas o ruído cadenciado dos martelos e os silvos do vapor. Agitai-vos na colmeia imensa. Vossa tarefa é grande e santa. Vosso trabalho é a vida, é a glória, é a paz da Humanidade. Obreiros do pensamento, perscrutai os grandes problemas, estudai a Natureza, propagai a Ciência, espalhai por toda parte tudo o que consola, anima e fortifica. Que de uma extremidade a outra do mundo, unidos na obra gigantesca, cada um de nós se esforce a fim de contribuir para enriquecer o domínio material, intelectual e moral da Humanidade!

* * *

A primeira condição para se conservar a alma livre, a inteligência sã, a razão lúcida é a de ser sóbrio e casto. Os excessos de alimentação perturbam-nos o organismo e as faculdades; a embriaguez faz-nos perder toda a dignidade e toda a moderação. O seu uso contínuo produz uma série de moléstias, de enfermidades, que acarretam uma velhice miserável.

Dar ao corpo o que lhe é necessário, a fim de torná-lo servidor útil e não tirano, tal é a regra do homem criterioso. Reduzir a soma das necessidades materiais, comprimir os sentidos, domar os apetites vis é libertar-se do jugo das forças inferiores, é preparar a emancipação do Espírito. Ter poucas necessidades é também uma das formas da riqueza.

A sobriedade e a continência caminham juntas. Os prazeres da carne enfraquecem-nos, enervam-nos, desviam-nos da sabedoria. A volúpia é como um abismo onde o homem vê soçobrar todas as suas qualidades morais. Longe de nos satisfazer, atiça os nossos desejos. Desde que a deixamos penetrar em nosso seio, ela invade-nos, absorve-nos e, como uma vaga, extingue tudo quanto há de bom e generoso em nós. Modesta visitante ao princípio, acaba por dominar-nos, por se apossar de nós completamente.

Evitai os prazeres corruptores em que a juventude se estiola, em que a vida se desseca e altera. Escolhei em momento oportuno uma companheira e sede-lhe fiel. Constituí uma família. A família é o estado natural de uma existência honesta e regular. O amor da esposa, a afeição dos filhos, a sã atmosfera do lar são preservativos soberanos contra as paixões. No meio dessas criaturas que nos são caras e veem em nós seu principal arrimo, o sentimento de nossas responsabilidades se engrandece; nossa dignidade e nossa circunspeção acentuam-se; compreendemos melhor os nossos deveres e, nas alegrias que essa vida concede-nos, colhemos as forças que nos tornam suave o seu cumprimento. Como ousar cometer atos que fariam envergonhar-nos sob o olhar da esposa e dos filhos? Aprender a dirigir os outros é aprender a dirigir-se a si próprio, a tornar-se prudente e criterioso, a afastar tudo o que pode manchar-nos a existência.

É condenável o viver insulado. Dar, porém, nossa vida aos outros, sentirmo-nos reviver em criaturas de que soubemos fazer pessoas úteis, servidores zelosos para a causa do bem e da verdade, morrermos depois de deixar cimentado um sentimento profundo do dever, um conhecimento amplo dos destinos é uma nobre tarefa.

Se há uma exceção a essa regra, esta será em favor daqueles que, acima da família, colocam a Humanidade e que, para melhor servi-la, para executar em seu proveito alguma missão maior ainda, quiseram afrontar sozinhos os perigos da vida, galgar solitários a vereda árdua, consagrar todos os seus instantes, todas as suas faculdades, toda a sua alma a uma causa que muitos ignoram, mas que eles jamais perderam de vista.

A sobriedade, a continência, a luta contra as seduções dos sentidos não são, como pretendem os mundanos, uma infração às leis morais, um amesquinhamento da vida; ao contrário, elas despertam em quem as observa e executa uma percepção profunda das leis superiores, uma intuição precisa do futuro. O voluptuoso, separado pela morte de tudo o que amava, consome-se em vãos desejos. Frequenta as casas de deboche, busca os lugares que lhe recordam o modo de vida na Terra e, assim, prende-se cada vez mais a cadeias materiais, afasta-se da fonte dos puros gozos e vota-se à bestialidade, às trevas.

Atirar-se às volúpias carnais é privar-se por muito tempo da paz que usufruem os Espíritos elevados. Essa paz somente pode ser adquirida pela pureza. Não se observa isso desde a vida presente? As nossas paixões e os nossos desejos produzem imagens, fantasmas que nos perseguem até no sono e perturbam as nossas reflexões. Mas, longe dos prazeres enganosos, o Espírito bom concentra-se, retempera-se e abre-se às sensações delicadas. Os seus pensamentos elevam-se ao infinito. Desligado com antecedência das concupiscências ínfimas, abandona sem pesar o seu corpo exausto.

Meditemos muitas vezes e ponhamos em prática o provérbio oriental: *sê puro para seres feliz e para seres forte!*

LIII
O estudo

O estudo é a fonte de ternos e puros gozos; liberta-nos das preocupações vulgares e faz-nos esquecer as tribulações da vida. O livro é um amigo sincero que nos dá bons augúrios nas horas felizes, bem como nas ocasiões críticas. Referimo-nos ao livro sério, útil, que instrui, consola, anima, e não ao livro frívolo, que diverte e, muitas vezes, desmoraliza. Ainda não nos compenetramos bem do verdadeiro caráter do bom livro. É como uma voz que nos fala através dos tempos, relatando-nos os trabalhos, as lutas, as descobertas daqueles que nos precederam no caminho da vida e que, em nosso proveito, aplanaram as dificuldades.

Não será grande felicidade o podermos neste mundo comunicar pelo pensamento com os Espíritos eminentes de todos os séculos e de todos os países? Eles puseram no livro a melhor parte da sua inteligência e do seu coração. Conduzem-nos pela mão, através dos dédalos da História; guiam-nos para as altas regiões da Ciência, das Artes e da Literatura. Ao contato dessas obras que constituem o mais precioso dos bens da Humanidade, compulsando esses arquivos sagrados, sentimo-nos engrandecer, sentimo-nos satisfeitos por pertencermos a raças que produziram tais gênios. A irradiação do seu pensamento estende-se sobre nossas almas, reaquecendo-nos e exaltando-nos.

Saibamos escolher bons livros e habituemo-nos a viver no meio deles, em relação constante com os Espíritos elevados. Rejeitemos com objetivismo as obras pérfidas, escritas para lisonjear as paixões vis. Acautelemo-nos dessa literatura relaxada, fruto do sensualismo, que deixa em sua passagem a corrupção e a imoralidade.

A maior parte dos homens pretende amar o estudo, e objeta que lhe falta tempo para se entregar a ele. Mas, quantos nessa maioria consagram noites inteiras ao jogo, às conversações ociosas? Alguns replicam que os livros custam caro; entretanto, em prazeres fúteis e de mau gosto, despendem mais dinheiro do que o necessário para a aquisição de uma rica coleção de obras. Além disso, o estudo da Natureza, o mais eficaz, o mais confortável de todos, nada custa.

A ciência humana é falível e variável; a Natureza não. Esta nunca se desmente. Nas horas de incerteza e de desânimo voltemo-nos para ela. Como uma mãe, a Natureza então nos acolherá, sorrirá para nós, acalentar-nos-á em seu seio. Irá falar-nos em linguagem simples e terna, na qual a verdade está despida de atavios e de fórmulas; porém, essa linguagem pacífica, poucos sabem escutá-la e compreender. O homem leva consigo, mesmo no fundo das solidões, essas paixões, essas agitações internas, cujos ruídos abafam o ensino íntimo da Natureza. Para discernir a revelação imanente no seio das coisas, é necessário impor silêncio às quimeras do mundo, a essas opiniões turbulentas, que perturbam a paz dentro e ao redor de nós. Então, todos os ecos da vida política e social calar-se-ão, a alma perscrutará a si própria, evocará o sentimento da Natureza, das leis eternas, a fim de comunicar-se com a Razão suprema.

O estudo da Natureza terrestre eleva e fortifica o pensamento; mas, que dizer das perspectivas celestes?

Quando a noite tranquila desvenda o seu zimbório estrelado, quando os astros começam a desfilar, quando aparecem as multidões planetárias e as nebulosas perdidas no seio dos espaços, uma claridade trêmula, difusa desce sobre nós, uma misteriosa influência envolve-nos, um sentimento profundamente religioso invade-nos. Como as vãs preocupações sossegam nessa hora! Como a sensação do desconhecido nos penetra, subjuga-nos e faz-nos dobrar os joelhos! Que muda adoração se nos eleva então do ser!

A Terra, frágil esquife, voga nos campos da imensidade. Impulsionada pelo Sol poderoso, ela foge. Por toda parte ao seu redor, o espaço; por toda parte, belas profundezas que ninguém pode sondar sem vertigem. Por toda parte, também, a distâncias enormes, mundos, depois mundos ainda, ilhas flutuantes, embaladas nas ondas do éter. O olhar recusa-se a contá-las, mas o nosso Espírito considera-as com respeito, com amor. Suas sutis irradiações atraem-no.

Enorme Júpiter! E tu, Saturno, rodeado por uma faixa luminosa e coroado por oito luas de ouro; sóis gigantes de fogos multicores, esferas inumeráveis nós vos saudamos do fundo do abismo! Mundos que brilhais sobre nossas cabeças, que maravilhas encobris vós? Quereríamos conhecer-vos, saber quais os povos, quais as cidades estranhas, quais civilizações se desenvolvem sobre vossos vastos flancos! Um instinto secreto diz-nos que em vós reside a felicidade, inutilmente procurada aqui na Terra.

Mas, por que duvidar e temer? Esses mundos são a nossa herança. Somos destinados a percorrê-los, a habitá-los. Visitaremos esses arquipélagos estelares e penetraremos seus mistérios. Nenhum obstáculo jamais deterá o nosso curso, os nossos impulsos e progressos, se soubermos conformar nossa vontade às leis divinas e conquistar pelos nossos atos a plenitude da vida, com os celestes gozos que lhe são inerentes.

LIV
A educação

É pela educação que as gerações se transformam e aperfeiçoam. Para uma sociedade nova é necessário homens novos. Por isso, a educação desde a infância é de importância capital.

Não basta ensinar à criança os elementos da Ciência. Aprender a governar-se, a conduzir-se como ser consciente e racional, é tão necessário como saber ler, escrever e contar: é entrar na vida armado não só para a luta material, mas, principalmente, para a luta moral. É nisso em que menos se tem cuidado. Presta-se mais atenção em desenvolver as faculdades e os lados brilhantes da criança, do que as suas virtudes. Na escola, como na família, há muita negligência em esclarecê-la sobre os seus deveres e sobre o seu destino. Portanto, desprovida de princípios elevados, ignorando o alvo da existência, ela, no dia em que entra na vida pública, entrega-se a todas as ciladas, a todos os arrebatamentos da paixão, num meio sensual e corrompido.

Mesmo no ensino secundário, aplicam-se a atulhar o cérebro dos estudantes com um acervo indigesto de noções e fatos, de datas e nomes, tudo em detrimento da educação moral. A moral da escola, desprovida de sanção efetiva, sem ideal verdadeiro, é estéril e incapaz de reformar a sociedade.

Mais pueril ainda é o ensino dado pelos estabelecimentos religiosos, onde a criança é apossada pelo fanatismo e pela superstição, não adquirindo senão ideias falsas sobre a vida presente e a futura. Uma boa educação é, raras vezes, obra de um mestre. Para despertar na criança as primeiras aspirações ao bem, para corrigir um caráter difícil, é preciso às vezes a perseverança, a firmeza, uma ternura de que somente o coração de um pai ou de uma mãe pode ser suscetível. Se os pais não conseguem corrigir os filhos, como é que poderia fazê-lo o mestre que tem um grande número de discípulos a dirigir?

Essa tarefa, entretanto, não é tão difícil quanto se pensa, pois não exige uma ciência profunda. Pequenos e grandes podem preenchê-la, desde que se compenetrem do alvo elevado e das consequências da educação. Sobretudo, é preciso nos lembrarmos de que esses Espíritos vêm coabitar conosco para que os ajudemos a vencer os seus defeitos e os preparemos para os deveres da vida. Com o matrimônio, aceitamos a missão de dirigi-los; cumpramo-la, pois, com amor, mas com amor isento de fraqueza, porque a afeição demasiada está cheia de perigos. Estudemos, desde o berço, as tendências que a criança trouxe das suas existências anteriores, apliquemo-nos a desenvolver as boas, a aniquilar as más. Não lhe devemos dar muitas alegrias, pois é necessário habituá-la desde logo à desilusão, para que possa compreender que a vida terrestre é árdua e que não deve contar senão consigo mesma, com seu trabalho, único meio de obter a sua independência e dignidade. Não tentemos desviar dela a ação das leis eternas. Há obstáculos no caminho de cada um de nós; só o critério ensinará a removê-los.

Não confieis vossos filhos a outrem, desde que não sejais a isso absolutamente coagidos. A educação não deve ser mercenária. Que importa a uma ama que tal criança fale ou caminhe antes da outra? Ela não tem nem o interesse nem o amor maternal. Mas, que alegria para uma mãe ao ver o seu querubim dar os primeiros passos! Nenhuma fadiga, nenhum trabalho detém-na. Ama! Procedei da mesma forma para com a alma dos vossos filhos. Tende ainda mais solicitude para com essa do que pelo corpo. O corpo consumir-se-á em breve e será sepultado; no entanto, a alma imortal, resplandecendo pelos cuidados com que foi tratada, pelos méritos adquiridos, pelos progressos realizados, viverá através dos tempos para vos abençoar e amar.

A educação, baseada numa concepção exata da vida, transformaria a face do mundo. Suponhamos cada família iniciada nas crenças espiritualistas sancionadas pelos fatos e incutindo-as aos filhos, ao mesmo tempo que a escola laica lhes ensinasse os princípios da Ciência e as maravilhas do

Universo: uma rápida transformação social operar-se-ia então sob a força dessa dupla corrente.

Todas as chagas morais são provenientes da má educação. Reformá-la, colocá-la sobre novas bases traria à Humanidade consequências inestimáveis. Instruamos a juventude, esclareçamos sua inteligência, mas, antes de tudo, falemos ao seu coração, ensinemos-lhe a despojar-se das suas imperfeições. Lembremo-nos de que a sabedoria por excelência consiste em nos tornarmos melhores.

LV
Questões sociais

As questões sociais preocupam vivamente a nossa época. Vê-se, não sem espanto, que os progressos da civilização, o aumento enorme dos agentes produtivos e da riqueza, o desenvolvimento da instrução não têm podido extinguir o pauperismo nem curar os males do maior número. Entretanto, os sentimentos generosos e humanitários não desapareceram. No coração dos povos aninham-se instintivas aspirações para a justiça e bem assim anseios vagos de uma vida melhor. Compreende-se geralmente que é necessária uma divisão mais equitativa dos bens da Terra. Daí mil teorias, mil sistemas diversos, tendentes a melhorar a situação das classes pobres, a assegurar a cada um os meios do estritamente necessário. Mas, a aplicação desses sistemas exige da parte de uns muita paciência e habilidade; da parte de outros, um Espírito de abnegação que lhes é absolutamente essencial. Em vez dessa mútua benevolência que, aproximando os homens, lhes permitiria estudar em comum e resolver os mais graves problemas, é com violência e ameaças nos lábios que o proletário reclama seu lugar no banquete social; é com acrimônia que o rico se confina no seu egoísmo e recusa abandonar aos famintos as menores migalhas da sua fortuna. Assim, um abismo abre-se; as desavenças, as cobiças, os furores acumulam-se dia a dia.

O estado de guerra ou de paz armada que pesa sobre o mundo alimenta esses sentimentos hostis. Os governos e as nações dão funestos exemplos e assumem grandes responsabilidades, desenvolvendo instintos belicosos em detrimento das obras pacíficas e fecundas. A paixão pela guerra traz tantas ruínas morais quantos destroços materiais. Desperta, atiça as paixões brutais e inspira o desprezo pela vida. Após todas as grandes lutas que têm ensanguentado a Terra, pode-se observar um rebaixamento sensível do nível moral, um recuo para a barbaria. Como se poderiam reconciliar umas classes com outras, apaziguar as más paixões, resolver os problemas difíceis da vida comum, quando tudo nos convida à luta e quando as forças vivas das nações são canalizadas à destruição? Essa política homicida é uma vergonha para a civilização, e os povos devem antes de tudo esforçar-se por lhe pôr um termo, reclamando sonoramente o direito de viver na paz e no trabalho.

Entre os sistemas preconizados pelos socialistas, a fim de obterem uma organização prática do trabalho e uma criteriosa distribuição dos bens materiais, os mais conhecidos são a cooperação e a associação operária; alguns há que vão até ao comunismo. Mas, até a época presente, a aplicação parcial desses sistemas só tem produzido resultados insignificantes. É verdade que, para viverem associados, para participarem duma obra em que se unam e se fundam interesses numerosos, seriam precisas qualidades raras.

A causa do mal e o seu remédio estão, muitas vezes, onde não são procurados, e por isso é em vão que muitos se têm esforçado por criar combinações engenhosas. Sistemas sucedem a sistemas, instituições dão lugar a instituições, mas o homem permanece desgraçado, porque se conserva mau. A causa do mal está em nós, em nossas paixões e em nossos erros. Eis o que se deve transformar. Para melhorar a sociedade é preciso melhorar o indivíduo; é necessário o conhecimento das leis superiores de progresso e de solidariedade, a revelação da nossa natureza e dos nossos destinos, e isso somente pode ser obtido pela filosofia dos Espíritos.

Talvez haja quem não admita essa ideia. Acreditar que o Espiritismo possa influenciar sobre a vida dos povos, facilitar a solução dos problemas sociais é ainda muito incompreensível para as ideias da época. Mas, por pouco que se reflita, seremos forçados a reconhecer que as crenças têm uma influência considerável sobre a forma das sociedades.

Na Idade Média, a sociedade era a imagem fiel das concepções católicas. A sociedade moderna, sob a inspiração do materialismo, vê apenas no Universo a concorrência vital, a luta dos seres, luta ardente, na qual todos os apetites estão em liberdade. Tende a fazer do mundo atual a máquina formidável e cega que tritura as existências, e onde o indivíduo não passa de partícula, ínfima e transitória, saída do nada para, em breve, a ele voltar.

Mas, quanta mudança nesse ponto de vista, logo que o novo ideal vem esclarecer-nos o ser e regular-nos a conduta! Convencido de que esta vida é um meio de depuração e de progresso, que não está isolada de outras existências, ricos ou pobres, todos ligarão menos importância aos interesses do presente. Em virtude de estar estabelecido que cada ser humano deve renascer muitas vezes sobre este mundo, passar por todas as condições sociais, sendo as existências obscuras e dolorosas então as mais numerosas e a riqueza mal empregada acarretando gravosas responsabilidades, todo homem compreenderá que, trabalhando em benefício da sorte dos humildes, dos pequenos, dos deserdados trabalhará para si próprio, pois lhe será preciso voltar à Terra e haverá nove probabilidades sobre dez de renascer pobre.

Graças a essa revelação, a fraternidade e a solidariedade impõem-se; os privilégios, os favores, os títulos perdem sua razão de ser. A nobreza dos atos e dos pensamentos substitui a dos pergaminhos.

Assim concebida, a questão social mudaria de aspecto; as concessões entre classes tornar-se-iam fáceis e veríamos cessar todo o antagonismo entre o capital e o trabalho. Conhecida a verdade, compreender-se-ia que os interesses de uns são os interesses de todos e que ninguém deve estar sob a pressão de outros. Daí a justiça distributiva, sob cuja ação não mais haveria ódios nem rivalidades selvagens, porém, sim, uma confiança mútua, a estima e a afeição recíprocas; em uma palavra, a realização da lei de fraternidade, que se tornará a única regra entre os homens. Tal é o remédio que o ensino dos Espíritos traz à sociedade. Se algumas parcelas da verdade, ocultas sob dogmas obscuros e incompreensíveis, puderam, outrora, suscitar tantas ações generosas, que não se deverá esperar de uma concepção do mundo e da vida apoiada em fatos, pela qual o homem se sente ligado a todos os seres, destinado, como eles, a elevar-se progressivamente para a perfeição, sob o impulso de leis sábias e profundas!

Esse ideal confortará as almas, conduzindo-as, pela fé, ao entusiasmo, e fará germinar por toda parte obras de devotamento, de solidariedade, de amor, que, contribuindo para a edificação de uma nova sociedade, sobrepujarão os atos mais sublimes da Antiguidade.

A questão social não abrange somente as relações das classes entre si, abrange também a mulher de todas as ordens, a mulher, essa grande sacrificada, à qual seria equitativo restituir-se os direitos naturais, uma situação digna, para que a família se torne mais forte, mais moralizada e mais unida. A mulher é a alma do lar, é quem representa os elementos dóceis e pacíficos na Humanidade. Libertada do jugo da superstição, se ela pudesse fazer ouvir sua voz nos conselhos dos povos, se a sua influência pudesse fazer-se sentir, veríamos, em breve, desaparecer o flagelo da guerra.

A filosofia dos Espíritos, ensinando-nos que o corpo não passa de uma forma tomada por empréstimo, que o princípio da vida reside na alma e que a alma não tem sexo, estabelece a igualdade absoluta entre o homem e a mulher, sob o ponto de vista dos méritos. Os espíritas conferem à mulher uma grande parte nas suas reuniões e nos seus trabalhos. Nesse meio ela ocupa uma situação preponderante, porque é de entre elas que saem os melhores médiuns. A delicadeza do seu sistema nervoso torna-a mais apta a exercer essa missão.

Os Espíritos afirmam que, encarnando de preferência no sexo feminino, se elevam mais rapidamente de vidas em vidas para a perfeição, pois, como mulher, adquirem mais facilmente estas virtudes soberanas: a paciência, a doçura, a bondade. Se a razão parece predominar no homem, na mulher o coração é mais vasto e mais profundo.

A situação da mulher na sociedade é, geralmente, escurecida e, muitas vezes, escravizada; por isso, ela é mais elevada na vida espiritual, porque, quanto mais um ser é humilhado e sacrificado neste mundo, tanto maior mérito conquista perante a justiça eterna.

Esse argumento, contudo, não pode ser invocado por aqueles que pretendem manter em tutela a mulher. Seria absurdo tirar pretexto dos gozos futuros para perpetuar as iniquidades sociais. Nosso dever é trabalhar na medida das nossas forças, para realizar na Terra os desígnios da Providência.

Ora, a educação e o engrandecimento da mulher, a extinção do pauperismo, da ignorância e da guerra, a fusão das classes na solidariedade, o aperfeiçoamento humano, todas essas reformas fazem parte do plano divino, que não é outra coisa senão a própria lei do progresso.

Entretanto, não percamos de vista uma coisa: a indefectível lei não pode conceder ao ente humano senão a felicidade individualmente merecida. A pobreza, sobre mundos como o nosso, não poderia desaparecer completamente, porque é condição necessária ao Espírito que deve purificar-se pelo trabalho e pelo sofrimento. A pobreza é a escola da paciência e da resignação, assim como a riqueza é a prova da caridade e da abnegação.

Nossas instituições podem mudar de forma, não nos libertarão, porém, dos males inerentes à nossa natureza atrasada. A felicidade dos homens não depende das mudanças políticas, das revoluções nem de nenhuma modificação exterior da sociedade. Enquanto esta estiver corrompida, as suas instituições igualmente o estarão, sejam quais forem as alterações operadas pelos acontecimentos. O único remédio consiste nessa transformação moral, cujos meios os ensinos superiores fornecem-nos. Que a Humanidade consagre a essa tarefa um pouco do ardor apaixonado que dispensa à política; que arranque do seu coração todo o germe do mal, e os grandes problemas sociais serão dentro em pouco resolvidos.

LVI
A lei moral

Nas páginas precedentes expusemos tudo o que colhemos do ensino dos Espíritos relativamente à lei moral. É nessa revelação que reside a verdadeira grandeza do Espiritismo. Os fenômenos espíritas são um prólogo da lei moral. Embora muito imperfeitamente, comparemo-los à casca revestindo o fruto: inseparáveis em sua gestação, têm, entretanto, um valor muito diferente.

O estudo científico deve conduzir ao estudo filosófico, que é coroado pelo conhecimento dessa moral, na qual se completam, se esclarecem e fundem todos os sistemas moralistas do passado, a fim de constituírem a moral única, superior, universal, fonte de toda a sabedoria e de toda a virtude, mas cuja experiência e prática só se adquirem depois de numerosas existências.

A posse, a compreensão da lei moral é o que há de mais necessário e de mais precioso para a alma. Permite medir os nossos recursos internos, regular o seu exercício, dispô-los para o nosso bem. As nossas paixões são forças perigosas, quando lhes estamos escravizados; úteis e benfeitoras, quando sabemos dirigi-las; subjugá-las é ser grande; deixar-se dominar por elas é ser pequeno e miserável.

Leitor, se queres libertar-te dos males terrestres, escapar às reencarnações dolorosas, grava em ti essa lei moral e pratica-a. Faze que a grande voz do dever abafe os murmúrios das tuas paixões. Dá o que for indispensável ao homem material, ser efêmero que se esvairá na morte. Cultiva com cuidado o ser espiritual, que viverá para sempre. Desprende-te das coisas perecíveis; honras, riquezas, prazeres mundanos, tudo isso é fumo; o bem, o belo, o verdadeiro somente é que são eternos!

Conserva tua alma sem máculas, tua consciência sem remorsos. Todo pensamento, todo ato mau atrai as impurezas mundanas; todo impulso, todo esforço para o bem centuplica as tuas forças e far-te-á comunicar com as potências superiores. Desenvolve em ti a vida espiritual, que te fará entrar em relação com o mundo invisível e com a natureza inteira. Consiste nisso a fonte do verdadeiro poder, e, ao mesmo tempo, a dos gozos e das sensações delicadas, que irão aumentando à medida que as sensações da vida exterior se enfraquecerem com a idade e com o desprendimento das coisas terrestres. Nas horas de recolhimento, escuta a harmonia que se eleva das profundezas do teu ser, como eco dos mundos sonhados, entrevistos, e que fala de grandes lutas morais e de nobres ações. Nessas sensações íntimas, nessas inspirações, desconhecidas dos sensuais e dos maus, reconhece o prelúdio da vida livre dos espaços e um prelibar das felicidades reservadas ao Espírito justo, bom e valoroso.

Resumo

Para melhor esclarecer este estudo, resumiremos, aqui, os princípios essenciais da filosofia dos Espíritos.

I. Uma Inteligência divina rege os mundos. Nela, identifica-se a Lei, lei imanente, eterna, reguladora, à qual seres e coisas estão submetidos.

II. Assim como o homem, sob seu invólucro material, continuamente renovado, conserva sua identidade espiritual, esse eu indestrutível, essa consciência em que se reconhece e se possui, assim também o Universo, sob suas aparências mutáveis, se possui e se reflete numa unidade central que é o seu eu. O eu do Universo é Deus, lei viva, unidade suprema onde confinam e se harmonizam todas as relações, foco imenso de luz e de perfeição donde irradiam e se expandem, por todas as humanidades, Justiça, Sabedoria, Amor!

III. No Universo, tudo evolve e tende para um estado superior. Tudo se transforma e se aperfeiçoa. Do seio dos abismos a vida eleva-se, a princípio confusa, indecisa, animando formas inumeráveis cada vez mais perfeitas, depois desabrocha no ser humano, adquire então consciência, razão, vontade, e constitui a alma ou Espírito.

IV. A alma é imortal. Coroamento e síntese das potências inferiores da Natureza, ela contém em germe todas as faculdades superiores, está destinada a desenvolvê-las pelos seus trabalhos e esforços, encarnando em mundos materiais, e tende a elevar-se, através de vidas sucessivas, de degrau em degrau, para a perfeição.

A alma tem dois invólucros: um, temporário, o corpo terrestre, instrumento de luta e de prova, que se desagrega no momento da morte; o outro, permanente, corpo fluídico, que lhe é inseparável e que progride e se depura com ela.

V. A vida terrestre é uma escola, um meio de educação e de aperfeiçoamento pelo trabalho, pelo estudo e pelo sofrimento. Não há nem felicidade nem mal eternos. A recompensa ou o castigo consistem na extensão ou no encurtamento das nossas faculdades, do nosso campo de percepção, resultante do bom ou mau uso que houvermos feito do nosso livre-arbítrio, e das aspirações ou tendências que houvermos em nós desenvolvido. Livre e responsável, a alma traz em si a lei dos seus destinos; prepara, no presente, as alegrias ou as dores do futuro. A vida atual é a consequência, a herança das nossas vidas precedentes e a condição das que se lhe devem seguir.

O Espírito se esclarece, se engrandece em potência intelectual e moral, à medida do trajeto efetuado e da impulsão dada a seus atos para o bem e para a verdade.

VI. Uma estreita solidariedade une todos os Espíritos, idênticos na sua origem e nos seus fins, diferentes somente por sua situação transitória, uns no estado livre, no espaço; outros, revestidos de um invólucro perecível, mas passando alternadamente de um estado a outro, não sendo a morte mais que uma fase de repouso entre duas existências terrestres. Gerados por Deus, seu Pai comum, todos os Espíritos são irmãos e formam uma imensa família. Uma comunhão perpétua e de constantes relações liga os mortos aos vivos.

VII. Os Espíritos classificam-se no espaço em virtude da densidade do seu corpo fluídico, correlativa ao seu grau de adiantamento e de depuração. Sua situação é determinada por leis exatas; essas leis exercem no domínio moral uma ação análoga à que as leis de atração e de gravidade executam na ordem material. Os Espíritos culpados e maus são envolvidos em espessa atmosfera fluídica, que os arrasta para mundos inferiores, onde devem encarnar para se despojarem das suas imperfeições. A alma virtuosa, revestida de um corpo sutil, etéreo, participa das sensações da vida espiritual e eleva-se para mundos felizes onde a matéria tem menos império; onde reinam a harmonia e a bem-aventurança. A alma, na sua vida superior e perfeita, colabora com Deus, coopera na formação dos mundos, dirige-lhes a evolução, vela pelo progresso das humanidades, pela execução das leis eternas.

VIII. O bem é a lei suprema do Universo e o alvo da elevação dos seres. O mal não tem vida própria; é apenas um efeito de contraste. O mal é o estado de inferioridade, a situação transitória por onde passam todos os seres na sua missão para um estado melhor.

IX. Como a educação da alma é o objetivo da vida, importa resumir os seus preceitos em palavras:

Comprimir necessidades grosseiras, os apetites materiais; aumentar tudo quanto for intelectual e elevado; lutar, combater, sofrer pelo bem dos homens e dos mundos; iniciar seus semelhantes nos esplendores do verdadeiro e do belo; amar a verdade, a benevolência, tal é o segredo da felicidade no futuro, tal é o dever!

Conclusão

Em todos os tempos, luzeiros da verdade têm baixado à Humanidade; todas as religiões têm tido o seu quinhão, mas as paixões e os interesses materiais bem depressa velaram, desnaturaram seus ensinos; o dogmatismo, a opressão religiosa, os abusos de toda espécie levaram o homem à indiferença e ao ceticismo. O materialismo espalhou-se por toda parte, afrouxando os caracteres, alterando as consciências.

Mas, a voz dos Espíritos, a voz dos mortos fez-se ouvir: a Verdade surgiu novamente da sombra, mais bela, mais brilhante que nunca. A voz disse: "Morre para renasceres, para te engrandeceres, para te elevares pela luta e pelo sofrimento! A morte não é mais um motivo de terror, pois, atrás dela, vemos a ressurreição!". Assim nasceu o Espiritismo. Conjuntamente ciência experimental, filosofia e moral, ele traz-nos uma concepção geral do mundo dos fatos e das causas, concepção mais vasta, mais esclarecida, mais completa que todas as que a precederam.

O Espiritismo esclarece o passado, ilumina as antigas doutrinas espiritualistas e liga sistemas aparentemente contraditórios. Abre perspectivas novas à Humanidade. Iniciando-a nos mistérios da vida futura e do mundo invisível, mostra-lhe sua verdadeira situação no Universo; faz-lhe conhecer sua dupla natureza — corporal e espiritual — e descortina-lhe horizontes infinitos.

De todos os sistemas, este é o único que fornece a prova real da sobrevivência do ser e indica os meios de nos correspondermos com aqueles a quem chamamos, impropriamente, mortos. Por ele podemos ainda conversar com esses que amamos sobre a Terra e que acreditávamos perdidos para sempre; podemos receber seus ensinamentos, seus conselhos, aprendendo a desenvolver, pelo exercício, esses meios de comunicação.

O Espiritismo revela-nos a lei moral, traça o nosso modo de conduta e tende a aproximar os homens pela fraternidade, solidariedade e comunhão de vistas. Indica a todos um alvo mais digno e mais elevado que o perseguido até então. Traz consigo o novo objetivo da prece, uma necessidade de amar, de trabalhar pelo benefício alheio, de enobrecer-nos a inteligência e o coração.

A Doutrina dos Espíritos, nascida em meado do século XIX, já se espalhou por toda a superfície do globo. Muitos preconceitos, interesses e erros retardam-lhe ainda a marcha, mas esta pode esperar, pois o futuro lhe pertence. É forte, paciente, tolerante e respeita a vontade dos homens. É progressiva e vive da ciência e da liberdade. É desinteressada e não tem outra ambição que não seja a de fazer os homens felizes, tornando-os melhores. Traz a todos a calma, a confiança, a firmeza na prova. Muitas religiões, muitas filosofias se têm sucedido através das idades; jamais, porém, a Humanidade ouviu tão poderosas solicitações para o bem; jamais conheceu Doutrina mais racional, mais confortante, mais moralizadora. Com a sua vinda, as aspirações incertas, as vagas esperanças desapareceram. Não mais se trata dos sonhos de um misticismo doentio, nem dos mitos gerados pelas crenças supersticiosas; é a própria realidade que se revela, é a afirmação viril das almas que deixaram a Terra e que se comunicam conosco. Vitoriosas da morte, pairam na luz, acima do mundo, que seguem e guiam por entre as suas perpétuas transformações.

Esclarecidos por elas, conscientes do nosso dever e dos nossos destinos, avancemos resolutamente no caminho traçado. Não é mais o círculo estreito, sombrio, insulado que a maior parte dos homens acreditava ver; para nós, esse círculo distende-se a ponto de abraçar o passado e o futuro, ligando-os ao presente para formar uma unidade permanente, indissolúvel. Nada perece. A vida apenas muda de formas. O túmulo conduz-nos ao berço, mas, tanto de um como de outro lado, elevam-se vozes que nos recordam a imortalidade.

Perpetuidade da vida, solidariedade eterna das gerações, justiça, igualdade, ascensão e progresso para todos, tais são os princípios da nova fé, e esses princípios apoiam-se no inabalável método experimental.

Conclusão

Podem os adversários desta Doutrina oferecer coisa melhor à Humanidade? Podem, com mais eficiência, acalmar-lhe as angústias, curar-lhe as chagas, conceder-lhe esperanças mais doces e convicções mais fortes? Se podem, que o digam, que forneçam a prova de suas asserções. Mas, se persistem em opor afirmações desmentidas pelos fatos, se, em substituição, apenas oferecem o inferno ou o nada, estamos no direito de repelir com energia seus anátemas e sofismas.

* * *

Vinde saciar-vos nesta fonte celeste, vós todos que sofreis, vós todos que tendes sede da verdade. Ela verterá em vossa alma o frescor e a regeneração. Vivificados por ela, sustentareis mais animadamente os combates da existência; sabereis viver e morrer dignamente.

Observai com assiduidade os fenômenos sobre os quais repousam estes ensinos, mas não façais deles um divertimento. Refleti que é muito sério o fato de nos comunicarmos com os mortos, de receber deles a solução dos grandes problemas. Considerai que esses fenômenos vão suscitar maior revolução moral do que as que têm sido registradas pela História, abrindo a todos os povos a perspectiva ignorada das vidas futuras. Aquilo que, para milhares de gerações, para a imensa maioria dos homens que nos precederam tinha sido uma hipótese, torna-se, agora, uma realidade. Tal revelação tem direito à vossa atenção e ao vosso respeito. Utilizai-a somente com critério, para vosso bem e dos vossos semelhantes.

Nessas condições, os Espíritos elevados assistir-vos-ão; mas, se vos servirdes do Espiritismo para frivolidades, sabei que vos tornareis presa inevitável dos Espíritos enganadores, vítima dos seus embustes e das suas mistificações.

E tu, meu irmão, meu amigo, que recebeste estas verdades no teu coração e que lhes conheces o valor, permita-me um derradeiro apelo, uma última exortação.

Lembra-te de que a vida é curta. Enquanto ela durar, esforça-te por adquirir o que vieste procurar neste mundo: o verdadeiro aperfeiçoamento. Possa teu ser espiritual daqui sair melhor e mais puro do que quando entrou! Acautela-te das armadilhas da carne; reflete que a Terra é um campo de batalha onde a alma é a todo momento assaltada pela matéria e pelos sentidos. Luta corajosamente contra as paixões vis; luta pelo Espírito e pelo coração; corrige teus defeitos, adoça teu caráter, fortifica tua vontade.

Eleva-te, pelo pensamento, acima das vulgaridades terrestres; dilata as tuas aspirações sobre o céu luminoso.

Lembra-te de que tudo o que for material é efêmero. As gerações passam como vagas do mar, os impérios esboroam-se, os próprios mundos perecem, os sóis extinguem-se; tudo foge, tudo se dissipa. Mas há duas coisas que vêm de Deus e que são imutáveis como Ele, duas coisas que resplandecem acima da miragem das glórias mundanas: são a sabedoria e a virtude. Conquista-as por teus esforços e, alcançando-as, elevar-te-ás acima do que é passageiro e transitório, para só gozares o que é eterno.

Apêndice

À 10ª edição, em língua portuguesa, da obra *Depois da morte*, de Léon Denis, lançada pelo Departamento Editorial da FEB, no Rio de Janeiro, RJ, em 1977.

Em algumas páginas deste importante trabalho de Léon Denis, de popularização do Espiritismo, foram colocadas notas de rodapé remissivas a estas Notas Especiais, à guisa de subsídios elucidativos às pesquisas que forem feitas pelos leitores e estudiosos dos temas abordados pelo esclarecido autor de tantas e tão belas obras da literatura espírita francesa.

***

Notas de rodapé nos **34 e 43** (p. 66 e 81, respectivamente):
[...] Pelo gênero de vida que levavam [essênios ou esseus], assemelhavam-se muito aos primeiros cristãos, e os princípios da moral que professavam induziram muitas pessoas a supor que Jesus, antes de dar começo à sua missão pública, lhes pertencera à comunidade. É certo que Ele há de tê-la conhecido, mas nada prova que se lhe houvesse filiado, sendo, pois, hipotético tudo quanto a esse respeito se escreveu.

(Kardec, Allan. *O evangelho segundo o espiritismo*, 125. ed. Rio de Janeiro: FEB, 2006. "Introdução III — Notícias Históricas", p. 37.)

***

O Cristo e os essênios:

Muitos séculos depois da sua exemplificação incompreendida, há quem o veja entre os essênios, aprendendo as suas doutrinas, antes do seu messianismo de amor e de redenção. As próprias esferas mais próximas da Terra, que pela força das circunstâncias se acercam mais das controvérsias dos homens que do sincero aprendizado dos Espíritos estudiosos e desprendidos do orbe, refletem as opiniões contraditórias da Humanidade, a respeito do Salvador de todas as criaturas.

O Mestre, porém, não obstante a elevada cultura das escolas essênias, não necessitou da sua contribuição. Desde os seus primeiros dias, na Terra, mostrou-se tal qual era, com a superioridade que o planeta lhe conheceu desde os tempos longínquos do princípio.

(Xavier, Francisco C. *A caminho da luz*. 33. ed. Rio de Janeiro: FEB, 2006. Cap. XII, p. 106.)

* * *

Notas de rodapé n°s 44 e 55 (p. 81 e 91, respectivamente):
Antes de tudo, precisamos compreender que Jesus não foi um filósofo e nem poderá ser classificado entre os valores propriamente humanos, tendo-se em conta os valores divinos de sua hierarquia espiritual, na direção das coletividades terrícolas.

Enviado de Deus, Ele foi a representação do Pai junto do rebanho de filhos transviados do seu amor e da sua sabedoria, cuja tutela lhe foi confiada nas ordenações sagradas da vida no Infinito.

(Xavier, Francisco C. *O consolador*. 26. ed. Rio de Janeiro: FEB, 2006. Q. 283, p. 168.)

* * *

Notas de rodapé n°s 52 e 55 (p. 89 e 91, respectivamente):
A dor material é um fenômeno como o dos fogos de artifício, em face dos legítimos valores espirituais.

Homens do mundo, que morreram por uma ideia, muitas vezes não chegaram a experimentar a dor física, sentindo apenas a amargura da incompreensão do seu ideal.

Imaginai, pois, o Cristo, que se sacrificou pela Humanidade inteira, e chegareis a contemplá-lo na imensidão da sua dor espiritual, augusta e indefinível para a nossa apreciação restrita e singela.

De modo algum poderíamos fazer um estudo psicológico de Jesus, estabelecendo dados comparativos entre o Senhor e o homem.

[...] A dor espiritual, grande demais para ser compreendida, não constituiu o ponto essencial da sua perfeita renúncia pelos homens?

Nesse particular, contudo, as criaturas humanas prosseguirão discutindo, como as crianças que somente admitem a realidade da vida de um adulto, quando se lhes fornece o conhecimento tomando para imagens o cabedal imediato dos seus brinquedos.

(Xavier, Francisco C. *O consolador*. 26. ed. Rio de Janeiro: FEB, 2006. Q. 287, p. 169 e 170)

* * *

Nota de rodapé no 54 (p. 90):
[...] No Cristianismo encontram-se todas as verdades; são de origem humana os erros que nele se enraizaram. – O Espírito de Verdade, Paris, 1860.

(Kardec, Allan. *O evangelho segundo o espiritismo*. 125. ed. Rio de Janeiro: FEB, 2006. Cap. VI, it. 5, p. 142.)

A grafia original dos Evangelhos já representa, em si mesma, a própria tradução do ensino de Jesus, considerando-se que essa tarefa foi delegada aos seus apóstolos.

[...] consideramos que, em todas as traduções dos ensinamentos do Mestre divino, se torna imprescindível separar da letra o Espírito.

(Xavier, Francisco C. *O consolador*. 26. ed. Rio de Janeiro: FEB, 2006. Questão 321, p. 183 e 184.)

Índice geral[104]

A

Abnegação
    riqueza, prova da – LV, 304

Academia de Crotona
    Pitágoras e – IV, 43

Academia de Medicina de Paris
    rejeição da teoria de Harvey sobre a
        circulação do sangue e – XXV, 166

Academia de Viena
    uso perigoso do magnetismo e – XXV, 166

Acaso
    inexistência do – XXXII, 195
    ordem, harmonia e – IX, 93
    sucessão regular, contínua, dos
        mesmos fenômenos e – VII, 75

Ackermann, Sra., escritora materialista
    linguagem da – VIII, 87

Adversidade
    campo fértil em transformações e – L, 276
    escola da prudência e – XIII, 120
    opressão pela – L, 276
    resignação na – L, 275

Agni, o fogo
    hino védico e – II, 25

Soma e *, princípios essenciais do
    Universo – II, 25

Agonia
    perispírito e processo de – XXI, 155

Agostinho, Santo, bispo da Hipona
    Cidade de Deus, obra, e – VI, 70, nota
    manifestações ocultas e – VI, 70
    pluralidade das vidas e – VI, 70, nota
    tratado *De Cura pro Mortuis* e – VI, 70

Alegria
    origem da * futura – VI, 60

Alexandria
    grandes correntes do pensamento
        e escola de – VI, 69

Alimentação
    prejuízos pelo excesso de – LII, 290

Alma(s)
    agrupamento das * no espaço – XXXIII, 200
    amor da pátria e da Humanidade e – X, 109
    amor da verdade e da justiça e – X, 109
    amor, atração das * e dos
        mundos – XLIX, 271
    animal doméstico e * em estado
        embrionário – XI, 112
    Arte, prece para a * superior – XXXV, 208

---

[104] N.E.: O número romano remete ao capítulo. O número arábico remete à página. Foram utilizadas as abreviaturas introd., res., concl. e ape. para as palavras Introdução, Resumo, Conclusão e Apêndice.

Índice geral

bagagem das qualidades e
    defeitos da – XII, 116
bom humor, saúde da – XLIX, 272
características da * virtuosa – res., 311
Catolicismo e perda da autoridade
    sobre as – XXVII, 174
chegada da * no estado humano – XI, 112
ciência, religião e fortalecimento
    das – VIII, 85
classificação das * no espaço – XXXI, 189
completa depuração da * pelo
    sofrimento – XIII, 120
comportamento da * elevada – XLVIII, 267
conceito de – IX, 100
condições essenciais para o
    progresso da – XIII, 121
consciência, liberdade e – XL, 229
corpo espiritual, invólucro da – VI, 70
De Montal, Sr., arcebispo de Chartres
    e preexistência da – VI, 72
degraus que conduzem a * à
    felicidade – L, 278
depuração das grandes – L, 277
desenvolvimento das forças
    viris da – XLV, 255
despertamento para a liberdade
    moral e – XL, 229
Deus e criação de * perfeitas – IX, 105
Deus e finalidade da formação
    das – IX, 106
dons da inteligência e – XLI, 235
dor, cinzel que apura os
    contornos da – L, 278
druidas e círculos da – V, 52
educação da *, objetivo da vida – res., 311
elaboração da * no seio dos organismos
    rudimentares – XI, 112
elevação da * para o Eterno
    pela prece – LI, 287
escolha do bem e do mal e – XL, 229
espetáculo oferecido à * resignada – L, 282
Espiritismo e higiene da – XLII, 241
estado de perturbação da – XXX, 185
estruturação moral e – XL, 229
estudo da *, chave dos problemas
    da vida – I, 17
estudo do Universo e estudo da – X, 107
Evangelho e vidas sucessivas da
    – VI, 61; VI, 62, nota

fé esclarecida e * valente – I, 20
fecundação das potências da – XII, 117
felicidade e – XL, 230
fenômeno espírita e evocação
    das – XIX, 139
fenômeno magnético e evidência da
    existência da – XVII, 135
força da – XXXV, 212
formas sucessivas da – XI, 112
franqueamento da * à vida
    celeste – XL, 230
imortalidade e – I, 20; res., 309
indicativo da luz da – XXXIII, 211
instinto e – XL, 229
instrumento supremo do
    conhecimento e – I, 17
invólucros da – res., 310
Krishna e características da – II, 27
lei dos destinos e – res., 310
liberdade de ação, responsabilidade
    e – XL, 230
libertação das reencarnações, gozo
    da vida celeste e – XII, 117
libertação dos renascimentos e
    da morte e – XL, 230
longa moléstia e desprendimento
    da – XXX, 187
materialista e negação da
    existência da – XXI, 153
morte e celebração da libertação
    da – XIII, 122
morte e plenitude da liberdade
    da – XVII, 135
motivo para o progresso e
    elevação das – XI, 114
nobre entusiasmo e sustentáculo da – X, 109
ódio e * elevada – XLVIII, 267
origem da pureza, força e
    grandeza da – L, 278
passagem da * pela animalidade – XI, 111
percepções centuplicadas e – XXXV, 206
percepções do éter e – XXXV, 206
perda da memória das vidas
    anteriores e – XIV, 126
perda da recordação da vida
    espiritual e – XIV, 126
perdão, dever da – XLVIII, 267
perispírito e – X, 108, nota
perispírito e * pura – XXIII, 162

perispírito e nobreza e dignidade
  da – XXI, 154
pitagóricos e conceito de – IV, 44
Pitris e * dos antepassados – II, 26
potências intelectuais e morais e – X, 107
prece, diálogo entre a * sofredora e
  a potência evocada – LI, 283
princípio da vida e – X, 107, nota
princípio inteligente, centro da força,
  foco da consciência e – XXIX, 183
Psique e * humana – XII, 117
recepção das impressões da *
  pelo cérebro – XIV, 124
recuperação da plenitude das faculdades
  da – XIV, 126; XLI, 234
reflexo dos sentimentos e – XLVIII, 268
reflexos de Deus nas – IX, 102
remédio para as enfermidade da – L, 276
renascimento sob a forma de criança
  e * culpada – XIV, 125
retorno à carne e perda da memória da *
  no estado de liberdade – XIV, 124
sábios da Antiguidade e estudos da – I, 18
situação da * depois da morte –
  X, 109; XIII, 120-121
sofrimento e desenvolvimento das
  forças da – XXXIII, 212
sofrimento, esculpidor da – XIII, 120
sorte das * depois da morte – XXXI, 189
suicidas e desprendimento da – XXX, 187
superioridade da * sobre o corpo – X, 108
teoria da queda e da reascensão das – II, 26
término das provações da – XXXV, 207
unidade de Deus, fraternidade humana
  e imortalidade da – VI, 68
uso do livre-arbítrio e – XL, 230
Vedas e imortalidade da – II, 26
vingança e * elevada – XLVIII, 267
vontade, faculdade soberana da – XXXII, 193

Alma penada
  situação da – XXXVI, 214

Alquimista
  Igreja oficial e – VI, 71
  princípios da ciência sagrada e – VI, 71

Amor
  atração das almas e dos mundos
    e – XLIX, 271
  considerações sobre – XLIX, 271
  coroamento das virtudes
    humanas e – XLIX, 271
  Deus, foco do – XLIX, 273
  fator essencial do Universo e – II, 31
  olhar de Deus e – XLIX, 271
  simulacro do – XLIX, 271

Animal
  alma em estado embrionário e
    * doméstico – XI, 112
  influência da aparição no – XIX, 143, nota

Animalidade
  expurgo dos vestígios da – XLI, 235
  passagem da alma pela – XI, 111

Anjo da guarda
  poética tradição cristã do – XXXV, 210

Annales des Sciences Psychiques, revista
  Dariex, Dr., diretor da – XX, 150

Antiguidade
  cidades famosas e – introd., 11
  escolha dos adeptos na – I, 19
  sábios da * e estudos da alma – I, 18

Antropologia
  história do mundo primitivo e – VII, 76

Aparência fluídica
  ação da vontade e – XXXII, 194

Aparição(ões)
  Bona, cardeal, o Fénelon da Itália, e – VI, 72
  fotografia e – XIX, 143, nota
  impressões auditivas, táteis e
    visuais e – XIX, 143, nota
  influência da * nos animais
    – XIX, 143, nota
  médiuns e – XXII, 159
  perispírito e – XXI, 156

Apolônio de Tiana
  testemunhos da história a respeito de – I, 19

Apologética
  Tertuliano e – VI, 69

Apuleio
  sonhos, aparições, evocações
  de mortos e – IV, 47

Aristófanes
mistérios e – IV, 46

Aristóteles
movimento da Terra em torno
do Sol e – IV, 44

Arnóbio
gênios superiores e – VI, 69

Arrependimento
efeito do – XXXIX, 226

Assoura *ver* Espírito superior

Astronomia
Auguste Comte e proscrição
da * estelar – VII, 80
desenvolvimento e progresso da
* e positivismo – VII, 80

Ateísmo
Littré, chefe venerado do *
moderno – VII, 79

Átomo
indivisibilidade e – VII, 74, nota
lei de atração e – VII, 74

Atos dos apóstolos
evocações e – VI, 68, nota

Autoscopia interna
sonâmbulo e – XVII, 135

Avarento
situação do – XXXVI, 214

Avareza
egoísmo e – XLVI, 258

B

Babinet
ato de adesão ao Espiritismo e – XX, 147

Banquete
Platão e – IV, 47
teoria das emigrações da alma e – IV, 47

Bem
alma e escolha do – XL, 229
hábito do – XLIII, 245
lei de causa e efeito e – XXXIX, 225

lei suprema do Universo e – res., 311
mal, ausência do – IX, 105
religião e identificação do *
e da Justiça – I, 22
revelação do * no Universo – VII, 76

Bem-aventurança
Lucas e – VI, 60, nota
Mateus e – VI, 60, nota

Benevolência
imposição da – I, 22

Bernheim, Dr.
hipnotismo e – XXXII, 194

Bianchi, professor
fenômenos espíritas na casa de
Lombroso e – XIX, 144, nota

Bom humor
saúde da alma e – XLIX, 272

Bona, cardeal, o Fénelon da Itália
aparições, comunicação com
os Espíritos e – VI, 72

Bondade
apaziguamento dos homens
e – XLVIII, 269
considerações sobre – XLVIII, 269

Bonnemère, Eugène
*L'Âme et ses Manifestations à travers
l'Histoire* e – II, 32, nota
partidário dos fenômenos
espíritas e – XX, 148

Bouddhisme Ésotérique, Le
sábios, doutrina do Budismo
e – II, 33, nota
Sinnet e – II, 31, nota

Brahma
honra a * na Índia – I, 21
teoria dos dias e das noites e – II, 33

Bramanismo
culto e ensino vulgar e – II, 30
dogma da metempsicose e – II, 30
duplo aspecto do – I, 18
ensino secreto e – II, 30
teocracia e – II, 26

Índice geral

Büchner
Força e matéria, obra, e – VII, 77, nota

Buda
Dhammapada e – II, 31, nota
lei da caridade e – II, 34
prática do Diana e – II, 32
sofrimento dos homens e – II, 30
Sutras e ensinamentos do – II, 33, nota

Budismo
Bouddhisme Ésotérique, Le, e – II, 31, nota
China e – II, 33
compaixão e – II, 32
desejo, causa do mal e – II, 30, nota
Evangelho de Jesus e – II, 34
Europa e – II, 33
Igreja do Sul e – II, 33
nirvana e doutrina secreta do
   – II, 31, nota; II, 32
prática das virtudes e – II, 33, nota
sábios e doutrina secreta do – II, 33, nota
teoria dos sete planetas e – II, 34, nota
Tibete e – II, 33
tradições primitivas veladas e
   alteradas e – II, 33
transformações do * esotérico – II, 32-33

C

Cabala
doutrina secreta e – VI, 68

Caráter
mostra de verdadeira elevação
   de – XLVII, 264

Caridade
benefícios da prática da – XLIII,
   245; XLVIII, 267
Buda e a lei da – II, 34
caráter da verdadeira – XLVII, 263, 266
chave dos destinos elevados e – XLVII, 261
exercício da * material – XLVII, 263
prática da * moral – XLVII, 263
purificação ao fogo da – XLVII, 263
riqueza, prova da – LV, 304
superioridade moral e – XLVII, 264

Carma
conceito de – II, 31

doutrina do – II, 32
motor de toda a justiça distributiva e – II, 31

Carne *ver* Corpo físico

Casta
interesse de * e falseamento do
   senso moral – I, 23

Catolicismo
desnaturalização do Evangelho e – VI, 65
falsa ideia da vida e – VI, 66
fastos da História e – XXXVII, 219
habilidade de satanás e – VI, 66
imitação do dogma da
   metempsicose – II, 30
importância de satanás no – VI, 71
influência perniciosa sobre as almas e – VI, 67
perda da autoridade sobre as
   almas e – XXVII, 174
satanás, inferno, suplícios eternos e – II, 30
vagas reminiscências e – VI, 68
verdadeiros ensinos do Evangelho e – VI, 67
violação de preceito do
   Deuteronômio e – VI, 67

Causa primária *ver* Deus

Ceilão
nirvana e grão-sacerdote do – II, 31

Cérebro
instrumento do pensamento e – VII, 75
recepção e armazenamento das
   impressões da alma e – XIV, 124
registros do * e reprodução da
   memória – XIV, 124

César
intenção de * ao escrever os
   Comentários – V, 49

Ceugant
druismo e – IX, 104

Challis, professor da Universidade
   de Cambridge
partidário e defensor do
   Espiritismo e – XIX, 141

Champollion
hieróglifos e – III, 36, nota

L'Egypte sous le Pharaons e – III, 35, nota

Charbers, Dr.
   partidário e defensor do
      Espiritismo e – XIX, 141

Charcot, Dr.
   hipnotismo e – XXXII, 194

Charlatanismo
   venalidade e – XXVII, 173

Chiaia, Ercole, professor
   Eusapia Palladino e – XIX, 144
   Movimento Espírita na Itália e – XIX, 143
   produção de fenômenos na casa do
      professor Lombroso e – XIX, 144

Choses de l'Autre Monde
   Eugène Nus e – XX, 148

Cícero
   Sonho de Cipião e – IV, 47

Cidade
   espetáculo da * morta – introd., 12

Cidade de Deus, obra
   Agostinho, Santo, e – VI, 70, nota
   Télètes e – VI, 70

Ciência
   comunicação dos princípios da * secreta – I, 19
   conhecimento dos princípios
      superiores e – I, 18
   Deus antropomorfo e – IX, 99
   esclarecimento da – I, 23
   Espiritismo e – XXV, 165
   estudo parcial e fragmentário da
      Natureza e – XXVIII, 178
   fator essencial do Universo e – II, 31
   fluido imponderável e * secreta – IV, 44
   fortalecimento das almas e – VIII, 85
   impotência da * para exercer influência
      moralizadora e salutar – XXVIII, 178
   noção de um Deus antropomorfo e – IX, 99
   preocupação da – VIII, 90
   progresso da – XV, 130
   verdadeira * da vida – XII, 117

Ciência do mundo invisível
   ensino reservado e – IV, 45

Ciência dos Números *ver também*
   Matemáticas Sagradas
   métodos indutivo e experimental e – I, 20

Ciência materialista
   leis naturais e – VII, 75
   psicologia experimental e – XVII, 134

Ciência secreta
   comunicação dos princípios da – I, 19

Cirilo, padre da Igreja
   opinião de * sobre os Druidas – V, 49

Ciúme
   paixão pelos bens materiais e – XLV, 254

Civilização
   consequências da obra da – VIII, 83
   transformação da face da Terra
      e * hodierna – VIII, 83

Classe operária
   recriminações contra a grosseria
      da – XLVII, 262

Clemente de Alexandria, S.,
      padre da Igreja
   opinião de * sobre os Druidas – V, 49
   pluralidade das vidas e – VI, 70, nota

Cólera
   despertamento de todos os instintos
      selvagens e – XLVIII, 269
   indício de pouca sociabilidade e – XLVIII, 269

Comentários, Os
   confissões de Polião e Suetônio
      sobre a obra – V, 49
   intenção de César ao escrever – V, 49

Comte, Auguste
   fundador do positivismo e – VII, 79, nota
   proscrição da Astronomia
      estelar e – VII, 80

Comunicação espírita
   aperfeiçoamento gradual dos
      meios de – XXXVIII, 223
   dor, sofrimento, meditação e – L, 278, nota

Concepção católica
   criação da civilização da Idade

Índice geral

Média e – VIII, 86
sociedade feudal e – VIII, 86

Concílio de Constantinopla
condenação de Orígenes e – VI, 71

Congresso Espírita e Espiritualista
Internacional de 1889
considerações sobre o – XX, 150, nota
princípios estabelecidos no – XX, 150, nota

Congresso Espírita e Espiritualista
Internacional de 1900
ratificações do – XX, 150, nota

Congresso Internacional de Psicologia
Experimental de 1892
modificações produzido na
Ciência e – XX, 150

Conhecimento
ciência da natureza visível e invisível e – II, 31
melhor meio de se melhorar
a vida e – II, 30

Consciência
aquisição e posse da verdade e – I,
19 conceito de – IX, 100
descida do homem ao fundo da
* e da razão – IX, 101
fortificação da * e Deus – IX, 94
homem honesto e – XLIII, 244
ideia de Deus e – IX, 101
juiz, carrasco e – XII, 116
personalidade e – IX, 93
recompensa ou castigo do
Espírito e – XXXI, 190
rememoração das tribulações na – XIII, 121
remorso e advertência da – IX, 120
voz da – IX, 101
voz secreta no santuário da – LI, 283

Conservação da espécie
força brutal e – VII, 76

Consolador
Espírito de Verdade e – VI, 62, nota

Constancia, revista
órgão da Sociedade Espírita Constância,
de Buenos Aires e – XIX, 146

Continência
leis morais e – LII, 292

Cook, Florence, médium
William Crookes e – XIX, 142

Copérnico
ideia da rotação terrestre e – IV, 44

Corpo espiritual *ver também* Perispírito
imagem do corpo material e – VI, 70
psicologia moderna e – VI, 63, nota
Paulo, São e – VI, 63, nota

Corpo etéreo *ver* Corpo espiritual

Corpo físico *ver também* Corpo humano
ação dos fluidos sobre o – XVII, 136
cópia do perispírito e – XLI, 234
desprendimento do – XXX, 185
Espírito e desejo de novo – XXXI, 191
expiação das faltas no – XLI, 235
Krishna, envoltório da alma e – II, 27
perfeição e – IX, 97

Corpo fluídico *ver* Perispírito

Corpo humano *ver também* Corpo físico
empréstimo da Natureza e – XLV, 254
Fisiologia e renovação do – X, 107
superioridade da alma sobre o – X, 108

Corpo inorgânico
formação do – VII, 74

Corpo orgânico
formação do – VII, 74

Cosmogonia
métodos indutivo e experimental e – I, 20

Cox, Sergent, jurisconsulto
partidário e defensor do
Espiritismo e – XIX, 141

Criação
inexistência da * espontânea – IX, 100
Universo e – IX, 100, nota

Criança
alma culpada e renascimento sob
a forma de – XIV, 125
desenvolvimento das virtudes da – LIV, 297

Índice geral

Espírito vicioso e resgate do passado
de faltas e – XIV, 125
explicação para a morte da * com
pouca idade – XIII, 120

Cristão
evocações e – VI, 68

Cristianismo
antiga sabedoria dos iniciados, mãe do – VI, 66
duplo aspecto do – I, 18
Espiritismo e prosseguimento da tarefa
confiada ao – XXXVII, 220
essênios e * esotérico – VI, 58
ideia-mãe e – VI, 57
lendas e origens do – VI, 63
nascimento das religiões trinitárias
da Índia e do – IX, 103
Orígenes e * esotérico – VI, 69
resultados do advento do – VI, 64
revelação da caridade e da fraternidade
humana e – XXIV, 164
socialismo e – VI, 65

Cristo *ver* Jesus

Crookes, William, físico inglês
estado radiante e – XVI, 131; XXXII, 195
estudos de * sobre as forças
psíquicas – introd., 13
Florence Cook, médium, e – XIX, 142
integrante da Comissão da Sociedade
Dialética de Londres e – XIX, 140
Kate King e – XIX, 142
membro da Royal Society (Academia de
Ciências da Inglaterra) e – XIX, 141
partidário e defensor do
Espiritismo e – XIX, 141
quarto estado da matéria e –
XVI, 131; XIX, 142
Researches in the Phenomena of
Spiritualism e – XIX, 142, nota
trabalhos e descobertas de – XIX, 141

Culto religioso
objetivo da cerimônia extravagante do – I, 17

D

Daïmon
Sócrates e – IV, 45

Decomposição
anúncio da morte e – VIII, 89
renascimento e – VIII, 89

Deísmo
doutrina cristã e * trinitário – I, 20

Deleuze
sono magnético e experiências
de – XVII, 135

Demônio
fenômenos do Espiritismo e – XXXVII, 219
inadmissibilidade da teoria
do – XXXVII, 220

Demótico
caractere do antigo Egito e – III, 36

Denis, Léon
Depois da morte, livro, e – introd., 14

Depois da morte
Léon Denis e objetivo do – introd., 14
notas de rodapé à 10ª edição
do – ape., 317-319

Desencarnação
peso fluídico do perispírito e – XXXI, 189

Desgraça
significado da palavra – L, 276

Destino
conceito de – XL, 231
homem, artífice do próprio – XII, 116
pagamento do débito contraído
e * humano – XII, 116
privilegiados, deserdados e – XII, 115

Deus *ver também* Providência
adoração a * em Espírito e Verdade – VI, 61
atributos de – IX, 93
ciência e noção de um *
antropomorfo – IX, 99
conceito de – IX, 104
consciência e ideia de – 101
criação de almas perfeitas e – IX, 105
criação de formas horrendas e
desproporcionadas e – XI, 112
demonstração da existência de – IX, 94
Dioniso, revelação do Verbo
de – IV, 43, nota

Índice geral

distanciamento de * das religiões – IX, 102
espetáculo da Natureza e ideia de – IX, 101
eu do Universo e – res., 309
fim derradeiro de todo o
  pensamento e – IX, 98
finalidade da formação das
  almas e – IX, 106
foco do amor e – XLIX, 273
fortificação da consciência e – IX, 94
grande Espírito da justiça no
  Universo e IX, 106
homem e ideia de – IX, 103
homens de gênio e percepção de – IX, 102
ideia de – IX, 100
ideia de * e ideia da lei moral – IX, 94
ideia de que as religiões vieram de – IX, 95
imortalidade da alma, fraternidade
  humana e unidade de – VI, 68
imposição da indagação de – IX, 94
Krishna e natureza de – II, 28
Krishna, homem e – II, 27
livro do Universo, livro da
  consciência e – IX, 95
Pai de todos, própria origem
  da vida e – IX, 93
panteísmo, noção do infinito
  e ideia de – IX, 103
personalidade absoluta e – IX, 93
positivistas e inutilidade do
  estudo de – IX, 94
princípio de solidariedade e
  de amor e – IX, 100
razão e – IX, 101
rebaixamento de * ao nível
  do homem – I, 23
reflexos de * nas almas – IX, 102
sentimento do dever e do bem e – IX, 101
Universo e – IX, 93

Devas
  divindades secundárias e – II, 26

Dever
  considerações sobre – XLIII, 243
  Espírito superior e sentimento
    do – XLIII, 243
  força do – IX, 101
  formas de – XLIII, 244
  limites do – XLIII, 244
  prática constante do – XLIII, 245

Dhammapada *ver* Buda

Diana
  Buda e prática do – II, 32
  comunicação dos Espíritos e – II, 32, nota

Diderot
  Deus matou Deus e – VI, 67

Dioniso
  revelação do Verbo de Deus e – IV, 43, nota

Dogma
  perversão do critério religioso e – I, 23
  substituição da pura doutrina
    pelo * material – VI, 63
  vida das sociedades e – VI, 66

Dor
  abrandamento do coração e – L, 278
  aguilhão da – introd., 12
  cinzel que apura os contornos
    da alma e – L, 278
  conceito de – IX, 104-105
  cura e – L, 276
  depuração das grandes almas e – L, 277
  desenvolvimento, progresso e – XIII, 119
  disciplina moral e – L, 277
  dissolução do orgulho e – XIII, 119
  escola da – XIII, 119
  escola, remédio indispensável e – XL, 231
  fundição do egoísmo e – XIII, 119
  iniciação na arte de consolação
    – XLVII, 263
  meditação através da – L, 278
  reinado da – L, 281
  remédio para as enfermidade
    da alma e – L, 276
  sagração à – XLI, 235
  sensibilidade e * física – IX, 104
  utilidade da – XIII, 120; L, 277

Doutrina
  características da nova – I, 24
  substituição da pura * pelo
    dogma material – VI, 63
  surgimento de * idealista, positiva
    e experimental – I, 23

Doutrina cristã
  domínio da * sobre as outras – VI, 62

Índice geral

Doutrina dos druidas
    alma culpada e – V, 53, nota
    atenção e respeito pela – V, 49
    causa da penúria de documentos e – V, 51
    círculos da alma e – V, 52
    conhecimentos cosmológicos e – V, 53
    corpo sacerdotal e – V, 50
    druidesas e – V, 53
    ídolos, formas do culto romano e – V, 51
    progressos dos estudos célticos
        e – V, 50, nota
    publicação das Tríades e – V, 50
    publicação dos cânticos bárdicos
        e – V, 50, nota
    unidade de Deus e – V, 51
    Vercingétorix e – V, 53, nota
    visão dos cristãos e – V, 49

Doutrina dos Espíritos *ver*
    Doutrina Espírita

Doutrina dos essênios
    características da – VI, 58, nota
    Cristianismo esotérico e – VI, 58
    Jesus e – VI, 58

Doutrina dos Pitris
    comunicação com os Espíritos e – II, 29
    evocação dos mortos e – II, 29

Doutrina esotérica
    ensinamentos da – IV, 46
    laço de união entre o filósofo
        e o padre e – IV, 46

Doutrina espírita *ver também* Espiritismo
    caráter da – concl., 314
    certeza para o futuro e – VIII, 90
    conciliação com a paz e a
        harmonia e – VIII, 90
    consequências do ensino da – XXVIII, 179
    desvanecimento das objeções
        perante a – XIV, 123
    elevação do nível moral e – VIII, 90
    estudo da Natureza e da
        consciência e – VIII, 90
    incentivo de aperfeiçoamento e – VIII, 90
    nova concepção do mundo e
        da vida e – VIII, 90
    observação dos fatos e – VIII, 90
    princípios da – concl., 314
    princípios da razão e – VIII, 90
    revolução moral e – concl., 315
    sanção moral e – VIII, 90
    transformação da * pelo trabalho
        e pelo progresso – XX, 149
    transformação dos povos e
        sociedades e – VIII, 90

Doutrina filosófica
    consequências morais e – VII, 76

Doutrina materialista
    alma e – VII, 73
    consequências da – VIII, 86
    desgosto da vida, pensamento
        do suicídio e – VII, 78
    eternidade da matéria e – VII, 73
    fatalismo e – VII, 76
    ideia mecânica e – VII, 76-77, nota
    paz, solidariedade, fraternidade e – VII, 77
    pensamento e – VII, 74
    princípio espiritual e – VII, 73
    raciocínios da – VIII, 88
    resumo a – VI, 73

Doutrina negativista
    sensualismo, desordem e – XLII, 241

Doutrina pitagórica
    Grands Initiés, Les, Pitágoras, p. 329,
        Ed. Schuré – IV, 43, nota

Doutrina secreta
    cabala e – VI, 68
    mãe das religiões e das filosofias e – IV, 47
    origem da – II, 25; IV, 47
    revelação da * nos ensinos de
        Platão e Pitágoras – IV, 48
    Sepher-Jésirah e – VI, 68
    teocracia e – VI, 72
    vestígios da * na Idade Média – VI, 68
    Zohar e – VI, 68

Doutrina secreta do Oriente
    filosofia dos druidas e – V, 50

Delboeuf, professor
    hipnotismo e – XXXII, 194

Druidismo
    ceugant e – IX, 104
    lei da caridade e do amor e – V, 54

Índice geral

panteísmo e – V, 52
sentimento do direito e da
    liberdade e – V, 54

Du Potet
    sono magnético e experiências
    de – XVII, 135

Duelo
    vestígio da selvageria e – XLVIII, 268

Dumontpallier, Dr.
    hipnotismo e – XXXII, 194

Dupuis
    escrituras eternas e divinas e – II, 25

Duz
    significado da palavra – V, 54

E

Edmonds, juiz
    presidente do Senado e – XIX, 139
    presidente do Supremo Tribunal de Nova Iorque e – XIX, 139
    realidade e caráter do fenômeno espírita e – XIX, 139

Educação
    boa *, obra de um mestre – LIV, 297
    chagas morais e má – LIV, 299
    importância da – LIV, 297
    luta moral e – LIV, 297
    transformação da face do mundo e – LIV, 298

Egito
    caracteres empregados pelos sacerdotes do – III, 36
    ciência dos sacerdotes do – III, 38
    essência dos mistérios no – IV, 46
    mistério das idades, dos povos e das religiões e – III, 35, nota
    sacerdote, verdadeiro senhor do – III, 36

Egoísmo
    aguilhões como estímulo do – XLVI, 260
    apanágio do rico e – XLVI, 259
    avareza e – XLVI, 258
    castigo e – XLVI, 258
    confinamento do rico no – LV, 301
    derrota do * e paz – XLVI, 259
    dor, fornalha onde se funde o * e se dissolve o orgulho – XIII, 119
    individualismo feroz e – XLVI, 257
    maior obstáculo ao melhoramento social e – XLVI, 257
    temor ao ataque do – XLVI, 258

Egoísta
    futuro do – XXXVI, 215
    sofrimento na erraticidade e – XXXVI, 215

Elias
    João Batista e retorno de – VI, 62; VI, 68
    Tabor, Jesus, Moisés, e – VI, 63, nota

Embriaguez
    perda da dignidade e – LII, 290

Embusteiro
    vida em abundância e – XLI, 235

Eneida, sexto livro da
    Virgílio e – IV, 47

Erraticidade
    conceito de – XXXIV, 203
    influência da matéria na – XXXIV, 203

Escada de Jacob
    hierarquia espiritual e – XXXV, 210

Escola
    moral da – LIV, 297
    puerilidade do ensino da * religiosa – LIV, 297
    reforma da sociedade e – LIV, 297

Escola de Alexandria
    mito pagão e – IV, 48

Escrita direta
    Paul Gibier, Dr., e – XX, 147, 148, nota
    Slade, médium, e – XX, 147

Esfinge
    imagem do ser humano e – III, 37

Espanha
    Movimento Espírita na – XIX, 143

Esperança
    sociedade sem * e sem fé no futuro – VIII, 88

Índice geral

Espírita
acusação ao – XVIII, 138
crença do – XLIV, 249

Espiritismo
acontecimentos da história do
  mundo e – XXIV, 164
acusações de empirismo e de
  sobrenaturalismo e – XXVIII, 177
adversários do – XLIV, 249
apresentação do * ao mundo – XXIV, 164
aspectos do – concl., 313
batismo das humilhações e da
  prova e – XXV, 166
benefícios do – XXIV, 164; XLII, 240
desenvolvimento extraordinário
  do – XIX, 145
ensinamentos do – LV, 304
escolho do – XXVII, 173
espiritualismo metafísico,
  materialismo e – XXVIII, 178
evolução do * depois da morte de Allan
  Kardec e – XX, 149
falsos médiuns no – XXVII, 173
filosofia moral, ciência positiva
  e – XXIV, 164
grande missão do – XXVIII, 179
higiene da alma e – XLII, 241
Igreja e fenômenos do – XXXVII, 219
lei moral e – concl., 314
melhora da sociedade e – LV, 302
necessidades intelectuais da
  Humanidade e – XXXVII, 220
objetivo da prece e – concl., 314
objetivos do – concl., 313
partidários e defensores do – XIX, 141
pedido aos detratores do – XXV, 167
perigos do – XXVI, 169
potência e rapidez de expansão do – XLII, 240
princípios essenciais do – res., 309
progressos do – XXVII, 174
prosseguimento da tarefa confiada ao
  Cristianismo e – XXXVII, 220
remédio do * à sociedade – LV, 303
síntese das leis físicas e morais
  e – XXVIII, 179

Espiritismo ou faquirismo ocidental, O
Paul Gibier, Dr., e – II, 25

Espírito adiantado
comportamento do * ante a
  reencarnação – XLI, 234
fatalidade e – XLI, 234
invisibilidade do * ao Espírito
  inferior – XXXIII, 200
necessidades materiais e – XXXIII, 201
percepções do – XXXIII, 201
significado do trabalho para o – LII, 289

Espírito atrasado
afinidade e – XXXVIII, 221
característica das comunicações
  do – XXXVII, 220
perispírito e – XXIII, 162

Espírito bom
pensamentos do – LII, 292

Espírito cruel
situação do – XXXVI, 214

Espírito culpado
caráter do – res., 310
castigo, opróbrio e – XXXVI, 213

Espírito de luz
comportamento do – XXVI, 171

Espírito de Píton
maus Espíritos e – VI, 68

Espírito de Verdade
Consolador e – VI, 62, nota
Jesus e – XLII, 239

Espírito elevado
aquisição da paz do – LII, 292
caráter da linguagem e das instruções
  do – XXXVII, 220
destino do – XXXV, 207
felicidade do – XXXI, 191
importância do ensino do – XXXVII, 219
leitura no cérebro do homem
  e – XXXIII, 201

Espírito enganador
comportamento do – XXVI, 171

Espírito frívolo
mercadejo com a mediunidade
  e – XXVII, 174

Índice geral

Espírito inferior
comportamento do * ante a reencarnação – XLI, 234

Espírito humano
tarefa e recompensa do – XXIII, 162

Espírito impuro
densidade dos fluidos materiais e – XXXI, 189
limitação ao voo do – XXXIII, 200

Espírito inferior
condição para dominação do – XXXVIII, 222
invisibilidade do Espírito adiantado ao – XXXIII, 200
necessidades materiais e – XXXIII, 201
obsessão, possessão e – XXVI, 170
situação do – XXXIII, 199

Espírito leviano
legião e – XXVI, 170
manifestações físicas e – XXXVII, 220

Espírito mau
arrependimento e – XXXVI, 216
limitado campo de percepções e – XXXVI, 216
punição do – XXXVI, 213
remorso e – XXXVI, 216

Espírito puro
agrupamento em famílias e – XXXV, 209
luz, felicidade e – XXXVI, 213
missão do – XXXV, 209
protetor, guia e – XXXV, 209
reconstituição dos laços de família e – XXXV, 209

Espírito santo
Jerônimo, S., e – VI, 68, nota

Espírito sofredor
característica do – XXXVIII, 221

Espírito superior
culto védico e – II, 26
manifestação do – XXVI, 170
sentimento do dever e – XLIII, 243
véu espesso das grandes verdades e – XXII, 160

Espírito(s)
ação dos * nas regiões do espaço – XXXIV, 203-204
analogia dos balões cheios de gases com * no espaço – XXXI, 189
aparições e materializações de – XXI, 156
caráter dos – res., 310
castigo preparado pelo próprio – XXXII, 195
celebração da festa dos – V, 53
céu ou inferno e – XXXI, 191
ciclo das existências terrestres e – XXXV, 207
classificação dos * no espaço – res., 310
conceito de – XXIX, 183; XXXVII, 219
condição dos * na vida de além-túmulo – XXXIII, 200
consciência e recompensa ou castigo do – XXXI, 190
continuação da vida do * durante o sono – X, 108
desejo de novo corpo carnal e – XXXI, 191
desprendimento dos bons * dos aspectos vulgares da religião – I, 22
Deus, grande * da justiça no Universo – IX, 106
doutrina dos Pitris e comunicação com os – II, 29
doutrina oculta dos * e Jesus – VI, 61, nota
encarnação de * em famílias homogêneas – XLI, 233
encarnação dos * no sexo feminino – LV, 304
ensino dos * sobre a vida de além-túmulo – XXXIV, 203
entrada do * em uma vida nova – XXX, 187
fases do * no processo reencarnatório – XLI, 234
filosofia dos – XLII, 240, 241
homem e percepção das coisas do – I, 21
hora da verdadeira tortura moral e – XXXI, 190
identificação da superioridade do – XXXV, 211
influência dos * sobre o homem – XXII, 158
Krishna e comunicação com os – II, 29
liberdade, perfectibilidade e – X, 109

manifestação do * divino – IV, 44
matéria e – VII, 74, 81
matéria variável, eu humano e – VII, 75
medida do valor moral do – XXXI, 190
origem da crença nos – II, 26
pitagóricos e conceito de – IV, 44
preço da reabilitação e – XLI, 235
procedência da alegria e da
  percepção do – XXXIII, 199
purificação do * pelo trabalho e
  pelo sofrimento – LV, 304
religiões, Ciência materialista e
  * humano – VIII, 85
semelhança entre os – XXXIX, 227
sensações do * após a morte – XXX, 186
sentimento do belo e *
  eminentes – XXXV, 208
significado da expressão pobre
  de – VI, 59, nota
situação do * depois da morte – XXXVI, 214
situação do * entregue às más
  paixões – XXXVI, 214
término da perturbação do – XXX, 187
única realidade permanente e – I, 20
vida do * purificado pelo
  sofrimento – XXXV, 208
vida, manifestação do – XI, 111

Espiritualismo
  reconciliação entre Naturalismo e – I, 23-24

Espiritualismo experimental
  ver Espiritismo

Esquecimento
  necessidade do perdão e do – XIV, 125
  separação do sono do estado
    de vigília e – XIV, 124
  vida dos grandes culpados sem o – XIV, 125

Esquecimento do passado
  condição indispensável de toda prova
    e progresso e – XIV, 124

Essênios
  doutrina dos – VI, 58, nota
  exercício da Medicina e – VI, 58

Estela
  reconstituição da história do Egito
    e leitura da – III, 35, nota

Estudo
  tribulações da vida e – LIII, 293

Éter *ver também* Fluido universal
  alma e percepções do – XXXV, 206
  quatro elementos dos antigos
    e – XVI, 132, nota

Eubage
  função do – V, 50

Europa
  Budismo na – II, 33
  iniciação da * nos esplendores do belo – IV, 41

Evangelho de Jesus
  alteração da forma e – VI, 61
  Budismo e – II, 34
  Catolicismo e desnaturalização do – VI, 65
  Catolicismo e verdadeiros
    ensinos do – VI, 67
  ciência esotérica dos essênios e – IV, 48
  vidas sucessivas da alma e – VI, 61; VI, 62, nota

Evangelho de São João
  religião de Jesus e– VI, 71

Evocação
  Atos dos apóstolos e – VI, 68, nota
  desapego corpóreo e – XXXVIII, 221
  Evolução perispiritual, A – XXIII,
    161; XXXII, 193, nota

Existência terrestre
  episódio da vida imortal e – XI, 113

*Experimental Investigations of the
  Spiritual Manifestations,* Robert
  Hare, professor na Universidade
  da Pensilvânia e – XIX, 140

Expiação
  abuso das faculdades e – XLI, 235
  egoísmo e – XLI, 235
  extinção de faltas e – XXXIX, 226
  inteligências veladas pela – L, 278
  orgulho e – XLI, 235

F

Faculdade
  desprezo pela * acanhada – L, 278

Índice geral

Faculdade mediúnica
  características do perispírito e – XXII, 159
  privilégio ou favor da – XXII, 159

Família
  ausência da educação na – VIII, 84
  conceito de – LII, 291

Fanatismo
  fé cega e – XLIV, 248

Farsália
  Lucano e canto primeiro da – V, 50

Fatalidade
  Espírito adiantado e – XLI, 234
  essência da – XL, 229
  instinto, espécie de – XL, 229

Fatalismo
  doutrina materialista e – VII, 76
  equilíbrio entre livre-arbítrio e – XI, 114

Fauvety, C.
  partidário dos fenômenos
    espíritas e – XX, 148

Fé
  artista e – XLIV, 247
  conceito de – XLIV, 247
  Espiritismo e * racional – XLIV, 248
  extinção na * do passado – introd., 13
  mãe dos nobres sentimentos e – XLIV, 248
  pensador e – XLIV, 247
  problema da depuração pela dor e – L, 277
  sociedade sem esperança e sem
    * no futuro – VIII, 88
  substituição da razão pela – XLIV, 248
  tipos de – XLIV, 247
  verdadeira – XLIV, 247

Fé cega
  conceito de – XLIV, 247
  efeitos da – XLIV, 248
  fanatismo e – XLIV, 248

Fé esclarecida
  conceito de – XLIV, 247
  razão e – XLIV, 248

Fé espírita
  caráter da – XLIV, 248

Fé transporta montanhas, A
  significado da expressão – XLIV, 247

Fechner, professor
  proclamação da realidade dos fenômenos
    espíritas e – XIX, 143, nota

Fédon
  Platão e – IV, 47
  teoria das emigrações da alma e – IV, 47

Felicidade
  alma e – XL, 230
  condição para alcançar a * futura – XXXV, 212
  degraus que conduzem a alma à – L, 278
  fonte da – IX, 106
  pálido reflexo da * na Terra – L, 275
  perdão e aspiração à – XLVIII, 267
  prelibar da – LVI, 308
  procura pela * terrestre – XLII, 241
  sofrimento e – L, 278
  transformação moral e * dos
    homens – LV, 305

Fenômeno cósmico
  explicação do – XVI, 131

Fenômeno do sonambulismo
  ciência oriental dos santuários e – I, 19
  sábios dos nossos dias e – I, 19, nota

Fenômeno da sugestão
  ciência oriental dos santuários e – I, 19
  sábios dos nossos dias e – I, 19, nota

Fenômeno magnético
  ação da vontade sobre a matéria
    e – XXXII, 194
  evidência da existência da
    alma e – XVII, 135

Fenômeno material
  estudo do – XVI, 132, nota
    Fenômeno(s) espírita(s)
    Carl du Prel e proclamação da
      realidade dos – XIX, 143, nota
    Charles Richet e – XX, 151, nota
    consequências filosóficas e
      morais e XXIV, 163
    crítica do professor Lombroso e – XIX, 144
    descrição dos * observados à
      meia-luz – XIX, 145

descrição dos * observados em
  plena luz – XIX, 145
descrição dos * obtidos na
  obscuridade – XIX, 145
dificuldades no estudo dos – XXXVIII, 222
Edmonds, presidente do
  Senado, e – XIX, 139
Ercole Chiaia, professor, e – XIX, 144
estabelecimento da telegrafia
  espiritual e – XIX, 139
evocação das almas e – XIX, 139
Fechner e proclamação da realidade
  dos – XIX, 143, nota
indiferença para com o – XXXVIII, 221
Mapes, professor de Química, e – XIX, 139
mundo das Letras e das Artes e partidários
  ou defensores dos – XX, 148
Newton e – XVIII, 137
petição dirigida ao Congresso em
  Washington e – XIX, 140
relatório da Comissão da Sociedade
  Dialética de Londres e – XIX, 140
Robert Dale Owen e – XIX, 140
Robert Hare e – XIX, 140
sábios e atestado da realidade
  dos – XVIII, 138
sábios ingleses e – XIX, 140
segredo dos – XXII, 157
sociedades psicológicas e estudo
  dos – XVIII, 137
Stainton Moses (Sr. Oxon), professor da
  Faculdade de Oxford, e – XIX,141
Ulrici Weber e proclamação da
  realidade dos – XIX, 143, nota
Zöllner e proclamação da realidade
  dos – XIX, 143, nota

Férouer ver Perispírito

Filho
  auxílio do Espiritismo na morte do – L, 279
  utilidade da passagem do *
    sobre a Terra – L, 279

Fílon, filósofo de Alexandria
  Espírito familiar e – VI, 69, nota
  gênios superiores, deuses e – VI, 69

Filosofia das existências sucessivas
  provas experimentais, testemunhos
    universais e – XV, 129

Filosofia dos druidas
  doutrina secreta do Oriente e – V, 50
  espiritualistas modernos e – V, 50

Filosofia dos Espíritos ver Espiritismo

Filóstrato
  sonhos, aparições, evocações
    de mortos e – IV, 47

Finzi, Sr.
  atas das sessões efetuadas em
    casa do – XIX, 144
  relação dos sábios que assinaram
    a – XIX, 144

Física
  métodos indutivo e experimental e – I, 20

Fisiologia
  renovação do corpo humano e – X, 107

Flagelo
  ensinamento e – IX, 99
  falsa interpretação do alvo
    da vida e – IX, 99

Flammarion, Camille
  ato de adesão ao Espiritismo e – XX, 147

Florus
  opinião de * sobre os Druidas – V, 50

Fluido imponderável
  ciência secreta e – IV, 44
  manto de Cibele e – IV, 45
  traço de união entre o Espírito
    e a matéria e – IV, 45
  véu misterioso de Ísis e – IV, 45

Fluido nervoso
  perispírito e – XXI, 155

Fluido universal *ver também* Éter
  ação das forças cósmicas e – IX, 97
  vibrações do – LI, 285

Fluido(s)
  ação dos * sobre o corpo humano
    – XVII, 136; XXXII, 196
  cura pela ação dos – XVII, 136

maus pensamentos e – XXXII, 196
poder da vontade sobre os –
  XXXII, 193; XXXV, 208
restabelecimento da saúde e – XXXII, 197
união e ligação dos * no espaço – XXXII, 194

Força
  conceito de – XVI, 132, nota

Força e matéria, obra
  Büchner e – VII, 77, nota

Forças cósmicas
  movimento e – IX, 98

Forças fluídicas
  segredos das – I, 19

Forças magnéticas
  segredos das – I, 19

Forças psíquicas
  estudos de Crookes sobre as – introd., 13
  estudos de Paul Gibier sobre as – introd., 13
  estudos de Russel Wallace sobre as – introd., 13

Fraternidade
  imposição da – LV, 303
  lei da *, única regra entre os
    homens – LV, 303
  realidade da – XLVI, 260
  unidade de Deus, imortalidade da
    alma e * humana – VI, 68

G

Gália
  base das instituições e – V, 49
  imortalidade, justiça, liberdade e – V, 49
  importações estrangeiras e – V, 54
  tendências filosóficas da – V, 49

Gauthier, Théophile
  partidário dos fenômenos
    espíritas e – XX, 148

Gênio familiar
  inspiração dos homens de
    talento e – IV, 47, nota

Geologia
  história do mundo primitivo e – VII, 76

Geometria
  desenvolvimento e progresso da
    * e positivismo – VII, 80

Gibier, Paul, Dr.
  Análise das coisas e – XX, 147, nota
  diretor do Instituto Antirrábico de
    Nova Iorque e – XX, 147
  escrita direta e – XX, 147, 148, nota
  *Espiritismo ou faquirismo ocidental,
    O*, e – II, 25; XX, 147, nota
  estudos de * sobre as forças
    psíquicas – introd., 13

Gita, Bhagavad *ver* Krishna

Gizé
  esfinge de – III, 35, nota
  rio Nilo e – III, 35, nota

Grands Mystères
  Eugène Nus e – XX, 148

Grécia
  doutrina secreta e – IV, 48
  essência dos mistérios na – IV, 46
  Hinos Órficos e – IV, 42, nota
  história da evolução do
    pensamento e – IV, 42
  Homero e – IV, 41
  iniciação da Europa nos esplendores
    do belo e – IV, 41
  intervenção dos Espíritos e – IV, 45
  música, poesia e – IV, 41
  Orfeu e – IV, 41
  Pitágoras e – IV, 41
  Platão e – IV, 41
  politeísmo e – III, 37
  profanação dos mistérios e – VI, 58
  refúgios sagrados da iniciação e – IV, 42
  sabedoria oriental e – IV, 41
  Sócrates e – IV, 41
  tribunal dos Anfictiões e – IV, 42

Gregório, São, taumaturgo
  pluralidade das vidas e – VI, 70, nota
  símbolos da fé do Espírito S. João e – VI, 69

Guerra
  mulher e desaparecimento do
    flagelo da – LV, 304

Índice geral

paixão pela – LV, 302
vestígio da selvageria e – XLVIII, 268

Gully, James, Dr.
partidário e defensor do
Espiritismo e – XIX, 141

H

Haeckel
Jules Soury e trabalhos de – VII, 75

Hare, Robert, professor na
Universidade da Pensilvânia
Experimental Investigations of the Spiritual
Manifestationse e – XIX, 140

Harmonia
explicação para a * do mundo – IX, 98

Hartmann, E., filósofo alemão
depoimento do * sobre o
Espiritismo – XXV, 165

Hélade
doutrinas herméticas na – III, 39

Heráclito
caracteres do antigo Egito e – III, 36

Hermetismo
duplo aspecto do – I, 18

Heródoto
oráculos e – IV, 45

Hicetas
discípulo de Pitágoras e – IV, 44
movimento diurno do globo e – IV, 44

Hierarquia espiritual
escada de Jacob e – XXXV, 210
fases da – XXXV, 210
graus da – XXXV, 210

Hierático
caractere do antigo Egito e – III, 36

Hierofante
palavras do * ao neófito – III, 37

Hieróglifo
caractere do antigo Egito e – III, 36

Champollion e – III, 36, nota
ciência religiosa do Egito e – III, 36

Hindustão
ensinos de Krishna e santuários
do sul do – II, 29

Hino védico
Agni, o fogo, e – II, 25
grandeza e elevação moral e – II, 25
Soma, o licor do sacrifício, e – II, 25

Hinos Órficos
neófitos e – IV, 42, nota

Hipnotismo
ação da vontade sobre a matéria
e – XXXII, 194
Bernheim, Dr., e – XXXII, 194
Charcot, Dr., e – XVII, 134; XXXII, 194
Delboeuf, professor, e – XXXII, 194
Dumontpallier, Dr., e – XXXII, 194
explicação para a aceitação da
vida material e – XL, 231
Liébault, Dr., e – XXXII, 194
Liégeois, professor, e – XXXII, 194
magnetismo e – XVII, 134
Rochas, De, Sr., e – XVII, 134, nota

História
catolicismo e fastos da – XXXVII, 219
soberanos, chefes de impérios
e – introd., 11

Homem de bem
força do – IX, 106
Krishna e – II, 28

Homem de gênio
percepção de Deus e – IX, 102

Homem(s)
artífice do próprio destino e – XII, 116
benefícios da prática da caridade
e – XLIII, 245
caráter do * honesto – XLIII, 244
conhecimento do porquê da
existência e – XLII, 241
cumprimento do dever e – XLIII, 243
descida do * ao fundo da consciência
e da razão – IX, 101
desfalecimento moral e – introd., 13

Índice geral

destino do – introd., 12
deuses quiméricos e – IX, 95
distração das preocupações
  morais e – XXXI, 191
explicação para a desigualdade
  intelectual e moral dos – XII, 115
formação do – XXIX, 183
ideia da Verdade e – I, 23
ideia de Deus e – IX, 103
ideia que o * faz do Universo – VIII, 86
imortalidade e – XXIV, 163
impossibilidade dos * criarem leis
  permanentes e universais – IX, 93
influência dos Espíritos sobre
  os – XXII, 158
instinto e rudimento das
  faculdades do – XL, 229
Krishna e * virtuoso – II, 28
limitação dos sentidos materiais do – XV, 130
mal, consequência da liberdade
  do – IX, 105
motivo de abatimento do – XII, 116
natureza ternária e – I, 20
origem do mal no – VIII, 84
percepção das coisas do Espírito e – I, 21
rebaixamento de Deus ao nível do – I, 23
regra do * criterioso – LII, 291
resumo da perfeição do – XLVII, 266
sentimentos confusos na
  consciência do – XIV, 125
sombra da morte e – introd., 12
subsistência de animalidade
  no – XLVIII, 269
templo e concupiscências e misérias
  morais do – I, 21
transformação moral e felicidade
  dos – LV, 305
única regra entre os – LV, 303

Honestidade
  homem moral e – XLIII, 244

Horácio
  opinião de * sobre os Druidas – V, 50

Hórus
  fatos atribuídos a Jesus e vida de – VI, 64

Hugo, Victor
  partidário dos fenômenos
espíritas e – XX, 148

Humanidade(s)
  caminhada para seus magníficentes
    destinos e – VIII, 90
  causa da infelicidade da *
    terrestre – XXXIX, 227
  Ciência, indústria e riquezas da – VIII, 84
  dupla natureza da – concl., 313
  encaminhamento gradual das humanidades
    para o melhor – IX, 105
  Espiritismo e necessidades intelectuais
    da – XXXVII, 220
  estado de crise e – VIII, 85
  extinção do germe do mal e – LV, 305
  livro, mais precioso dos bens da – LIII, 293
  renovação da – VII, 78
  transformação moral e – LV, 305

Humilde
  suplício do – XLVI, 259

Huxley
  integrante da Comissão da Sociedade
    Dialética de Londres e – XIX, 140

I

Idade Média
  concepções católicas da
    sociedade na – LV, 302
  concepções católicas e criação da
    civilização da – VIII, 86
  história da – VI, 71

Ideia inata
  sentimentos confusos na consciência
    do homem e – XIV, 125

Ignorância
  causa do sofrimento e da miséria e – II, 30
  erros e abusos da – XXVII, 174
  procedência de todos os males
    e – XXXI, 226
  substituição da * por crenças
    racionais – VIII, 88

Igreja
  diminuição do poder e prestígio da – VI, 71
  domínio do mundo pelo terror e – VI, 65
  épocas de grandeza e – VI, 67

Índice geral

fausto, simonia e – VI, 65
fenômenos do Espiritismo e – XXXVII, 219
ideia moral da vida humana e – VI, 66
impotência para regeneração do
   espírito humano e – VIII, 89
padres da * e opiniões de
   Orígenes – VI, 69, nota
revelações dos Espíritos aos médiuns
   e padres da – VI, 69, nota
única intérprete de Deus e – VI, 71

Igreja do Sul *ver também* Budismo
ateísmo, materialismo e – II, 33
nirvana e – II, 31

Imortalidade
ideias de justiça e – X, 109
instinto confuso da – VIII, 89
prova da – XXIV, 163; XXIX, 184
sanção que se oferece à lei moral e – X, 109

Índia
abusos da teocracia e – II, 30
adormecimento da – VI, 58
classes sociais e – II, 29
corrupção e – II, 30
decadência e – II, 29
essência dos mistérios na – IV, 46
foco das maiores inspirações religiosas e – II, 27
formação da religião primitiva
   da – II, 25, nota
nascimento das religiões trinitárias da
   * e do Cristianismo – IX, 103
organização social da – II, 29

Indulgência
apaziguamento dos homens
   e – XLVIII, 269

Inferno
Catolicismo e mito do – II, 30
contenção dos povos na infância
   e – XXXVI, 213
inadmissibilidade da teoria do *
   eterno – XXXVII, 220
negação do – VI, 60
remorso, ausência de amor e – II, 32
temor do – I, 22

Inimizade
perpetuação da – XIV, 125

Instinto
alma e – XL, 229
rudimento das faculdades do
   homem e – XL, 229

Inteligência
derivação da – VII, 78
explicação para a diversidade de – XI, 113
leis inatas da * e Natureza – I, 19

Intuição
conservação da – XIV, 126
sentimentos confusos na consciência
   do homem e – XIV, 125

Inveja
paixão pelos bens materiais e – XLV, 254

Ísis
culto popular de – III, 37
tradições da terra de – III, 35, nota

Itália
Ercole Chiaia, professor, e – XIX, 143
Eusapia Palladino, médium , e – XIX, 144
Movimento Espírita na – XIX, 143

J

Jâmblico
comunicação com o mundo
   invisível e – VI, 69

Jerônimo de Praga, Espírito
prece de – LI, 287-288, nota

Jerônimo, São
Espírito santo e – VI, 68, nota

Jesus
aparições e – VI, 63
ciência esotérica dos essênios
   e – IV, 48, nota
Cristianismo esotérico e – VI, 58
culto exterior e – VI, 60
cura e – VI, 63
doutrina oculta dos Espíritos
   e – VI, 61, nota
dupla vista e – VI, 63
ensino dos santuários e – I, 21
Espírito de Verdade e – XLII, 239
Evangelho de São João e religião de – VI, 71

exemplos e virtudes admiráveis
e – VI, 64, nota
fatos atribuídos a * e vida de Hórus – VI, 64
fatos atribuídos a * e vida de
Krishna – VI, 64
Filho do Homem e – VI, 64, nota
herança de – VI, 65
jejum e abstinência e – VI, 60
longas orações e – VI, 60
parábola da ovelha desgarrada e – VI, 60
parábola do filho pródigo e – VI, 60
prática do bem e da fraternidade e – VI, 61
provas da existência de – VI, 64
pureza ideal, inefável bondade
e – VI, 58, nota
restauração da doutrina de – XLII, 240
sacerdócio e – VI, 61
Sermão da Montanha e – VI, 59
Suetônio e suplício de – VI, 64
Tabor, Moisés, Elias e – VI, 63, nota
Tácito e suplício de – VI, 64
Talmude e provas da existência de – VI, 64
teoria de um ser fluídico e – VI, 64
teorias da Trindade e – VI, 64
verdades eternas e – VI, 62

Joana d'Arc
abjuração na prisão em Rouen e – V, 55
igreja do alto, e – V, 54-55, nota
virgem de Domrémy e – V, 55

João Batista
Elias e – VI, 62; VI, 68

João Evangelista
Espírito de Píton e – VI, 68-69, nota

João, S.
casa do Pai e – VI, 61, nota
cego de nascença e – VI, 68, nota

Josefo, historiador
ideia da reencarnação e – VI, 68, nota

Judeia
monoteísmo e – III, 37

Júpiter
honra a * em Olímpia – I, 21

Justiça
governo dos mundos e – XXXIX, 227

ideia superior de – XXXIX, 227
imortalidade e ideias de – X, 109
noção de * e lei do Universo – VIII, 89
princípio de * e leis morais – IX, 101
religião e identificação do bem e da – I, 22

K

Kardec, Allan
céu e o inferno, O, ou parte
analítica e – XX, 149, nota
estudo das experiências feitas
em Paris e – XX, 148
evangelho segundo o espiritismo, O,
ou parte moral e – XX, 149, nota
evolução do Espiritismo depois
da morte de – XX, 149
fundação da *Revue Spirite* e – XX, 149
gênese, A, ou parte científica
e – XX, 149, nota
livro dos espíritos, O, ou parte
filosófica e – XX, 149, nota
livro dos médiuns, O, ou parte
experimental e – XX, 149, nota

King, Kate
William Crookes e – XIX, 142

Korrigan
significado da palavra – V, 54

Krishna
autoridade moral da doutrina de – II, 29
Bhagavad Gita e – II, 27, nota
características da alma e – II, 27
comunicação com os Espíritos e – II, 29
corpo, envoltório da alma, e – II, 27
Deus, homem e – II, 27
ensinamentos de – II, 27
ensino dos santuários e – I, 21
fatos atribuídos a Jesus e vida de – VI, 64
grandes segredos e – II, 28, nota
homem de bem e – II, 28
homem virtuoso e – II, 28
inspirador das crenças dos hindus e – II, 26
missão e – II, 28
moral e – II, 28
natureza de – II, 28
natureza de Deus e – II, 28
perfeição e – II, 27

L

L'Âme et ses Manifestations à travers l'Histoire, Eug. Bonnemère e – II, 32, nota

L'Egypte sous le Pharaons
Champollion e – III, 36, nota

L'Italia del Popolo, jornal
ata das sessões efetuadas em casa do Sr. Finzi e – XIX, 144

Lachâter, Maurice
partidário dos fenômenos espíritas e – XX, 148

Lar
mulher, alma do – LV, 304

Lei
ideia de Deus e ideia da * moral – IX, 94

Lei céltica
suplício do fogo, hereditariedade e – V, 54

Lei da solidariedade
mediunidade e – XXII, 160

Lei de atração
átomos e – VII, 74

Lei de causa e efeito
justiça, solidariedade, responsabilidade e – XXXIX, 225
mal, bem e – XXXIX, 225

Lei de justiça
explicação para os males da Humanidade e – XXXIX, 227
ordem moral universal e – XXXIX, 226

Lei do progresso
afirmação da – VII, 76
plano divino e – LV, 304

Lei imutável
julgamento, tribunal e – XXXI, 190

Lei universal da gravitação
atração, coesão e – IX, 96

Lei(s) moral(is)
conhecimento e aplicação da – XXXIX, 226
Espiritismo e – concl., 314

fenômenos espíritas, prólogo da – LVI, 307
fuga às reencarnações dolorosas e – LVI, 307
imposição da – XLII, 240
libertação dos males terrestres e – LVI, 307
melhoria contínua e – XLII, 241
posse e compreensão da – LVI, 307
princípio de justiça e – IX, 101
revolta contra a – L, 280
sobriedade, continência e – LII, 292
sociedade e observação da – XLII, 241
violência do Espírito contra a – XLII, 240

Leis divinas *ver também* Leis naturais
conformação da vontade às – LIII, 295
honestidade perante o mundo e – XLIII, 244

Leis naturais *ver também* Leis divinas
ciência materialista e – VII, 75

Leis permanentes e universais
impossibilidade dos homens criarem – IX, 93

Leis superiores
revelação das – IX, 95

Lewes, Henry, fisiologista integrante da Comissão da Sociedade Dialética de Londres e – XIX, 140

Liberdade
alma no estado de – XIV, 124
limitação no exercício da – XL, 230
pensamento puro e – II, 32
uso da * absoluta – XL, 231

Liébault, Dr.
hipnotismo e – XXXII, 194

Liégeois, professor
hipnotismo e – XXXII, 194

Littré, sábio
chefe venerado do ateísmo moderno e – VII, 79

Livre-arbítrio
alma e uso do – XL, 230
equilíbrio entre fatalismo e – XI, 114
preocupação de filósofos e teólogos e – XL, 229
uso do * e socorro divino – XL, 230

Índice geral

Livro
   amigo sincero e – LIII, 293
   caráter do bom – LIII, 293
   mais precioso dos bens da
      Humanidade e – LIII, 293
   missão do – LIII, 293

Livro da consciência
   revelação de Deus e – IX, 95

Livro do Universo
   revelação de Deus e – IX, 95

Lombroso, professor
   carta do * mencionando experiências
      realizadas – XIX, 144, nota
   explicação do * para os fenômenos
      espíritas – XIX, 144
   fenômenos espíritas e crítica de – XIX, 144
   Ercole Chiaia e produção de fenômenos
      na casa do – XIX, 144, nota

Lomon, Ch.
   partidário dos fenômenos
      espíritas e – XX, 148

Lubbock, John, Sr.
   integrante da Comissão da Sociedade
      Dialética de Londres e – XIX, 140

Lucano
   canto primeiro da Farsália e – V, 50
   opinião de * sobre os Druidas – V, 50
   sonhos, aparições, evocações
      de mortos e – IV, 47

Lucas
   Bem-aventurança e – VI, 60, nota

M

Mãe
   amor de *, reflexo da bondade
      de Deus – L, 279

Magia
   sacerdotes do Egito e – III, 39, nota

Magnetismo
   alívio do semelhante pela
      prática do – XVII, 136
   charlatães e – XVII, 136
   falsos médiuns e – XXVII, 173
   hipnotismo e – XVII, 134
   prova da existência do princípio
      anímico e – XVII, 134
   vulgarização do – XVII, 134

Mahatmas
   estado moral da Humanidade e – II, 33
   morada dos – II, 33
   prova da existência dos – II, 33

Mal
   alma e escolha do – XL, 229
   ausência do bem e – IX, 105
   características do – res., 311
   causa e remédio do – LV, 302
   consequência da liberdade do
      homem e – IX, 105
   desejo, causa do – II, 30, nota
   desmascaramento do – XLVIII, 268
   explicação para o * moral – IX, 105
   fase inferior da evolução dos seres
      para o bem e – IX, 105
   fenômenos naturais e * físico – IX, 104
   lei de causa e efeito e – XXXIX, 225
   transitoriedade do império do – XXXIX, 227

Maledicência
   acautelamento da – XLVII, 263

Manifestação espírita ver
   Fenômeno espírita

Mansuetude
   benefícios da – XLVIII, 267

Manto de Cibele ver Fluido imponderável

Mapes, professor de Química
   Academia Nacional e – XIX, 139
   realidade e caráter do fenômeno
      espírita e – XIX, 139

Matemáticas
   desenvolvimento e progresso das
      * e positivismo – VII, 80

Matemáticas Sagradas ver também
   Ciência dos Números
   métodos indutivo e experimental e – I, 20

Matéria
   conceito de – XVI, 132, nota

Índice geral

condensação da – XVI, 132
considerações sobre a – XVI, 132
Crookes e quarto estado da – XVI, 131
dissipação da – VII, 74
diversificação e desenvolvimento
   da – VII, 75
efeitos da vontade sobre a – XXXII, 193
Espírito e – VII, 74, 81
essência íntima e – VII, 74
estado fluídico primitivo da – XVI, 132
estado radiante da – XVI, 131
estados da – VII, 74; XVI, 131
estados fluídicos da * no
   espaço – XXXII, 194
fenômeno magnético e ação da
   vontade sobre a – XXXII, 194
força dominadora, organizadora
   e dirigente e – IX, 98
forma variável e – I, 20
império da * nas esferas superiores
   da Terra – XXXV, 207
influência da * na erraticidade
   – XXXIV, 203
inumerabilidade de variedades de
   formas da – XVII, 133
obediência às leis inteligentes
   e sábias e – VII, 78
produção de seres racionais e
   sensíveis e – VII, 78
propriedades da – XXXII, 195

Matéria cósmica
ação da vontade divina sobre
   a – XXXII, 196

Materialismo
alvião do * e edifício católico – VII, 73
deserção das crenças espiritualistas
   e – VII, 73
força cega e – VII, 77
justiça superior à dos homens e – VII, 77
livre-arbítrio e – VII, 77
método experimental e – VII, 73, 80
positivismo e – VII, 78
propagação do – concl., 313
raízes do – VI, 66
sociedade moderna e – LV, 302

Materialista
moral independente e – VII, 80; XLII, 240

negação da existência da alma e – XXI, 153

Mateus
amai vossos inimigos e – VI, 60, nota
Bem-aventurança e – VI, 60, nota

Matrimônio
missão do – LIV, 298

Mau
suplício do – XXXI, 191

Médium
aparições e – XXII, 159
conceito de – XXII, 157
considerações sobre – XXII, 157
eflúvios magnéticos de cura e – XXII, 159
falso * no Espiritismo e
   magnetismo – XXVII, 173
influência dos Espíritos e *
   intuitivo – XXII, 158
sensibilidade fluídica e – XXII, 160, nota

Mediunidade
características do perispírito e – XXII, 159
Egéria de Numa, A, e – XXII, 160
gênios familiares de Jerônimo
   Cardan e – XXII, 160
gênios familiares de Sócrates e – XXII, 160
gênios familiares de Tasso e – XXII, 160
inspirados de Cévennes e – XXII, 160
lei da solidariedade e – XXII, 160
Paulo, São e – VI, 68, nota sonhos
   de Cipião e – XXII, 160
tendência para mercadejo com a – XXVII, 173
vidente de Prévorst e – XXII, 160
vontade e desenvolvimento da – XXII, 159
vozes de Joana d'Arc e – XXII, 160

Memória
alma e perda da * das vidas
   anteriores – XIV, 126
acréscimo da * dos sofrimentos ou das
   vergonhas passadas – XIV, 124
registros do cérebro e reprodução
   da – XIV, 124
retorno à carne e perda da * da alma no
   estado de liberdade – XIV, 124

Mérito
filho de trabalhos longos e – XXXV, 211

Índice geral

Mesa giratória
  justificativa para o predomínio
    da – XXXVIII, 222
  moda da – XX, 148

Metamorfoses, obra
  Ovídio e – IV, 47

Método experimental
  materialismo e – VII, 73

Miettes de l'Histoire
  Vacquerie e – XX, 148

Miséria
  descida aos abismos da – XLVII, 265

Mistérios de Elêusis
  destino da psique e – IV, 44

Místico
  significado da palavra – IV, 42, nota

Mito pagão
  sabedoria délfica e – IV, 48

Modern Spiritualism
  Banner of Light, de Boston, e – XIX, 140
  Russel Wallace e – XIX, 140

Moisés
  ensino dos santuários e – I, 21
  Tabor, Jesus, Elias, e – VI, 63, nota

Montal, De, Sr., arcebispo de Chartres
  preexistência da alma, reencarnação e – VI, 72

Moral
  castigos infernais e * das
    religiões – XLII, 240
  concepção filosófica e – VII, 80
  crise – VIII, 83
  despertamento da alma para a
    liberdade – XL, 229
  distinção pelo valor – XLV, 253
  Doutrina Espírita e revolução – concl., 315
  edificação da * espírita – XLII, 240
  elevação do nível – VIII, 90
  explicação para a desigualdade intelectual
    e * dos homens – XII, 115
  materialistas e * independente – XLII, 240
  medida do valor * do espírito – XXXI, 190
  nulidade do adiantamento – VIII, 83
  preocupação da sociedade com
    o ensino – XLIV, 249
  rebaixamento sensível do nível – LV, 302
  regulação das tendências do
    nosso ser – XLIII, 245
  rudimentos da lei – XLII, 239
  sacrifício do interesse * ao bem-
    estar material – VIII, 83

Morale du Bouddhisme, La
  lei da caridade de Buda e – II, 34, nota
  Léon de Rosny e – II, 32, nota

Morgan, A. de
  partidário e defensor do
    Espiritismo e – XIX, 141
  presidente da Sociedade Matemática
    de Londres e – XIX, 141

Morte
  abertura dos registros do perispírito
    após a – XXXI, 191
  auxílio do Espiritismo na *
    dos filhos – L, 279
  celebração da libertação da
    alma e – XIII, 122
  conceito de – res., 310
  condição essencial para o progresso
    da alma e – XIII, 121
  condições importantes como
    preparativos à – XXX, 187
  confiança do justo na
    aproximação da – L, 282
  conhecimento do segredo da – IV, 46
  considerações sobre – XIII, 120
  decomposição e anúncio da – VIII, 89
  desprezo pela – V, 50
  diferença entre o processo do
    renascimento e da – XLI, 233
  entrada do ser em fase nova de
    evolução e – VII, 76
  explicação para a * de criança em
    pouca idade – XIII, 120
  homem e sombra da – introd., 12
  ilusão da – II, 32
  imagem fiel para o fenômeno
    da – XIII, 121
  motivo de terror e – VI, 71
  passagem da – introd., 12

plenitude da liberdade da
   alma e – XVII, 135
ponto de interrogação e – introd., 13
provas, As, e a – XIII, 119
reaparecimento dos fatos da vida
   à hora da – IX, 102
redução da ideia da – XIII, 120
ressurreição e – concl., 313
sensações do Espírito após a – XXX, 186
sensações que precedem e se
   seguem à – XXX, 185
situação da alma depois da – X, 109
sorte das almas depois da – XXXI, 189
situação do Espírito depois
   da – XXXVI, 214
visita do pensamento da – L, 281

Moses, Stainton (Sr. Oxon), professor
   da Faculdade de Oxford
fenômenos espíritas e – XIX, 141
Psychography e – XIX, 141, nota
Spirit Identity e – XIX, 141

Movimento Espírita
Espanha e – XIX, 143
Itália e – XIX, 143

Mulher
alma do lar e – LV, 304
desaparecimento do flagelo da
   guerra e – LV, 304
restituição dos direitos naturais à – LV, 303
situação da * na sociedade – LV, 304
situação preponderante da * no
   meio espírita – LV, 304

Mundo(s)
comunicação com o * oculto – IV, 46
condições de habitabilidade
   dos – XXXV, 207
superfluidade do estudo do *
   e da vida – VII, 79

Mundo dos Espíritos *ver* Mundo invisível

Mundo físico
leis do – IX, 101
leis regentes e – IX, 93

Mundo invisível
estudo do – XXVI, 169
importância do estudo do – XXVIII, 178
leis rigorosas e – XXVIII, 177
prudência no relacionamento
   com o – XXVI, 171
solidariedade entre o * e o mundo
   visível – XXXII, 195
união e ligação dos fluidos no – XXXII, 194

Mundo moral
exploração do – VII, 80
leis regentes e – IX, 93

Mundo visível
solidariedade entre o * e o mundo
   invisível – XXXII, 195

N

Nada
domínio da ideia do – VIII, 88
opinião de que o * é preferível
   à vida – VIII, 88

Naturalismo
reconciliação entre Espiritualismo e – I, 23-24

Natureza
acidentes na obra da – IX, 98
adeptos e poderes da – I, 19
escolhas na * inferior – XI, 112
espetáculo da * e ideia de Deus – IX, 101
estudo da * terrestre – LIII, 294
geração perpétua e – IX, 97
leis inatas da inteligência e – I, 19
linguagem pacífica da – LIII, 294
livro sagrado, assinatura de
   Deus e – XLI, 236
ruínas dos impérios e – introd., 12

Nilo, rio
esfinge de Gizé e – III, 35, nota

Nirvana
doutrina secreta do Budismo
   e – II, 31, nota; II, 32
estado do – II, 31
grão-sacerdote do Ceilão e – II, 31
Igreja do Sul e – II, 31

Noção do infinito
ideia de Deus e – IX, 103

Índice geral

Nota de rodapé
Depois da morte, livro, 10ª
edição, e – ape., 317-319

Novo Testamento
erros no – VI, 64, nota

Nus, Eugène
Choses de l'Autre Monde e – XX, 148
Grands Mystères e – XX, 148

O

Ochéma *ver* Perispírito

Ocidente
divulgação da doutrina búdica no – II, 33

Ódio
alma elevada e – XLVIII, 267
perpetuação do * sobre a Terra – XLVI, 260

Orgulho
abatimento do – XLV, 252
consequências do – XLV, 251
dor, fornalha onde se funde o egoísmo
e se dissolve o – XIII, 119
hidra monstruosa e – XLV, 251
maior flagelo da Humanidade e – XLV, 251
vícios e – XLVIII, 267
vida espiritual e – XLV, 252

Orgulhoso
situação do – XXXVI, 214
vida de além-túmulo e – XLV, 252
virtudes desconhecidas ao – XLV, 252

Orígenes, padre da Igreja
Concílio de Constantinopla e
condenação de – VI, 71
Cristianismo esotérico e – VI, 69
desigualdade dos seres e – VI, 69
opinião de * sobre os Druidas – V, 50
padres da Igreja e opiniões de – VI, 69, nota
pluralidade das vidas e – VI, 70

Osíris
culto popular de – III, 37
honra a * em Mênfis – I, 21

Ovídio
Metamorfoses, obra, e – IV, 47

Owen, Robert Dale
Footfalls on the Boundary of
Another World e – XIX, 140

P

Paciência
pobreza, escola da – LV, 304
sustentáculo das impertinências
e – XLVIII, 268

Pais
amor aos – XLIX, 272

Paixão(ões)
extinção do fogo das – I, 19
forças perigosas e – LVI, 307
preservativos contra as – LII, 291

Palas-Ateneu
divindade tutelar, símbolo da
potência espiritual e – IV, 46

Palladino, Eusapia, médium
Ercole Chiaia, professor, e – XIX, 144
Movimento Espírita na Itália e – XIX, 144
sessões efetuadas em casa do
Sr. Finzi e – XIX, 144

Panteísmo
druidismo e – V, 52
ideia de Deus e – IX, 103

Parábola da ovelha desgarrada
exemplificação do amor e – VI, 60

Parábola do filho pródigo
exemplificação do amor e – VI, 60

Passado
injustiça da sorte e reparação do – XII, 116

Pátria
amor à – XLIX, 272
veneração à memória dos
heróis da – XLIX, 272

Paulo, São
corpo espiritual e – VI, 63, nota
mediunidade e – VI, 68, nota

Paz
derrota do egoísmo e – XLVI, 259

Índice geral

Pena de talião
absolutismo e – XXXIX, 225

Pensamento(s)
associação de * elevados – XXXII, 197
destruição de chagas sociais e – XXXII, 197
fotografia da forma do – XXXI, 190
Grécia e história da evolução do – IV, 42
intuição no * do povo – VIII, 88
liberdade e * puro – II, 32
reflexão do * no perispírito – XXXIII, 201
repercussão e gravação do * no perispírito – XXXII, 193
sinuosidades percorridas pelo * humano – I, 17
sonâmbulo e leitura do * no cérebro – XVII, 135, nota
surgimento do * de além-túmulo – VII, 79

Perdão
benefícios do – XLVIII, 267
necessidade do * e do esquecimento – XIV, 125

Perfeição
alvo da vida e – XII, 115
nirvana e conquista da – II, 31

Perispírito *ver também* Corpo espiritual
ação da vontade sobre o – XXXII, 194
alma e – X, 108, nota; XXIII, 162
aparências do corpo terrestre e – XXI, 156
aparições e materializações de Espíritos e – XXI, 156
características do – XXI, 153, 155
causa de numerosos fenômenos físicos e biológicos e – XXVIII, 178
cérebro do – XXI, 154
condições para afastamento do * do corpo físico – XXII, 157
constituição do – XXI, 153
densidade dos Espíritos e – res., 310
desencarnação e peso fluídico do – XXXI, 189
desprendimento do corpo físico e – XXIII, 161
efeito das paixões baixas e materiais no – XXXII, 195
envoltório fluídico da alma e – XXI, 153; XXIX, 183
Espíritos atrasados e – XXIII, 162
evolução do – XXIII, 161
faculdade mediúnica e características do – XXII, 159
filósofos gregos e – XXI, 155
fluido nervoso ou vital e – XXI, 155
forma preexistente e sobrevivente do ser humano e – XXI, 153
fotografias, moldes em parafina e – XXI, 156
função do – XXI, 153, 154; XLI, 234
iluminação e enriquecimento do – XXIII, 161
ligação do * com a alma e o corpo físico – XXI, 155
mutabilidade e – XXI, 154
plenitude das faculdades do – XXII, 157
processo de agonia e – XXI, 155
processo de reencarnação segundo os persas e – XXI, 155
processo reencarnatório e – XLI, 234
propriedades do – XXI, 154; XLI, 234
reflexão do pensamento no – XXXIII, 201
reflexo da nobreza e dignidade da alma no – XXI, 154
registro dos fatos de nossa existência e – XXXI, 191
repercussão e gravação do pensamento no – XXXII, 193
transformação e progresso do – XXXII, 193
vestígios das vidas anteriores e – XXIII, 162

Personalidade
consciência e – IX, 93
Deus, * absoluta – IX, 93

Perthes, Boucher de
criador da Antropologia pré-histórica e – XXV, 166
zombaria dos sábios com relação as descobertas de – XXV, 166

Perturbação
estado de * da alma – XXX, 186
mortes súbitas, violentas e – XXX, 187
morte do justo e – XXX, 186
origem da * das ideias modernas – XXXII, 197
término da * do Espírito – XXX, 187

Perverso
vida em abundância e – XLI, 235

Índice geral

Phantasms of the Living
  Myers, Gurney e Podmore,
    Drs., e – XIX, 142
  produção de efeitos físicos e – XIX, 143, nota

Philosophie Naturelle
  Jules Soury, escritor, e – VIII, 87, nota

Pimander
  Hermes Trimegisto e – III, 38, nota

Pitágoras
  academia de Crotona e – IV, 43
  doutrina pitagórica e – IV, 43, nota
  doutrina secreta e ensinos de – IV, 48
  ensino dos santuários e – I, 21
  ensino oral e – IV, 44, nota
  estudos no Egito e – IV, 43
  evolução material dos mundos, evolução
    espiritual das almas e – IV, 44, nota
  iniciado dos templos egípcios e – IV, 41
  origem dos planetas e – IV, 44
  sistema de educação e de reforma e – IV, 41
  Sócrates, Platão e continuação
    da obra de – IV, 47

Pítia
  sacerdotisa de Apolo e – IV, 45-46

Pitonisa
  clarividência, adivinhação e – IV, 45

Pitris
  almas dos antepassados e – II, 26
  culto védico e – II, 26

Platão
  admissão de * nos mistérios – IV, 47
  doutrina secreta e ensinos de – IV, 48
  ensino dos santuários e – I, 21
  Fédon, Banquete e – IV, 47
  reinado da ciência franca e – IV, 41
  República, A, e – IV, 47
  Sócrates, * e continuação da obra de
    Pitágoras – IV, 47

Plínio, o moço
  desenvolvimento das ideias
    cristãs e – VI, 64

Plotino, filósofo de Alexandria
  gênios superiores, deuses e – VI, 69, nota

livro sobre os Espíritos familiares e – VI, 69

Pluralidade das existências
  ver Reencarnação

Plutarco
  desaparição da ciência
    adivinhatória e – IV, 45
  mistérios e – IV, 46

Pluto
  significado da palavra – XXVII, 174, nota

Pobre
  óbolo do – XLVII, 265
  sofrimento material e moral e – L, 275
  vícios do – XLVII, 262
  virtudes do – XLVII, 262

Pobre de Espírito
  significado da expressão – VI, 59, nota

Pobreza
  abnegação, Espírito de sacrifício
    e – XLV, 255
  condição necessária ao Espírito e – LV, 304
  ensinamentos da – XLV, 255
  escola da paciência e da
    resignação e – LV, 304

Poder
  extensão do * popular pelo
    mundo – VIII, 89
  fonte do verdadeiro – LVI, 308

Politeísmo
  duplo aspecto do – I, 18
  nascimento do – IX, 103

Porfírio
  gênios superiores e – VI, 69
  mistérios e – IV, 46

Positivismo
  afrouxamento geral dos laços
    sociais e – VIII, 86
  desenvolvimento e progresso da
    Astronomia e – VII, 80
  Auguste Comte, fundador do – VII, 79, nota
  ciência e – VII, 79
  desenvolvimento e progresso das
    Matemáticas e – VII, 80

desenvolvimento e progresso da
    Geometria e – VII, 80
exploração do mundo moral e – VII, 80
materialismo e – VII, 78
serviços do * ao Espírito humano – VII, 79
uma das formas temporárias da
    evolução filosófica e – VII, 81

Positivista
    inutilidade do estudo de Deus e – IX, 94
    moral independente e – VII, 80

Povo(s)
    civilização hodierna e aproximação
        dos – VIII, 83
    incredulidade e – VIII, 88
    intuição no pensamento do – VIII, 88

Prazer
    fuga do * aviltante – XLI, 236

Prece
    Arte, * para a alma superior – XXXV, 208
    benefícios da – XXXVIII, 221; LI, 286
    caridade e – LI, 286
    conceito de – LI, 283, 287
    condições para realização da – LI, 287
    considerações sobre – LI, 283
    desagregação corporal e – LI, 286
    diálogo entre a alma sofredora e a
        potência evocada e – LI, 283
    efeito produzido pela – LI, 286
    eficácia da – LI, 284
    elevação da alma para o Eterno
        pela – LI, 287
    Espiritismo e objetivo da – concl., 314
    fluidos benéficos e – LI, 286
    força da * feita em comum – LI, 286
    hora e local da – LI, 284
    ingredientes da – LI, 287
    Jerônimo de Praga, Espírito,
        e – LI, 287-288, nota
    lembrete do Apóstolo e – LI, 286, nota
    linguagem da – LI, 284
    magnetização à distância e – LI, 285
    pedido do sábio na – LI, 285
    pensamento, vontade e – LI, 285
    refúgio dos aflitos e – LI, 283
    solene * dos mundos – LI, 288
    tipos de – LI, 286

Preexistência da alma
    De Montal, Sr., arcebispo de
        Chartres e – VI, 72

Prel, Carl du, professor
    proclamação da realidade dos fenômenos
        espíritas e – XIX, 143, nota

Presente
    passado e explicação do – XIV, 125

Pressentimento misterioso
    sentimentos confusos na consciência
        do homem e – XIV, 125

Princípio anímico
    Charcot, Dr., e – XVII, 134
    magnetismo e prova da existência
        do – XVII, 134

Princípio de afinidade
    regulamento de todas as coisas e – XXXI, 190

Princípio imutável
    obra gigantesca do Universo e – 100, nota

Proceedings
    Society for Psychical Research,
        agremiação de sábios, e – XIX, 142

Proclo
    mistérios, deuses e – IV, 46, nota
    República de Platão, A, e – IV, 46, nota

Progresso
    alvo da vida e lei superior do
        Universo e – XXIV, 164
    Espiritismo e – XXIV, 164
    lei do trabalho, germe do – LII, 290

Progresso moral
    desafio do – I, 23

Prosperidade
    perigo da – XLV, 254

Protestantismo
    Catolicismo e – VI, 71
    letra que mata e – VI, 71
    moral e – VI, 71

Prova
    benefícios da – XIII, 120

Índice geral

perda dos entes amados e * cruel – L, 279
reparação necessária e – L, 277

Provação
purificação da alma e – L, 276

Providência *ver também* Deus
conceito de – XL, 230

Psicologia
ciência material e * experimental
– XVII, 134
métodos indutivo e experimental e – I, 20
domínio da * experimental – XVII, 133

Psique
alma humana e – XII, 117

Psychography
Stainton Moses (Sr. Oxon)
e – XIX, 141, nota

Purana *ver* Amor

Purgatório
localização do – II, 32

Puységur
sono magnético e experiências
de – XVII, 135

R

Razão
aquisição e posse da verdade e – I, 19
atributo do Espírito e – I, 23
considerações sobre – IX, 101
descida do homem ao fundo da
consciência e da – IX, 101
Deus e – IX, 10
faculdade superior e – XLIV, 248
razão eterna e * humana – XLIV, 248
sentimento e *, forças imperecíveis – I, 23
substituição da * pela fé – XLIV, 248

Recém-nascido
significado do vagido do – XLI, 234

Reencarnação(ões)
alma, libertação das * e gozo da
vida celeste – XII, 117
certeza da – XXIV, 163

comportamento do Espírito
adiantado ante a – XLI, 234
comportamento do Espírito
inferior ante a – XLI, 234
condição essencial para o progresso
da alma e – XIII, 121
condições para fixação da – XLI, 233
De Montal, Sr., arcebispo de
Chartres, e – VI, 72
explicação para as desigualdades e – XI, 113
Josefo, historiador, e – VI, 68, nota
leis imutáveis e – XLI, 233
perispírito e processo da – XLI, 234
perispírito e processo de * segundo
os persas – XXI, 155
povo judeu e ideia da – VI, 68
Vedas e – II, 26

Reformador
órgão da Federação Espírita
Brasileira e – XIX, 146

Religião dogmática
consequências da – VIII, 87

Religião(ões)
abuso dos símbolos e – I, 21
agonia das – I, 23
comportamento da verdadeira – I, 22
conceito de – I, 21
distanciamento de Deus das – IX, 102
formas exteriores, mitos, cultos,
cerimônias e – I, 22
desprendimento dos bons Espíritos
dos aspectos vulgares da – I, 22
diminuição dos crentes sinceros e – I, 22
elevação da verdadeira * acima
das crenças – I, 21
ensino da * antiga – I, 17, nota
evocação das * desaparecidas – I, 17
explicação da diversidade das – IX, 103
faces das – I, 18
fé cega e – XLIV, 247
fortalecimento das almas e – VIII, 85
ideia de Deus e – IX, 94
ideia de que as * vieram de Deus – IX, 95
identificação do Bem e da Justiça e – I, 22
incitante do progresso e elevação e – I, 22
instrumento de dominação egoística e – I, 22
mistura do erro com a verdade e – I, 21

nascimento das * trinitárias da Índia
e do Cristianismo – IX, 103
necessidade da – I, 21-22
obscurecimento da * natural – I, 23
origem da palavra – I, 21
perda da simplicidade e pureza
primitivas e – I, 21
perda do caráter dogmático e
sacerdotal e– I, 23
razão de ser de todas as – IX, 94
sacerdotes, fórmulas, imagens e – I, 22
salvação pessoal e – XLII, 241
sanção de nossos atos e – XLII, 239
sentimento e – I, 22

Remorso
ensinamentos do – IX, 102

Renascimento
diferença entre o processo da
morte e do – XLI, 233

Renovação filosófica
preparação para uma * e social – I, 23

Reparação
injustiça da sorte e * do passado – XII, 116
proporcionalidade da * às faltas
cometidas – XII, 116

República de Platão, A
Proclo e – IV, 46, nota

*Researches in the Phenomena of
Spiritualism* William Crookes
e – XIX, 142, nota

Resignação
pobreza, escola da – LV, 304

Responsabilidade
correlação entre * e saber –
XLIII, 244; XLVII, 265

Ressurreição
morte e – concl., 313

Revista Espírita de La Habana
órgão da Sociedade La Reencarnación,
em Havana e – XIX, 146

Richet, Charles
abordagem sobre a questão da nova
Psicologia e – XX, 151, nota
fenômenos espíritas e – XX, 151, nota
fundação da sociedade de investigações
psíquicas e – XX, 150

Rico
confinamento do * no egoísmo – LV, 301
misérias morais e – XLV, 255
prestação de contas e – XLV, 254
sofrimento material e moral e – L, 275

Riqueza
emprego adequado da – XLV, 254
formas da – LII, 291
prevenção contra as seduções da – XLV, 255
prova da caridade e da
abnegação e – LV, 304
provação e – XLV, 254
vínculos com que a * nos prende
à Terra – XLV, 253

Rishi
intérprete da ciência oculta e – II, 26

Rochas, De, Sr.
fundação da sociedade de investigações
psíquicas e – XX, 150
hipnotismo e – XVII, 134, nota

Roma
desencadeamento da orgia de *
pelo mundo – VI, 58

Rosa-cruz
princípios da ciência sagrada e – VI, 71

Rosny, Léon de
lei da caridade de Buda e – II, 34, nota
Morale du Bouddhisme, La, e – II, 32, nota
prática do bem e – II, 32, nota

S

Sabedoria
encontro com a – XLI, 236
imutabilidade e – concl., 316

Sábio
estudos da alma e * da Antiguidade – I, 18
motivo de afastamento do * dos
fenômenos espíritas – XXVII, 173
vontade e admiração do – XXXII, 196, nota

Índice geral

Sacerdote
    recaída na obscuridade e – VI, 71
    verdadeiro senhor do Egito e – III, 36

Sakas, Amônio, filósofo de Alexandria
    gênios superiores, deuses e – VI, 69, nota

Sakya-Muni *ver* Buda

Sardou, Victorien
    partidário dos fenômenos
        espíritas e – XX, 148

Satanás
    Catolicismo e mito de – II, 30
    importância de * no Catolicismo – VI, 71
    mito e – XXXVII, 220

Saúde
    fluidos e restabelecimento da – XXXII, 197

Século
    minuto da eternidade e – introd., 12

Sentimento
    atributo do Espírito e – I, 23
    razão e *, forças imperecíveis – I, 23

Sepher-Jésirah
    doutrina secreta e – VI, 68

Ser supremo *ver* Deus

Sermão da Montanha
    Jesus e – VI, 59
    lei moral e – VI, 59

Sexton, G.
    partidário e defensor do
        Espiritismo e – XIX, 141

Sibila
    clarividência, adivinhação e – IV, 45

Silêncio
    imposição do * ante o ultraje e a
        injustiça – XLVIII, 268

Simão, o mago
    testemunhos da história a respeito de – I, 19

Simpatia
    apaziguamento dos homens
        e – XLVIII, 269
    transformação da malquerença
        em – XLVII, 262

Sinnet
    Bouddhisme Ésotérique, Le, e – II, 31, nota
    doutrina secreta do Budismo
        e – II, 31, nota

Slade, médium
    escrita direta e – XX, 147
    Paulo Gibier, Dr., e – XX, 147, 148, nota

Sobriedade
    leis morais e – LII, 292

Sociedade
    apreciações da – XLIII, 244
    concepções católicas da * na
        Idade Média – LV, 302
    concepções católicas e * feudal – VIII, 86
    escola e reforma da – LIV, 297
    Espiritismo e melhora da – LV, 302
    germes de transformação e de
        ressurgimento e – VIII, 89
    lei moral e – XLII, 241
    materialismo e * moderna – LV, 302
    necessidade de melhora da – XXXIX, 227
    perecimento e – VIII, 89
    preocupação com o ensino
        moral e – XLIV, 249
    remédio do Espiritismo à – LV, 303
    situação da mulher na – LV, 304
    suposição de * sem esperança e
        sem fé no futuro – VIII, 88

Sociedade Dialética de Londres,
    agremiação científica
    relatório da Comissão da – XIX, 140

Sociedade do invisível
    condições para formação da – XXXIII, 200

Society for Psychical Research,
    agremiação de sábios
    Phantasms of the Living e – XIX, 142
    Proceedings e – XIX, 142

Socorro divino
    uso do livre-arbítrio e – XL, 230

Sócrates
    daïmon e – IV, 45

Platão, * e continuação da obra
de Pitágoras – IV, 47
reinado da ciência franca e – IV, 41

Sófocles
mistérios, esperança da morte e – IV, 46

Sofrimento
causa do – XXXVI, 213
completa depuração da alma
pelo – XIII, 120
desaparecimento do – XXXVI, 213
desenvolvimento das forças da
alma e – XXXV, 212
esculpidor da alma e – XIII, 120
estudo da causa do – XIII, 119
felicidade e – L, 277
obra do – L, 278
purificação pelo – XII, 116
reabilitação e – XXXIX, 226
reinado do – introd., 12
vida do Espírito purificado
pelo – XXXV, 208

Solidariedade
imposição da – LV, 303

Soma, o licor do sacrifício
hino védico e – II, 25
Agni e *, princípios essenciais
do Universo – II, 25

Sonâmbulo
autoscopia interna e – XVII, 135
leitura do pensamento no cérebro
e – XVII, 135, nota
orientação do * durante a noite – XVII, 135
visão no interior do corpo
humano e – XVII, 135

Sonho de Cipião
Cícero e – IV, 47

Sono
continuação da vida do Espírito
durante o – X, 108
esquecimento e separação do * do
estado de vigília – XIV, 124
inexplicabilidade do – XIV, 123

Sono magnético
aptidões especiais no – XIV, 124

Espírito desprendido do
corpo no – XIV, 124
experiências de Deleuze e – XVII, 135
experiências de Du Potet e – XVII, 135
experiências de Puységur e – XVII, 135
restituição à liberdade do ser
psíquico e – XVI, 135
visão a grande distância e – XVII, 135

Sorte
injustiça da * e reparação do
passado – XII, 116

Soury, Jules, escritor materialista
Philosophie Naturelle e – VIII, 87, nota
trabalhos de Haeckel e – VII, 75

Souryo-Shiddanto, astrônomo hindu
Vedas e – II, 25

Spirit Identity
Stainton Moses(Sr. Oxon) e – XIX, 141

Submissão
consentimento da razão e do
coração e – L, 280

Suetônio
suplício de Jesus e – VI, 64

Sugestão mental
ação da vontade sobre a matéria
e – XXXII, 194
explicação para a aceitação da
vida material e – XL, 231
forma ignorada da – XXXII, 197

Suicida
prolongamento indefinido da
prova e – XXXVI, 216
situação do – XXXVI, 215

Suicídio
aumento da desesperança e do – VIII, 84
covardia e – XXXVI, 215

Superioridade intelectual
condição para obtenção de * e
moral – XXVI, 170

Superstição
substituição da * por crenças
racionais – VIII, 88

Índice geral

Suplício eterno
Catolicismo e mito do – II, 30

Sutras
ensinamentos do Buda e – II, 33, nota

Syllabus
ódio do progresso e da
civilização e – VI, 66

T

Tabor
Jesus, Moisés, Elias e – VI, 63, nota

Tácito
sonhos, aparições, evocações
de mortos e – IV, 47
suplício de Jesus e – VI, 64

Taliésin
cântico do bardo – V, 52, nota
cântico do mundo, O, e – V, 53, nota

Talmude
provas da existência de Jesus e – VI, 64

Tamburini, professor
verificação dos fenômenos espíritas na
casa de Lombroso e – XIX, 144, nota

Télètes
operações teúrgicas e – VI, 70

Temístocles
salvação da Grécia e – IV, 46

Templário
princípios da ciência sagrada e – VI, 71

Templo
asilo da verdade e – VI, 71
concupiscências e misérias morais
do homem e – I, 21
localização do melhor * do Eterno – I, 22

Teocracia
doutrina secreta e – VI, 72

Teogonia
métodos indutivo e experimental e – I, 20

Teoria dos sete planetas
Budismo e – II, 34, nota

Terra
centro do Universo e – XXXIII, 199
grão de areia e – IX, 96
história da – XXXIX, 227
império da dor e – L, 277
império da matéria nas esferas
superiores da – XXXV, 207
pálido reflexo da felicidade na – L, 275
perpetuação do ódio sobre a – XLVI, 260
purgatório e – XLI, 235
transformação da face da – VIII, 83

Tertuliano
Apologética e – VI, 69

Tibete
deísta, espiritualista e – II, 33

Tolerância
imposição da – I, 22

Tortura moral
hora da verdadeira * para o
Espírito – XXXI, 190

Trabalho
Antiguidade romana e – LII, 290
conceito de – LII, 289
dignidade do ser humano e – LII, 289
forças cegas da Natureza e – LII, 289
lei do *, germe do progresso – LII, 290
lei para as sociedades do espaço e – LII, 289
paixões e – LII, 289
paz da Humanidade e – LII, 290
preservativo contra as aflições e – LII, 289
refúgio seguro na provação e – LII, 290

Tratado De Cura pro Mortuis
Agostinho, Santo, e – VI, 70

Tríade 48
filosofia dos druidas gauleses
e – IX, 103, nota

Tríades
fatalidade e – V, 52, 53, nota
publicação das – V, 50

Tribunal dos Anfictiões
Grécia e – IV, 42

Trimegisto, Hermes
almas inferiores e – III, 38

destino do Espírito humano e – III, 38
encarnação e – III, 38
ensino dos santuários e – I, 21
livros sagrados de – III, 35
Pimander, o mais autêntico dos
   livros de – III, 38, nota
revelação do divino mistério e – III, 38
trevas e – III, 38
visão de – III, 38

Trindade
Jesus e teorias da – VI, 64

U

Unidade de substância
previsão da – XVI, 131

Universo
criação e – IX, 100, nota
Deus e – IX, 93
Deus, grande Espírito da
   justiça no – IX, 106
estudo do * e estudo da alma – X, 107
fatores essenciais do – II, 31
ideia que o homem faz do – VIII, 86
limites do – IX, 95
noção de justiça e lei do – VIII, 89
princípio imutável e obra
   gigantesca do – 100, nota
princípios essenciais do – II, 25
renovação incessante do – IX, 100
Terra, centro do – XXXIII, 199

Upanishad *ver* Ciência

V

Vacquerie
Miettes de l'Histoire e – XX, 148

Vedas
doutrina secreta e – II, 25
formação da religião primitiva
   da Índia e – II, 25, nota
imortalidade da alma e – II, 26
monoteísmo e – II, 26
organização da sociedade
   primitiva e – II, 26
reencarnação e – II, 26
Souryo-Shiddanto, astrônomo hindu, e – II, 25

Vercingétorix
comunicação com as almas dos
   heróis mortos e – V, 53, nota

Verdade
analogia entre a * e as gotas de chuva – I, 21
bem dos céus e – I, 21
consequências do conhecimento da – LV, 303
descida às classes pobres e – VI, 71
expressão da * eterna – VI, 68
homem e ideia da – I, 23
proclamação da * em todos os pontos
   do mundo – XLII, 240
templo, asilo da – VI, 71

Véu misterioso de Ísis *ver*
   Fluido imponderável

Viagem
preparação para a grande – L, 279

Vida celeste
condição para alcançar a – XXXV, 212
fim para o qual evolvem todas
   as almas e – XXXV, 212
sofrimento e – XXXV, 212

Vida de além-túmulo
causa do padecimento na – XXXVI, 213
condição dos Espíritos na – XXXIII, 200
ensino dos Espíritos sobre a – XXXIV, 203
orgulhoso e – XLV, 252

Vida espiritual
alma e perda da recordação da – XIV, 126
orgulho e – XLV, 252
reencontro com entes amados na – L, 280

Vida fluídica
repercussão dos pensamentos na – XLI, 235

Vida futura
angústia do rico na – XLV, 253
necessidade da – XXXIX, 226
repercussão do eco de nossas
   palavras na – XLVII, 264

Vida material
hipnotismo e explicação para a
   aceitação da – XL, 231
sugestão mental e explicação para
   a aceitação da – XL, 231

Índice geral

Vida microscópica
  revelação da – IX, 97

Vida superior
  condição para obtenção da – XXXIX, 227

Vida universal
  faces da – I, 20

Vida(s)
  alma e a * superior – XXXV, 205
  alma e princípio da – X, 107, nota
  alma resignada e tesouro da * nova – L, 282
  alvo, O, da – XII, 115
  aspecto novo da * que enche
    o infinito – I, 20
  atribulações no crepúsculo da – L, 279
  chegada do declínio da – XIII, 121
  conquista da plenitude da – LIII, 295
  domínio invisível da – I, 18
  encadeamento de todas as formas de – II, 32
  estudo da alma, chave dos
    problemas da – I, 19
  Evangelho e * sucessivas da alma
    – VI, 61; VI, 62, nota
  evolução da – res., 309
  existências anteriores e * presente – II, 31
  fim elevado da – II, 30
  lei soberana e manifestação da – IX, 98
  libertação da * dos liames da
    matéria – XI, 111
  manifestação do Espírito e – XI, 111
  objetivo da – res., 311
  opinião de que o nada é
    preferível à – VIII, 88
  perda da recordação de outras – XIV, 123
  subsistência além da – II, 29, nota
  superfluidade do estudo do
    mundo e da – VII, 79
  término do fluxo da – XV, 130
  verdadeira ciência da – XII, 117
  vidas precedentes e * atual – res., 310

Vidas sucessivas
  revelação das – IV, 4

Vingança
  alma elevada e – XLVIII, 267
  identificação com o ofensor e – XLVIII, 268
  progresso perdido e – XLVIII, 268
  vestígio da selvageria e – XLVIII, 268

Virgílio
  sexto livro da *Eneida* e – IV, 47

Virgílio, professor
  verificação dos fenômenos espíritas na
    casa de Lombroso e – XIX, 144, nota

Virtude
  amor e coroamento da *
    humana – XLIX, 271
  Budismo e prática da – II, 33,
    nota desenvolvimento da *
    da criança – LIV, 297
  imutabilidade e – concl., 316
  orgulhoso e * desconhecida – XLV, 252
  pobre e – XLVII, 262

Viúva
  denário da – XLVII, 265

Vizioli, professor
  verificação dos fenômenos espíritas na
    casa de Lombroso e – XIX, 144, nota

Vogt, Carl
  pensamento, secreção do cérebro e – VII, 74

Volúpia
  qualidades morais e – LII, 291

Vontade
  ação da * à distância – XXXII, 197
  ação da * divina sobre a matéria
    cósmica – XXXII, 196
  ação da * e aparência fluídica – XXXII, 194
  ação da * humana sobre os tecidos
    vivos – XXXII, 194
  ação da * sobre o perispírito – XXXII, 194
  admiração dos sábios e – XXXII, 196, nota
  condições para exercício da – XXXII, 197
  conflito da * com os instintos – X, 108
  efeitos da * sobre a matéria – XXXII, 193
  faculdade soberana da alma e – XXXII, 193
  fundo sólido da alma e – XLIII, 245
  poder da * sobre os fluidos – XXXII,
    193, 194; XXXV, 208

W

Wallace, A. Russel
  declaração de * sobre os fenômenos
    espíritas – XIX, 141

estudos de * sobre as forças
psíquicas – introd., 13
integrante da Comissão da Sociedade
Dialética de Londres e – XIX, 140
Miracles and Modern Spiritualism
e – XIX, 141
Modern Spiritualism e – XIX, 140

Warley, engenheiro-chefe dos telégrafos
invenção do condensador
elétrico e – XIX, 141
partidário e defensor do
Espiritismo e – XIX, 141

Weber, Ulrici, professor
proclamação da realidade dos fenômenos
espíritas e – XIX, 143, nota

Z

Zodíaco
signos do – II, 25, nota

Zohar
doutrina secreta e – VI, 68

Zöllner, astrônomo
proclamação da realidade dos fenômenos
espíritas e – XIX, 143, nota

Zoroastro
ensino dos santuários e – I, 21

CARIDADE: AMOR EM AÇÃO

SEDE BONS E CARIDOSOS: essa a chave que tendes em vossas mãos. Toda a eterna felicidade se contém nesse preceito: "Amai-vos uns aos outros". KARDEC, Allan. *O evangelho segundo o espiritismo*, cap. 13, it. 12.

A Federação Espírita Brasileira (FEB), em 20 de abril de 1890, iniciou sua *Assistência aos Necessitados* após sugestão de Polidoro Olavo de S. Thiago ao então presidente Francisco Dias da Cruz. Durante oitenta e sete anos, esse atendimento representava o trabalho de auxílio espiritual e material às pessoas que o buscavam na Instituição. Em 1977, esse serviço passou a chamar-se Departamento de Assistência Social (DAS), cujas atividades assistenciais nunca se interromperam.

Desde então, a FEB, por seu DAS, desenvolve ações socioassistenciais de proteção básica às famílias em situação de vulnerabilidade e risco socioeconômico. Fortalece os vínculos familiares por meio de auxílio material e orientação moral-doutrinária com vistas à promoção social e crescimento espiritual de crianças, jovens, adultos e idosos.

Seu trabalho alcança centenas de famílias. Doa enxovais para recém-nascidos, oferece refeições, cestas de alimentos, cursos para jovens, serviços de convivência e fortalecimento de vínculos para idosos e organiza doações de itens que são recebidos na Instituição e repassados a quem necessitar.

Essas atividades são organizadas pelas equipes do DAS e apoiadas com recursos financeiros da Instituição, dos frequentadores da Casa e por meio de doações recebidas, num grande exemplo de união e solidariedade.

Seja sócio-contribuinte da FEB, adquira suas obras e estará colaborando com o seu Departamento de Assistência Social.

FEB editora
Livro espírita para um novo mundo
www.febeditora.com.br
@febeditoraoficial
@febeditora

Conselho Editorial:
Carlos Roberto Campetti
Cirne Ferreira de Araújo
Evandro Noleto Bezerra
Geraldo Campetti Sobrinho – Coord. Editorial
Jorge Godinho Barreto Nery – Presidente
Maria de Lourdes Pereira de Oliveira
Miriam Lúcia Herrera Masotti Dusi

Produção Editorial:
Elizabete de Jesus Moreira

Revisão:
Elizabete de Jesus Moreira

Capa:
Ingrid Saori Furuta

Projeto gráfico e diagramação:
Eward Bonasser Júnior

Normalização técnica:
Biblioteca de Obras Raras e Documentos Patrimoniais do Livro

Esta edição foi impressa pela Editora Vozes Ltda., Petrópolis, RJ, com tiragem de 700 exemplares, todos em formato fechado de 155x230 mm e com mancha de 120x190 mm. Os papéis utilizados foram o Off white bulk 58 g/m² para o miolo e o Cartão 250g/m² para a capa. O texto principal foi composto em fonte Adobe Garamond Pro 12/15 e os títulos em Adobe Garamond Pro 28/30. Impresso no Brasil. *Presita en Brazilo.*